AS ORIGENS DAS ASPIRAÇÕES MODERNAS DE LIBERDADE E IGUALDADE

Diálogos com
VITO LETIZIA

CONSELHO EDITORIAL
ALAMEDA
Ana Paula Torres Megiani
Eunice Ostrensky
Haroldo Ceravolo Sereza
Joana Monteleone
Maria Luiza Ferreira de Oliveira
Ruy Braga

AS ORIGENS DAS ASPIRAÇÕES MODERNAS DE **LIBERDADE** E **IGUALDADE**

Diálogos com
VITO LETIZIA

Copyright © 2015 Vito Letizia

Grafia atualizada segundo o Acordo Ortográfico da Língua Portuguesa de 1990, que entrou em vigor no Brasil em 2009.

Edição: Haroldo Ceravolo Sereza
Editora assistente: Camila Hama
Assistente acadêmica: Bruna Marques
Assistente de produção: Cristina Terada Tamada
Projeto gráfico: João Paulo Putini
Diagramação: Camila Hama
Revisão: Julia Barreto e Lilian Carmona
Organização: Coletivo Cemap-Interludium
Imagem de capa: Foto de Vito Letizia por Régis Leme Gonçalves (início dos anos 1980, na antiga sede do Cemap)

CIP-BRASIL. CATALOGAÇÃO-NA-FONTE
SINDICATO NACIONAL DOS EDITORES DE LIVROS, RJ

L636o

Letizia, Vito
AS ORIGENS DAS ASPIRAÇÕES MODERNAS DE LIBERDADE E IGUALDADE
Vito Letizia. -[organização CEMAP/Interludium] - 1. ed.
São Paulo : Alameda, 2015.
336 p. ; 23 cm.
(Diálogos com Vito Letizia ; 2)

ISBN 978-85-7939-360-0

1. Ciências sociais. 2. Ciência política. 3. Sociologia política.
I. Título. II. Série.

15-27191   CDD: 320
                         CDU: 32

ALAMEDA CASA EDITORIAL
Rua Conselheiro Ramalho, 694 – Bela Vista
CEP: 01325-000 – São Paulo, sp
Tel.: (11) 3012-2400
www.alamedaeditorial.com.br

CEMAP-INTERLUDIUM
Rua Brigadeiro Tobias, 118, sala 2727, Centro
CEP: 01032-000 – São Paulo-SP
www.cemap-interludium.org.br

SUMÁRIO

APRESENTAÇÃO – A fundamentação de um princípio 9

PREFÁCIO – A história sempre fala do presente 13

PARTE 1 – A Revolução Francesa: a origem das aspirações modernas de liberdade e igualdade 21

A crise da monarquia absolutista francesa 23

Caracterização das revoluções burguesas 31

A burguesia e o povo contra o Estado monárquico 35

O surgimento dos clubes e as novas exigências de representação política 43

O 14 de Julho: a derrota decisiva da monarquia absolutista e a abertura do processo revolucionário 57

A Declaração dos Direitos do Homem e do Cidadão 63

A lei marcial contra tumultos: o afastamento da burguesia em relação ao povo miúdo 75

O massacre do Campo de Marte: o rompimento definitivo da burguesia constitucionalista com o movimento popular 81

A ofensiva da burguesia republicana contra o movimento popular 91
O desenvolvimento da dinâmica própria do povo miúdo 97
A pena de morte contra os *partageux* 103
O Comitê de Salvação Pública 109
A Constituição de 1793 113
A crise da burguesia republicana 125
A diáspora das ideias revolucionárias pela Europa 127
O impacto da Revolução Francesa na América 131
A representação política 135
As celebrações dos centenários da Revolução Francesa 143
Interpretações da Revolução Francesa 149

PARTE 2 – A Social-Democracia europeia: as aspirações de liberdade e igualdade nas mãos da classe trabalhadora 155

A Revolução de Julho de 1830 na França 157
As revoluções de 1830 na Europa 163
A Santa Aliança e o papel da Rússia 169
A Revolução de Fevereiro de 1848 na França 179
A Revolução de Junho de 1848 na França: o movimento dos trabalhadores pela "república democrática social" 185
A Primavera dos Povos 201
O Manifesto do Partido Comunista 205
A Associação Internacional dos Trabalhadores 217
A Comuna de Paris 225

O Partido Social-Democrata da Alemanha 241

O Programa de Gotha 253

O Programa de Erfurt 261

ANEXO I – Uma história que precisa ser contada 265

ANEXO II – A Revolução Francesa, uma linha do tempo 287

ANEXO III – Cronologia da social-democracia europeia 315

APRESENTAÇÃO
A fundamentação de um princípio

Neste segundo volume da coleção *Diálogos com Vito Letizia*, o leitor encontra o resultado das discussões sobre a Revolução Francesa e a social-democracia europeia. No projeto inicial dos diálogos, os membros do coletivo Cemap-Interludium traçaram um percurso dividido em quatro grandes temas: (1) a Revolução Francesa: a origem das aspirações modernas de liberdade e igualdade; (2) a social-democracia europeia: as aspirações modernas de liberdade e igualdade nas mãos da classe trabalhadora; (3) a Revolução Russa: as aspirações de liberdade e igualdade em poder do Partido Bolchevique; (4) o Partido dos Trabalhadores: o esvaziamento das aspirações de liberdade e igualdade. Em 2014 foi lançado o primeiro volume, intitulado *Contradições que Movem a História do Brasil e do Continente Americano*, resultado das entrevistas referentes à quarta parte do projeto. A opção do grupo de "iniciar pelo fim" se justifica pela necessidade de oferecer aos leitores, o mais rápido possível, as interpretações que Vito formulou sobre fatos da história do Brasil e pelo imperativo de realizar uma crítica da experiência da luta contra a ditadura militar e da construção do Partido dos Trabalhadores.

Para facilitar a compreensão deste volume, o leitor encontra uma cronologia dos principais acontecimentos, tanto para a Revolução Francesa como para a social-democracia. Como anexo, incluímos o texto *Uma História que Precisa ser Contada*, em que Vito sintetiza aspectos importantes de suas análises e reflexões sobre o processo histórico de formação do continente americano e do Brasil em particular. O livro é rigorosamente fiel ao exposto por Vito e às inquietações demonstradas pelos entrevistadores. Mas há um trabalho de edição que se fez necessário para adaptar ao formato impresso as quase cem horas de entrevistas, feitas em várias etapas entre março e julho de 2011. Esse trabalho consistiu na eliminação de perguntas e trechos demasiadamente repetitivos, assim como de excessos coloquiais comuns a um debate. Os editores também procuraram dar uma sequência lógica ao texto, quando fosse possível sem prejuízo do conteúdo das entrevistas. Isso implicou deslocar alguns trechos e fazer "emendas" – por essa razão, as perguntas são transcritas de modo anônimo, sem os nomes dos entrevistadores. Por último, além das cronologias, foram produzidas notas de rodapé para fornecer mais detalhes e auxiliar na leitura.

Ainda assim, o leitor notará a presença de oscilações de compreensão, contradições e conflitos de opinião, fruto de um processo de elaboração teórica que se desenvolveu a partir do diálogo entre Vito e os entrevistadores de Cemap-Interludium.

Em geral, as discussões seguem os acontecimentos históricos de forma cronológica, mas há digressões e saltos no tempo, o que revela que não se trata apenas de uma mera narração contingente de eventos históricos. O leitor pode questionar por que reunir temas aparentemente tão díspares como Revolução Francesa e social-democracia num mesmo volume. A conexão entre os dois temas pode, no entanto, ser elucidativa. Em julho de 1789, o povo insurgente de Paris tomava a Bastilha, e exatos cem anos depois, na mesma cidade, num congresso socialista convocado para celebrar o centenário da queda da Bastilha, Friedrich Engels propunha a fundação de uma nova Internacional, a 2ª Internacional. Ação muito clara e determinada de reconhecimento à luta travada por centenas, milhares, milhões de mulheres e homens em defesa de suas aspirações de liberdade e igualdade. A afirmação de que se reconhecer nessas lutas do passado significava reivindicá-las como próprias, significava reivindicar para a luta socialista as jornadas revolucionárias da Revolução Francesa.

Em contraponto aos dias de hoje, Vito comenta neste volume:

> (...) a situação é absurda porque, para a esquerda, a Revolução Francesa deixou de ser uma coisa com a qual se deva dialogar. O socialismo é

estranho à Revolução Francesa, as ideias socialistas se consolidaram depois de Lenin, daí vem o poder da Revolução Russa de 1917.

E completa:

> (...) a burguesia faz a festa, faz o que quer com a Revolução Francesa e não reivindicamos nada, não dialogamos. Nós, digamos assim, que somos socialistas. Eu, da minha parte, já não me chamo mais de socialista. Mas quem quiser... Nesse contexto, eu me recuso. Eu quero o socialismo, mas quero guardar as heranças das lutas da humanidade.

Os teóricos marxistas formados no contexto da Revolução Russa negligenciaram a conexão entre a Revolução Francesa e a formação das reivindicações da classe trabalhadora durante o período de surgimento da social-democracia europeia, na segunda metade do século 19. Para Vito, até hoje não se reconhece que "Kautsky era o principal representante da corrente marxista da Social-Democracia Alemã".

> Só porque Lenin escreveu um livro que renegava Kautsky, nós temos que desautorizá-lo como líder? Ele tinha as suas tendências conservadoras, mas que eram direitos também. (...) Kautsky representava uma corrente marxista, tanto assim que enquanto Marx viveu, teve total confiança nele. Representava a corrente marxista, sim. Inclusive os erros do marxismo. Em seu livro *A Questão Agrária* estão presentes os erros marxistas também. Não só os acertos.

De onde vem essa dificuldade em pensar e reconhecer as tradições da luta pela liberdade e pela igualdade oriundas da Revolução Francesa? Algo se passou para que os modernos socialistas abandonassem algo tão caro a Engels e ao agrupamento político por ele e Marx construído? A Revolução Francesa é um ponto de partida não apenas para entender a gênese da propriedade burguesa e do modo de produção capitalista, como também o antagonismo entre a classe trabalhadora e a capitalista e o processo contemporâneo de desagregação social. Se por um lado, negativamente compreendida, ela liberou o desenvolvimento do modo de produção moderno ao pôr fim à sociedade feudal, por outro lado, positivamente compreendida, ela trouxe, de uma só vez, ao mundo moderno os princípios da liberdade e da igualdade, radicalizados pelo movimento da classe trabalhadora e que depois orientaram a construção das instituições de segurida-de social nos Estados sociais da Europa do pós-guerra. O fim do desacreditado bloco comunista e a lenta dissolução dos Estados sociais europeus nos mostram o quanto é custoso se distanciar desses princípios.

Neste sentido, a Revolução Francesa representa, dentro desta série de diálogos com Vito Letizia, o ponto de partida, o critério de interpretação das experiências da classe trabalhadora europeia (seção sobre a social-democracia), russa (no volume sobre a Revolução Russa, ainda a ser publicado) e brasileira (o primeiro volume da série, publicado em 2014). Nosso objetivo e o de Vito é nada mais do que retomar o pensamento revolucionário de Marx e liberá-lo do dogmatismo da tradição marxista. Esperamos, com isso, fornecer outro fio condutor para interpretar as lutas da classe trabalhadora. Tal fio condutor nada mais é do que o pensamento da liberdade que fez a Revolução Francesa e foi retomado posteriormente por Marx. Ele não deve nos conduzir a um fim inexorável, como se se tratasse de um princípio rígido. Pelo contrário, a radicalidade do pensamento da Revolução Francesa é conservada durante todo o percurso dos diálogos e da análise de Vito, de modo que todas as estruturas do marxismo são sacudidas e postas à prova. O agir livre e consciente da classe trabalhadora é o único resultado que esse pensamento revolucionário pode produzir. Ao fim, temos, portanto, a abertura de um horizonte e não propriamente o fim de um percurso.

Esse pensamento orientou o diagnóstico de Vito Letizia sobre o capitalismo contemporâneo e a situação de impasse em que se encontra a classe trabalhadora e, acima de tudo, a sua atuação política.

Seu conhecimento enciclopédico, associado a uma profunda simplicidade e elegância de exposição, esteve a serviço da luta anticapitalista. Vito foi um interlocutor exigente e sagaz, um leitor contumaz e pesquisador rigoroso, crítico mordaz de verdades estabelecidas e inimigo feroz de qualquer forma de personalismo, profundamente avesso às veleidades acadêmicas. Um militante e pensador ciente de que suas reflexões estavam sujeitas a erros e acertos. Essa era a figura humana de nosso entrevistado, um enorme talento pessoal colocado à disposição da luta pela emancipação da humanidade.

PREFÁCIO
A história sempre fala do presente

Não estou seguro de ser a pessoa mais indicada para fazer o prefácio de uma obra de Vito Letizia. Estive em contato com Vito por intermédio de meu amigo Jorge Nóvoa, na época em que a doença já o afetava cruelmente. Vito me enviou uma resenha do meu livro *Compreender Marx* publicado no Brasil: iniciávamos um diálogo que não se concluiu. Eu também publiquei um texto de Vito dedicado à crítica do livro de Lukàcs, *História e Consciência de Classe*.[1] Por meio de Lukàcs, é toda uma concepção da história do movimento operário que é questionada e que Vito desenvolve aqui, na análise do conjunto da história do movimento operário e socialista a que esta obra se propõe.

De fato, o que Vito Letizia tenta é uma vasta síntese que abrange mais de dois séculos. Mas como não se trata de uma obra de um "historiador puro" e sim de uma obra de militante, de alguém envolvido nas lutas do movimento operário, Vito também propõe um exame crítico da obra de Marx, da história do movimento operário nos seus diversos componentes (e, principalmente, uma crítica da concepção "leninista" do partido e do papel dos intelectuais) e um questionamento mais ou menos explícito da teoria da revolução permanente, tal como os trotskistas a desenvolveram.

De início, há um ponto sobre o qual estamos totalmente de acordo: a necessidade de destruir a dominação do capital exige um acerto de contas com o

---

[1] *História e Consciência de Classe* (WMF Martins Fontes, 2012), de Georg Lukács (1885-1971).

passado. Como diz Vito, "o historiador sempre fala do presente" – Benedetto Croce[2] afirmava também que "a história é sempre contemporânea". A análise de Vito é uma espécie de exame de consciência que se exige de todos os que partilharam do "princípio da esperança" (como dizia Ernst Bloch)[3] de uma sociedade livre da exploração e da dominação, de todos os que participaram da escola de Marx (já que a qualificação "marxista" é problemática). E é, em primeiro lugar, a relação com Marx que deve ser esclarecida.

O erro é pensar a obra inteira de Marx como uma totalidade coerente, onde cada parte se conecta logicamente às outras. Na realidade, não é nada disso. Há a ação revolucionária desse jovem democrata que se junta ao comunismo em 1844-1845, que depois se torna membro do conselho dos sindicatos britânicos e um dos fundadores da Associação Internacional dos Trabalhadores, e há também o longo esforço que leva a esta obra filosófica maior, *O Capital*. Entretanto, os conceitos fundamentais d'*O Capital* ainda não estão elaborados por Marx em 1850, quando ele defende "a revolução em permanência". Ele ainda é nesta época um "revolucionário de 48", que acredita que a insurreição operária (com certeza iminente) derrubará o regime burguês, abrindo novamente a via a uma ditadura do proletariado, cujo modelo é a ditadura do Comitê de Salvação Pública durante a fase mais ardente da Revolução Francesa. Vito Letizia faz justiça a estas ilusões.

Na relação com Marx, há também outro aspecto importante: a contribuição essencial de Marx está n'*O Capital*. Mas a partir dos conceitos teóricos d'*O Capital* não se tiram necessariamente análises indiscutíveis relativas a esta ou

---

2   Benedetto Croce (1866-1952), filósofo, historiador e político italiano. Figura destacada do liberalismo, exerceu profunda influência no panorama intelectual do século 20. Entre seus livros publicados no Brasil estão *História como História da Liberdade* (Topbooks, 2006) e *Materialismo Histórico e Economia Marxista* (Centauro, 2007).

3   Ernst Bloch (1885-1977), um dos principais filósofos marxistas alemães do século 20. Exilado na época do nazismo, mudou-se para a Alemanha Oriental em 1949. O endurecimento do regime levou-o a uma posição cada vez mais crítica do partido e do governo ao longo dos anos seguintes. Proibido de dar aulas e participar de atividades públicas, em 1961 pediu asilo à Alemanha Ocidental, onde permaneceu até sua morte. Escreveu sobre os mais diversos assuntos, mas especialmente sobre utopia, tema pelo qual ficou conhecido. Sua principal obra, *O Princípio Esperança*, foi publicada em três volumes pela Contraponto Editora, entre 2005 e 2006.

àquela conjuntura. Não é tratar Marx como "cachorro morto" apontar que, numa ocasião ou outra, ele está obviamente equivocado, e isso Vito Letizia estabelece com muita precisão. O marxismo ortodoxo constituiu um corpo doutrinário intangível que se propunha a oferecer respostas a tudo e foi principalmente utilizado para atacar heresias e outros desvios, quaisquer que fossem as variantes desta ortodoxia.

Para aqueles que pensam que a leitura de Marx é indispensável para abordar seriamente os problemas de nosso tempo, é necessário se desfazer totalmente deste marxismo ortodoxo. Basta pegar a famosa "ditadura do proletariado" para ter um bom exemplo destas questões.

Marx afirmou certa vez, numa carta a Weydemeyer (1852),[4] que sua mais importante descoberta não fora a luta de classes, mas que essa luta de classes devia levar à ditadura do proletariado. Os marxistas e, principalmente, os que se reivindicam de Lenin, fizeram da "ditadura do proletariado" o alfa e o ômega do "marxismo". Mas quem tenha lido *O Capital* sabe que Marx nunca fala de ditadura do proletariado, nem de hegemonia da classe operária, nem daqueles conceitos ou pseudoconceitos que tanto ocuparam os marxistas.

O ator principal d'*O Capital* se chama "produtor" e a perspectiva da derrubada do modo de produção capitalista (a expropriação dos expropriadores) se traduz por uma fórmula: "os produtores associados". Não há nenhuma ligação lógica entre a teoria do valor e a ditadura do proletariado. Podemos, portanto, rejeitar a ditadura do proletariado ao mesmo tempo em que mantemos o essencial da análise de Marx. Mais ainda: tirando uma frase ou outra, não há nenhuma definição precisa, em Marx, da famosa ditadura do proletariado.

Evidentemente, isso não significa a mesma coisa no *Manifesto* de 1848 e na *Crítica ao Programa de Gotha*, de 1875. O episódio mais interessante sobre esse tema é confusa a respeito da Comuna de Paris.

---

4   "Carta a Weydemeyer, 5 de março de 1852", em *Obras Escolhidas – Marx & Engels*, volume 3 (Editora Alfa Omega, 2008). O trecho que Collin cita pode ser encontrado em <www.marxists.org/portugues/marx/1852/03/05.htm>. Uma versão completa da carta, com tradução um tanto frágil, está disponível em <www.scientific-socialism.de/FundamentosCartasMarxEngels050352.htm>.

Marx associa o termo ditadura do proletariado à ideia de um regime social e político relativamente duradouro que tem como objetivo organizar a transição entre a sociedade capitalista e a sociedade comunista – e não simplesmente um regime de exceção na linha do modelo de Robespierre. A Comuna de Paris fornece o modelo deste regime. As principais medidas essenciais aos olhos de Marx, que determinam a natureza dessa nova forma do Estado, são a destruição do velho aparelho burocrático do Estado bonapartista e um governo de delegados eleitos e permanentemente responsáveis perante os cidadãos, de funcionários eleitos que não recebam um tratamento melhor que o de um operário qualificado, etc.

É necessário, no entanto, observar que a própria expressão "ditadura do proletariado" não consta no texto de *A Guerra Civil na França*. É Engels que dirá, um pouco depois:

> E eis que o filisteu alemão foi novamente tomado de um saudável terror com as palavras: *ditadura do proletariado*. Pois bem, senhores, quereis saber como é esta ditadura? Olhai para a Comuna de Paris. Tal foi a ditadura do proletariado.[5]

Mas a Marx bastava qualificá-la de "república social":

> O brado de "República Social" com que a Revolução de Fevereiro foi anunciada pelo proletariado de Paris não expressava senão a vaga aspiração de uma república que viesse não para suprimir a forma monárquica da dominação de classe, mas a dominação de classe ela mesma. A Comuna era a forma positiva dessa república.

Esta "república social" é uma república até o fim, uma república radical, que se fixa como objetivo a abolição de qualquer dominação. A Comuna não era o resultado da ação dos teóricos, mas, como observa corretamente Vito Letizia, um processo prático, uma conquista da democracia e da autonomia. Mas o marxismo

---

5   Em 1871, Marx escreveu a *Terceira Mensagem do Conselho Geral da Associação Internacional dos Trabalhadores*, sobre a Comuna de Paris, que foi transformada em livro com o nome *A Guerra Civil na França* (a última edição no Brasil é de 2011, da Boitempo Editorial). Em 1891, no 20º aniversário da Comuna, Engels publicou nova edição do livro, acrescentando as duas primeiras mensagens de Marx, sobre a Guerra Franco-Prussiana, e um prefácio que contém o trecho citado por Collin.

ortodoxo mais ou menos abandonou o texto e o espírito de Marx para transformar em verdade intangível as contorções hermenêuticas de Engels.

Não basta voltar ao pensamento de Marx como ele se dá, livre da carapaça das interpretações marxistas. É também necessário apontar aquilo que a análise dos fatos históricos claramente desmentiu na obra de Marx. Há, portanto, no autor do *Manifesto do Partido Comunista*, um "progressista" ingênuo. A marcha inexorável da história faz a humanidade passar do comunismo primitivo ao escravagismo, do escravagismo ao feudalismo e do feudalismo ao capitalismo. Após ter parado nas quatro primeiras estações, o trem da história deveria chegar ao destino final, o comunismo. Desde 1848, muitas águas rolaram sob as pontes e quase que por toda a parte se afirma que na verdade o destino final é a estação capitalismo – que não se construiu a via que levaria o trem da história à quinta estação... Mas a questão de saber se o capitalismo é ou não é o fim da história está mal colocada.

Em primeiro lugar, precisamente, porque não há um fim da história e porque são os próprios homens que fazem sua história. Mas também porque o modo de produção capitalista não é necessariamente um progresso em relação aos modos de produção anteriores, como Vito aponta muito apropriadamente. Além disso, em *O Capital* Marx sempre oscila entre a ideia de que o modo de produção capitalista é um progresso, no sentido de que prepara as condições de uma organização social dos produtores associados, e uma condenação radical do modo de produção capitalista, considerado pior que o escravagismo e o feudalismo.

Retornar a Marx é também retornar à movimentada história de um movimento operário que, na maior parte de suas formações, se reivindica de Marx. Os esquemas clássicos e confortáveis do marxismo (mesmo o revolucionário) estão desacreditados. O desenvolvimento do movimento operário no final do século 19, com a criação dos grandes partidos social-democratas, não foi uma progressão da luta contra o capitalismo.

Muito pelo contrário, como eu tinha começado a explicar no meu livro *O Pesadelo de Marx*, as organizações de massa do movimento operário, principalmente os partidos da Internacional, como o SPD (Partido Social-Democrata Alemão), se revelaram poderosos instrumentos da integração do movimento operário ao modo de produção capitalista.

A organização operária, nascida da tomada de consciência da oposição entre operários e capitalistas, gerou sua própria oligarquia (ver Robert Michels e a "lei de ferro da oligarquia")[6] e ideologia: a de uma sociedade socialista administrada pelos especialistas, os engenheiros sociais do Estado socialista. O que vimos se alastrar na União Soviética já se desenhava claramente nos partidos da Internacional Operária, principalmente no SPD e na SFIO.[7] Em relação a esta tendência das grandes organizações operárias, o leninismo, principalmente da forma como foi fossilizado e transformado em dogma após a vitória da Revolução Russa e a "bolchevização" dos partidos da Internacional Comunista, não podia de forma alguma oferecer uma alternativa verdadeira. A ideia de que somente os intelectuais são aptos a dirigir o processo revolucionário permite, na sequência, justificar sua tutela sobre o movimento operário real.

Um último aspecto que me parece muito importante é a avaliação que Vito Letizia faz da questão da "revolução permanente" na sua versão trotskista. A "revolução em permanência" da qual falava Marx é o processo revolucionário real que deve passar por todas as etapas necessárias. A interpretação trotskista violenta o processo real e, ao postular que o proletariado, isto é, seu partido, lidera os camponeses, não respeita a autonomia da revolução camponesa.

No entanto, na Rússia, assim como na China e na maioria dos países capitalistas com desenvolvimento tardio, foi a revolução no campo que assumiu o papel de principal força motriz. Sem entender a dinâmica própria do movimento camponês, os marxistas, representando não exatamente os proletários, mas

---

[6] Robert Michels (1876-1936), sociólogo alemão, especializado na análise do comportamento político das elites intelectuais. Pertenceu ao SPD, mas o abandonou em 1907, desencantado com a falta de democracia interna. Sua obra mais conhecida é *Para uma Sociologia dos Partidos Políticos na Democracia Moderna* (Editora Antígona, Lisboa, 2001), em que formula sua "lei de ferro da oligarquia", cuja ideia básica é de que toda organização termina por tornar-se oligárquica e tanto nas autocracias como nas democracias o governo sempre será exercido por uma minoria, composta por líderes que rompem com o movimento que os levou ao poder e se tornam conservadores.

[7] A 2ª Internacional também é conhecida como Internacional Operária. A SFIO é a Seção Francesa da Internacional Operária.

uma intelectualidade urbana que aspirava a ter um papel nacional em países onde a burguesia era incapaz de dirigir a sociedade travada pelo feudalismo, obrigaram os camponeses a entrar à força nos quadros do estatismo pretensamente "socialista".

Assim, Trotsky analisa a revolta de Kronstadt e as revoltas camponesas de Makhno, na Ucrânia, como movimentos pequeno-burgueses reacionários que o "proletariado" deve abater. Nunca será demais reiterar o papel catastrófico que o esmagamento das insurreições revolucionárias na jovem União Soviética teve para o triunfo do sistema stalinista, que já dispunha de sólidas bases históricas na tradição da autocracia czarista.

Hoje, a social-democracia está morta. Os laços dos partidos que ainda se denominam socialistas ou social-democratas com a história do movimento operário estão quase todos rompidos. Os partidos socialistas na Europa são pura e simplesmente "partidos burgueses", que quase nunca se distinguem dos partidos burgueses comuns, nem pelo seu programa nem pela sua composição social. Obviamente, isso deve ser relativizado – parece que há alguns sobressaltos "proletários" no meio do Partido Trabalhista britânico, que foi, no entanto, um laboratório para a transformação definitiva dos partidos socialistas.

O PT brasileiro, que se construiu como partido contra o partido representante oficial da 2ª Internacional, é evidentemente muito diferente do Partido Socialista Francês ou do Partido Democrático italiano. Mas a linha geral não tem ambiguidade. Menos claro é saber o que poderá emergir desta decomposição do movimento operário tradicional. Os partidos da "esquerda radical" parecem destinados a se dispersar, ou então a seguir os caminhos da social-democracia, que capitula e renega o movimento quando chega ao poder.

Se uma nova alternativa for possível, ela não poderá ser produto da ação puramente teórica de uma minoria, por mais esclarecida que seja, mas será fruto do próprio movimento dos povos. Refletir sobre as lições da história é indispensável para reconhecer a natureza dos movimentos sociais que se desenrolam sob nossos olhos e não se deixar levar pelas miragens que vivem aparecendo no deserto do pensamento e da ação revolucionários de nossa época. O passado está sempre presente, como diz Vito Letizia, também porque os fantasmas do passado continuam a assombrar os vivos. O Evangelho diz que se deve "deixar os mortos enterrarem os mortos"; é um preceito que Marx retoma e é por isso que, paradoxalmente, as lições da história são tão importantes.

DENIS COLLIN, AGOSTO DE 2015

Denis Collin é cientista político francês, doutor em Letras e Ciências Humanas com tese sobre a teoria do conhecimento em Marx, professor-associado de Filosofia da Universidade de Rouen e presidente da Universidade Popular de Évreux. É editor da revista *La Sociale* (la-sociale.viabloga.com) e autor de *Morale et Justice Sociale* (Moral e Justiça Social, Editora Seuil, Paris, 2001), *La Matière et l'Esprit. Sciences, Philosophie et Matérialisme* (A Matéria e o Espírito. Ciências, Filosofia e Materialismo, Armand Colin, Paris, 2004), *Revive La République!* (Reviver a República!, Armand Colin, Paris, 2005), *Compreender Marx* (Armand Colin, 2006, e Editora Vozes, 2008), *Le Cauchemar de Marx* (O Pesadelo de Marx, Max Milo Editions, Paris, 2009) e *La Longueur de la Chaine: Essai sur la Liberté au XXIe Siècle* (O Tamanho da Cadeia: Ensaio sobre a Liberdade no Século 21, Max Milo Editions, Paris, 2011).

PARTE I
A Revolução Francesa: a origem das aspirações modernas de liberdade e igualdade

A CRISE DA MONARQUIA ABSOLUTISTA FRANCESA

Por que as contradições do Antigo Regime apareceram com maior evidência na França?

A resposta mais imediata é que a França foi o berço do feudalismo europeu, mas, para que a resposta seja mais completa, seria preciso fazer uma comparação com os países vizinhos.

A França não só teve um feudalismo que foi o modelo do feudalismo europeu, que forneceu o tipo básico das relações feudais na Europa, como foi o único que teve um desenvolvimento pleno. Por exemplo, na Itália o feudalismo não se desenvolveu, praticamente não existiu, por causa das guerras do papado com o Sacro Império Romano-Germânico[1] e o desenvolvimento precoce do comércio nas repúblicas marítimas, como Veneza, Gênova Amalfi, Savona e Mônaco.

A Inglaterra teve um feudalismo de invasores, um feudalismo ultrafragmentado. A Alemanha teve um feudalismo de fronteira, pois a região na Alta Idade Média era fronteira de expansão, primeiro do império de Carlos Magno e depois do Sacro Império Romano-Germânico sobre territórios ocupados por tribos eslavas, ainda selvagens ou semisselvagens.

---

1 União de territórios da Europa Central durante a Idade Média e início da Era Moderna. Carlos Magno (742-814) é considerado seu primeiro imperador, coroado em 25 de dezembro de 800, mas a linha contínua foi iniciada por Oto o Grande (912-973), em 962. O império foi dissolvido em 1806, durante as guerras napoleônicas. Consistia de centenas de pequenos reinos, principados, ducados, condados, cidades livres imperiais e outros domínios, e não obstante o nome, não incluía a cidade de Roma.

E a Espanha foi terra de guerras de expansão nos territórios do Califado de Córdoba. Essas guerras moldaram um tipo de organização militar da sociedade que diferenciou a Península Ibérica do feudalismo francês, que ficava mais ao norte.

Podemos mencionar também os Países Baixos, cujas cidades tiveram um desenvolvimento rápido por conta da rota do primeiro grande comércio europeu, ao longo do vale do Rio Reno e da região entre os Alpes e a Itália. Foi isso que permitiu o desenvolvimento precoce dos burgos nos Países Baixos. Com exceção do Brabante,[2] ou seja, das regiões próximas à França, que acompanharam mais ou menos o desenvolvimento do feudalismo francês.

Então, a França ficou sendo o país onde se tinham estabelecido relações que foram se tornando as relações feudais europeias. E é bom frisar que isso ocorreu ao longo de uma luta contra as liberdades dos povos francos, que haviam ocupado as terras do Império Romano na antiga Gália.

Na introdução do seu passo a passo do processo da Revolução Francesa,[3] você disse que "a crise final da monarquia absolutista francesa nos últimos decênios do século 18 foi o estouro de contradições acumuladas ao longo de mais de 150 anos, decorrentes de suas próprias medidas contra a crise que atravessara na primeira metade do século anterior, na mesma época da Revolução Inglesa".[4] Por que essa demarcação dos 150 anos para pensar os acontecimentos de 1789?

---

2   O Ducado de Brabante ocupava o sul dos Países Baixos e boa parte do que hoje é a Bélgica. Em 1477, passou a pertencer à casa de Habsburgo e sua história se confunde com a dos Países Baixos. As províncias do norte conseguiram a independência dos Habsburgos espanhóis na Guerra dos 80 Anos (1568-1648). A parte sul continuou sob seu domínio e passou para o ramo austríaco dos Habsburgos em 1714. O ducado foi dissolvido durante a ocupação francesa da região em 1795.

3   A pergunta refere-se ao artigo de Vito Letizia "A Revolução Francesa de 1789", disponível em <http://cemap-interludium.org.br/2015/10/06/a-revolucao-francesa-de-1789/>.

4   A Revolução Inglesa foi um processo de enfrentamento entre a burguesia em ascensão, representada no Parlamento, e a monarquia absolutista, que se estendeu desde os anos 1640 até 1688. Nessas quatro décadas a Inglaterra passou por três guerras civis e por uma breve experiência republicana que resultou na ditadura do Protetorado de Oliver Cromwell (1599-1658) e na restauração da monarquia em 1660. O processo se completou com a Revolução Gloriosa de 1688, que definitivamente limitou os poderes do rei. A Revolução Inglesa estabeleceu os fundamentos sociais, políticos e econômicos da monarquia parlamentar e

Esse feudalismo plenamente desenvolvido da França também desenvolveu plenamente as suas contradições. Ele começou a entrar numa espécie de processo de decadência a partir da Guerra dos Cem Anos,[5] pois tinha no seu interior um desenvolvimento mercantil, principalmente em Champagne, região das grandes feiras francesas, mas mantinha íntegras as relações feudais. No fim da Guerra dos Cem Anos, os reis da França começaram a lutar pela independência em relação à alta nobreza, que avalizava seu poder e, ao mesmo tempo, o tornava praticamente inviável. A tropa dos reis era composta de hostes de nobres e bastava que os nobres negassem esse serviço de hostes para que o rei perdesse seu poder efetivo.

A desordem das relações feudais criada na Guerra dos Cem Anos, ou seja, as restrições, o banditismo, os camponeses que tiveram suas terras devastadas e que criaram bandos de pessoas que viviam fora da lei na França, a desordem econômica, enfim toda a situação de crise da sociedade feudal se manifestou de maneira clara, a ponto de ter que surgir uma Joana d'Arc[6] para salvar a monarquia francesa. Ela foi uma expressão popular da luta pela independência do reino da França.

---

constitucional, criou as condições para a Revolução Industrial no século seguinte e exerceu poderosa influência no pensamento iluminista.

5 Guerra em torno de questões dinásticas e econômicas que envolveu a França e a Inglaterra de 1337 até 1453. Com a morte do rei francês Carlos IV (1294-1328) sem um sucessor, Edward III (1312-1377), da Inglaterra, reivindicou o trono do país, na condição de seu sobrinho pelo lado materno. Os franceses rejeitaram sua interpretação e coroaram Filipe de Valois (1293-1349), primo de Carlos IV, com o nome de Filipe VI. Isso deu início à guerra, que só foi encerrada na Batalha de Calais, em 1453, com a expulsão dos ingleses da França.

6 Joana d'Arc (1412-1431) é uma das figuras míticas da história francesa, por sua participação na etapa final da Guerra dos Cem Anos. Camponesa analfabeta, profundamente católica, dizia ouvir vozes que a encorajavam a lutar contra os invasores ingleses e a coroar rei o delfim Carlos VII (1403-1461), com quem manteve um encontro em 1428, a partir do qual recebeu o título de chefe de guerra. Em 1429, ela liderou as tropas francesas na expulsão dos ingleses da cidade de Orléans em maio e, em julho, de Reims, onde Carlos VII foi coroado rei da França. Em maio de 1430, durante a Batalha de Compiège, na região de Paris, Joana foi presa por adversários franceses de Carlos VII e entregue aos ingleses, que a submeteram a um tribunal da Santa Inquisição. Ela foi condenada como herege e feiticeira e queimada em praça pública em maio de 1431. Em 1456, o papa Calisto III (1378-1458) declarou inválido o processo que a condenou. Em 1920, Joana d'Arc foi canonizada pela Igreja Católica e em 1922 declarada santa padroeira da França.

A situação fez com que o rei Luís XI[7] criasse uma milícia burguesa e assim tivesse uma força independente do serviço de hoste da nobreza francesa. Esta força militar foi a primeira manifestação, digamos assim, do encerramento de uma época de plenitude das relações feudais. Mas Luís XI ainda é do século 15, foi apenas um primeiro movimento de independência da monarquia em relação à nobreza.

Houve um intervalo trágico, de guerras sangrentas, as Guerras de Religião,[8] que duraram até o fim do século 16. Entre 1581 e 1610 ocorreu a restauração plena dos poderes da monarquia francesa. Henrique IV, um rei protestante que se converteu ao catolicismo, estabeleceu a paz, fazendo concessões aos protestantes. Esse rei introduziu uma reforma absolutamente revolucionária em relação ao sistema feudal, que foi a instalação do sistema judiciário burguês. Ele criou o Parlamento, que era uma instituição com provimento de cargos vendidos à burguesia e tinha o conteúdo revolucionário de destruir o poder judiciário, que até então estivera nas mãos da nobreza.

O conteúdo revolucionário vem do fato de que o poder judiciário dava à nobreza a capacidade de interferência na vida cotidiana da população francesa, pois era indispensável para regulamentar, para estabelecer a paz pública e para diminuir conflitos no interior da sociedade, e o Parlamento simplesmente anulou esses direitos. A nobreza nunca aceitou essa perda de direitos, mas no fim

---

7   Luís XI (1423-1483) foi rei da França de 1461 até sua morte. Ele deu início à construção do Estado nacional francês, ao promover a burguesia das cidades comerciais e associá-la à administração do reino. Fez isso para submeter os grandes senhores feudais, acostumados à rebeldia durante a Guerra dos Cem Anos. Mas, ao associar-se à burguesia mercantil, lançou as bases do Estado nacional, pois a nação é uma criação da burguesia. Em sua luta contra o particularismo feudal, Luís XI confirmou e ampliou as milícias burguesas das cidades, que colocaram à sua disposição uma poderosa infantaria, tornando-o menos dependente do serviço de hoste da nobreza. Ao mesmo tempo, os ministros burgueses de que se rodeou deram início a uma nova forma de administração do Estado, mais favorável aos interesses mercantis.

8   As Guerras de Religião (1562-1598) foram um conjunto de oito grandes conflitos entre católicos e protestantes na França, iniciadas em 1562, com a matança de protestantes em Vassy, e passando pelo massacre de milhares de protestantes na Praça de La Rochelle, em Paris, conhecido como A Noite de São Bartolomeu (1572). A última guerra, entre 1585 e 1598, terminou com a vitória de Henrique de Navarra (1553-1610), que renunciou ao protestantismo e se converteu ao catolicismo. Coroado rei da França como Henrique IV, foi responsável pelo Édito de Nantes, que assegurava a tolerância religiosa. Em 1685, Luís XIV (1638-1715) anulou o Édito de Nantes e expulsou os protestantes do país.

das guerras entre católicos e protestantes não tinha mais o poder de impor sua vontade, simplesmente teve que se conformar com essa decisão de Henrique IV, que teve um grande consenso popular entre católicos e protestantes quando ascendeu ao poder.

Tratou-se então de uma medida que a nobreza não pôde impedir e teve importância crucial. Só que a criação da Justiça burguesa com cargos vendidos criou também despesas novas ao rei, porque esses juízes, embora se sustentassem cobrando o serviço de Justiça, tiveram isenção de tributos, foram equiparados à nobreza. Assim surgiu uma nobreza de toga,[9] que era essa burguesia judiciária que se tornou isenta de tributos como todas as classes superiores do feudalismo.

No reinado de Luís XIII, de 1610 a 1643, esse conflito da monarquia francesa com a nobreza continuou. Foram criadas mais funções administrativas e entregues sempre aos burgueses e não mais aos nobres, principalmente as de coleta de tributos, e isso implicou novas despesas com a criação de uma burocracia.

Em 1643, no reinado de Luís XIV, o primeiro-ministro, o cardeal Richelieu, criou uma força militar com cavalaria burguesa que substituiu as milícias feudais. Em suma, o rei foi criando e entregando poderes à burguesia, inclusive poderes militares, poderes de cavalaria, que eram um privilégio da nobreza, para se livrar da tutela da alta nobreza e da nobreza em geral, criando assim um poder burguês no interior das relações feudais. E isso tudo se combinava com o poder comercial que aumentava a riqueza geral da burguesia.

Então, a pergunta, por que mais de 150 anos de crise, de preparação da Revolução Francesa? Se quisermos uma data inicial: 1623, quando começou um ciclo de revoltas camponesas que só foi terminar em 1643 e envolveu mais de mil cidades francesas e uma área enorme do campo francês. Revoltas contra tributos arbitrários que a monarquia criava para sustentar os custos desses serviços da burguesia. Porque mal ou bem, o serviço da nobreza era gratuito, o governo não pagava na época anterior a Henrique IV, mas, em

---

[9] A nobreza togada, *noblesse de robe* em francês, era a fração da aristocracia constituída por acadêmicos e funcionários militares, judiciários e financeiros com responsabilidades na gestão dos negócios de Estado, nobilitada pelo exercício ou pela compra de cargos públicos. Diferenciava-se da nobreza de espada, cujos títulos e dignidade eram hereditários e associados a um feudo. Não obstante as diferenças de estatuto social entre elas, as duas mantinham privilégios comuns, como a isenção de impostos e foro legal próprio.

compensação, dependia da vontade dos nobres para receber os serviços. Ao entregar esses serviços à burguesia, passou a ter custos e a pagar as despesas, que se tornaram enormes, então Luís XIII começou a aumentar os tributos. E o aumento de tributos numa sociedade medieval não é uma coisa facilmente compreensível pelo povo, porque o feudalismo não implica somente restrições, ele implica liberdades.[10]

O feudalismo – como toda sociedade humana – quando se estabiliza, depois de todo um conflito que permitiu sua instalação sobre uma população de ocupantes germânicos inicialmente livres, criou uma espécie de equilíbrio de forças: os senhores feudais com direito a receberem certas obrigações e os camponeses com obrigações, mas também com certas liberdades. Não é verdade que o feudalismo era puro direito do senhor e servidão da gleba, isso é uma ideia falsa de feudalismo. O feudalismo também era um compromisso, como em qualquer sociedade estabilizada. Os camponeses tinham certos direitos, por exemplo, o uso dos bosques para criação de porcos e para a retirada de lenha, e não podia haver aumento de tributos sem sua aceitação.

Luís XIII foi o primeiro a aumentar arbitrariamente os impostos e isso foi considerado uma quebra dos fundamentos do feudalismo medieval tradicional, das tradições feudais. O inconformismo deu origem a uma série de revoltas que envolveram inúmeras cidades, reprimidas com muita violência, e que terminaram em 1643.

O fim das revoltas consolidou de maneira extraordinária o poder da burguesia na monarquia francesa, a ponto de Richelieu, que refletia a opinião feudal – ele era um cardeal de uma maneira bastante típica –, dizer que os poderes concedidos à burguesia eram um mal, mas um mal necessário. Só que isso colocou o poder monárquico sob a dependência econômica e política da burguesia. Econômica, porque a arrecadação estava na mão da burguesia, a rigor passou para a mão dos banqueiros, que emprestavam

---

10 Para os camponeses, o respeito às obrigações e tributos consagrados pelo costume era a garantia de sua liberdade relativa, sendo vista, portanto, como ilegítima a introdução de novos tributos ou o aumento arbitrário dos antigos. Para os senhores feudais, a transferência de poderes de Justiça para tribunais de origem burguesa roubava-lhes prerrogativas antigas, enquanto o aumento desmedido dos impostos reais roubava-lhes as obrigações feudais costumeiras dos camponeses, arruinados pelos confiscos dos coletores do rei.

adiantadamente o dinheiro que seria entregue pelos coletores burgueses ao rei. Os banqueiros se tornaram os verdadeiros financiadores da monarquia. E politicamente, porque a verdadeira base política passou a ser a burguesia, uma vez que a nobreza estava praticamente alijada do poder e não tinha uma força militar para enfrentar o rei, ao passo que a burguesia tinha as milícias urbanas e as tropas fiéis ao rei.

Criou-se uma situação de dependência e o aumento constante das despesas do rei culminou com a construção do grande palácio de Versalhes, que na verdade foi uma instituição de concentração dos nobres em torno do rei para retirar as últimas possibilidades de revolta da nobreza. Ela não podia mais morar longe do rei, para não ter ocasião de conspirar, e passou a receber uma subvenção real para morar em Versalhes. As despesas se tornaram absolutamente gigantescas e o reino, incapaz de sustentar esse acréscimo, viu a situação agravar-se com as guerras do século 18.

A guerra decisiva, que desmoralizou a monarquia aos olhos da população, foi a Guerra dos Sete Anos, em que a monarquia francesa perdeu boa parte de seu território colonial, inclusive o Canadá e a Louisiania,[11] que eram os mais vastos. A monarquia ficou sem prestígio e sem nenhuma força fiel que pudesse garantir seu poder, a não ser a burguesia, que, evidentemente, se tornou a nova barreira para a criação de impostos. Segundo as normas vigentes no Antigo Regime, não se podia tributar as classes nobres, logo os tributos recaíam principalmente sobre a burguesia. Principalmente a rural, mas também sobre uma burguesia capitalista que já tinha um certo número de manufaturas com relações de assalariamento típicas do capitalismo, ainda de pequena monta.

O capitalismo francês do século 18 era praticamente rural, terra cultivada com mão de obra assalariada, por isso essa burguesia já incluía certo desenvolvimento capitalista e não aceitava que sobre ela recaíssem mais tributos, que já eram enormes, com justa razão. Esses tributos – pelo fato de incluírem

---

11 Na Guerra dos Sete Anos (1756-1763), a França, ao lado da Áustria, combateu a hegemonia inglesa no comércio colonial e a crescente influência da Prússia. A sequência de derrotas da França resultou na perda de ampla parcela de seu território colonial, incluindo a colônia da Louisiana, que correspondia a toda a região da bacia hidrográfica do Rio Mississippi, ocupando uma ponta do sul e a parte central do que hoje são os Estados Unidos, até a fronteira com o Canadá.

fronteiras internas e entravarem a circulação de mercadorias – prejudicavam o desenvolvimento econômico, daí o desenvolvimento da fisiocracia, que reduzia os impostos ao tributo sobre a terra, o que agravaria a situação principalmente da nobreza, porque os capitalistas da França trabalhavam em terras arrendadas da nobreza. A fisiocracia era a escola econômica que expressava essa situação, essa ideologia burguesa de liberar a economia dos tributos que pesavam exclusivamente sobre as classes produtivas e não sobre as classes ociosas, que eram a nobreza e o clero.

Então se criou um impasse que foi o resultado desses 150 anos de transferência de poderes judiciários e administrativos para a burguesia e de criação de uma nobreza parasitária, tudo para tornar a monarquia independente da nobreza feudal. Mas que a colocou sob uma nova dependência, a do poder econômico da burguesia, que passou a recusar a aplicação dos princípios do feudalismo na solução dos problemas criados por essa transferência de poderes da nobreza feudal para ela própria, a burguesia.

CARACTERIZAÇÃO DAS REVOLUÇÕES BURGUESAS

Marx afirmou, em *A Burguesia e a Contrarrevolução*,[1] que as revoluções de 1648 e 1789 não foram apenas revoluções "inglesa" e "francesa", mas revoluções europeias. Em resumo, elas significaram o triunfo da burguesia, da propriedade privada, do sentimento nacional, da concorrência, do pensamento iluminista, da indústria e do direito burguês. Podemos admitir que estas revoluções exprimiram com mais evidência as necessidades do mundo da época do que as necessidades dos países onde ocorreram?

Sim, podemos. Teríamos que incluir aí a Revolução Holandesa de 1566 a 1648, uma longa guerra de independência da monarquia espanhola que acabou com o feudalismo na Holanda. Foi sem dúvida a primeira revolução burguesa bem-sucedida na Europa e se tratou realmente da revolta da burguesia mercantil contra o poder monárquico. No caso, foi precoce na Holanda porque o poder monárquico era estrangeiro, a burguesia era protestante e a monarquia era católica, então estourou bem cedo, estourou já no século 16. Mas não deixou de ser a burguesia, só que se tratava de uma burguesia mercantil com

---

1   Marx publicou *A Burguesia e a Contrarrevolução* em 11 de dezembro de 1848 na *Nova Gazeta Renana*. No Brasil, a edição mais nova é da Cadernos Ensaio Pequeno Formato I, 1991. A versão portuguesa do texto pode ser acessada em <www.marxists.org/portugues/marx/1848/12/11.htm>.

características de capitalismo ainda não plenamente desenvolvido. Nem sequer incipientemente desenvolvido.

Faço uma distinção entre capitalismo mercantil e capitalismo industrial. O capitalismo holandês era tipicamente mercantil e no caso da Inglaterra ainda predominantemente mercantil. Sempre é bom lembrar que a Revolução Industrial inglesa não tinha começado quando se encerrou o ciclo revolucionário. A revolta burguesa foi de uma burguesia mercantil que se caracterizava por ter certa ligação com a monarquia absolutista, porque dependia dos monopólios reais, principalmente os das rotas comerciais e do comércio. Isso fez com que essa burguesia tivesse certa ligação visceral com o poder real, ela não era totalmente hostil à monarquia, não era uma burguesia que pensava em república em termos modernos.

A Holanda instituiu um *stadhouder*, que é um substituto burguês do monarca nobre e que, de certa maneira, repetiu alguns de seus poderes, embora não tivesse os poderes absolutos que tinham as monarquias feudais. A Holanda entregou certos poderes monárquicos a um monarca de origem burguesa, o *stadhouder*.

A Inglaterra também tinha essa resistência. A burguesia, ao mesmo tempo em que entrou em conflito mortal com a monarquia, procurava se acomodar e acabou restaurando a monarquia em 1660. Eram as características da burguesia mercantil. Eram características gerais da Europa em cada momento em que ocorreram as revoluções e que deram os seus conteúdos. A Revolução Holandesa expressou o ponto culminante do desenvolvimento da burguesia mercantil da época. A Revolução Inglesa expressou o ponto culminante da burguesia europeia.

Isso significou que, quando a monarquia foi restaurada, foi sob certa tutela da burguesia. Esse tipo de monarquia convinha para a burguesia da época, uma monarquia tutelada pelo poder burguês, que era o verdadeiro poder pós-revolucionário. É preciso dizer que as conquistas das Revoluções Holandesa e Inglesa eram conquistas que consistiam nas liberdades que a burguesia reivindicava. A principal delas sendo a liberdade de fixar os tributos e não ser submetida a tributos arbitrários. Em resumo, isso não era uma revolução particularmente francesa, holandesa ou inglesa. É evidente, eram revoluções da burguesia, que tinham um desenvolvimento de burguesia europeia na época em que ocorreu cada uma das revoluções.

No caso da França, se tratava de uma parte da burguesia que já tinha uma economia capitalista, que já estava baseada no investimento capitalista e na mão de obra assalariada. Essa burguesia prezava mais a liberdade de comércio que os privilégios dos monopólios mercantis, daí a ideologia da fisiocracia, a escola econômica fisiocrata. Assim sendo, teve um caráter mais plenamente burguês e, a partir daí, mais universal, porque ela apontava para um desenvolvimento futuro e era uma aspiração da burguesia de todo o Ocidente daquele momento. O que não era realidade no tempo da Revolução Holandesa, que estava baseada na independência e na liberdade de religião, que não era uma aspiração tão universal assim, embora a burguesia mercantil fosse beneficiada com isso e, portanto, expressasse as aspirações da burguesia de seu tempo. A Revolução Inglesa expressou melhor as aspirações da burguesia e, num grau muito maior, a Revolução Francesa.

Em *A Burguesia e a Contrarrevolução*, Marx disse que a Revolução Inglesa "foi a vitória do século 17 sobre o 16". Qual o significado dessa afirmação?

O século 16 inglês foi o século da dinastia Tudor, que governou da forma mais absolutista, sobretudo Henrique VIII e Elizabeth I. Absolutismo que depois a dinastia Stuart tentou manter sem sucesso – o rei James conseguiu, mas o rei Charles não conseguiu.[2] O século 16 foi o mercantilismo inglês e o absolutismo característico do resto da Europa naquele período. É importante lembrar, a esse respeito, que a partir do século 16 a Inglaterra começou a sofrer

---

2   James I (1566-1625) tornou-se rei da Escócia em 1567 e rei da Inglaterra a partir de 1603, com a morte de Elizabeth I (1533-1603). Defensor do absolutismo e da monarquia por direito divino, teve constantes disputas com o Parlamento. Esses choques se aguçaram no reinado de Charles I (1600-1649), seu filho, que reiteradas vezes dissolveu o Parlamento, que queria limitar suas prerrogativas. A profunda divisão política desembocou na primeira guerra civil, entre 1642 e 1646, com a vitória das forças parlamentaristas e a imposição de leis antiabsolutistas, incluindo a retirada do poder real de dissolver o Parlamento. Preso, Charles I recusou-se a aceitar uma monarquia constitucional, conseguiu escapar, aliou-se aos escoceses e desencadeou a segunda guerra civil (1648-1649). Recapturado pelas forças de Oliver Cromwell, que já dominava o Parlamento, foi condenado por traição e executado em janeiro de 1649. A monarquia foi abolida e proclamada a república, com o nome de Commonwealth e forte influência dos grupos puritanos, que defendiam a "purificação" da Igreja Anglicana com a eliminação de práticas católicas.

uma influência muito forte da Holanda, em parte por causa do protestantismo, pois a população inglesa tornou-se cada vez mais hostil à religião do rei, o anglicanismo, e mais favorável ao calvinismo holandês. Um conflito de religião estava embutido na realidade inglesa, o triunfo da religião anglicana foi contestado pela população durante o século 16, foi forte na época. Isso deu o conteúdo religioso, um pouco semelhante ao da Holanda, à Revolução Inglesa.

Mas o fato fundamental é que o século 16, além da preponderância absoluta do anglicanismo, expressava uma sujeição absoluta da burguesia mercantil à monarquia. E o que aconteceu no século 16? Aconteceu que o rei quis se tornar independente da obrigação que tinha de pedir autorização para estabelecer novos tributos – a Inglaterra tinha a particularidade de já ter concedido esse privilégio na época da concessão da Carta Magna, em 1215, portanto, no século 13. A Carta Magna obrigava o rei a pedir aos barões e à nobreza autorização para criar tributos. O rei Charles I tentou burlar essa tradição, criando tributos arbitrariamente. Ele entendia que o grau de submissão da burguesia mercantil que o absolutismo inglês tinha conseguido na época dos Tudors era suficiente para conferir a si mesmo esse poder, mas se deparou imediatamente com uma revolta da burguesia. A burguesia inglesa resolveu enterrar o período de sujeição do século 16. Digamos assim, a burguesia inglesa não só não aceitou a quebra dos privilégios antigos, como resolveu ganhar força nas decisões importantes do reino.

A BURGUESIA E O POVO CONTRA O ESTADO MONÁRQUICO

Para Marx, uma classe particular só consegue reivindicar a supremacia geral quando seus objetivos são os objetivos e os interesses próprios da sociedade, ou seja, quando uma classe é capaz de despertar um entusiasmo geral na sociedade. A classe oposta ao movimento aparece como o significado negativo do processo de libertação geral. Assim, "o significado negativo e universal da nobreza e do clero francês produziu o significado positivo e geral da burguesia, a classe que junto deles se encontrava e que a eles se opôs."[1] O processo em que a burguesia buscava alcançar o direito de decidir sobre impostos na França e apontou o Estado monárquico como inimigo do povo é diferente do processo na Inglaterra, que não gerou essa polarização na conquista desse direito na Revolução Inglesa de 1640-1649? Quais as relações dessa polarização com a possibilidade de alçar, a partir de uma questão pontual concreta, aspirações e interesses maiores que sua própria classe? Em outras palavras: como o significado negativo e universal da nobreza e do clero francês produziu o significado positivo e geral da burguesia?

A pergunta se refere ao fato de na Revolução Inglesa não ter havido uma oposição forte da burguesia contra a nobreza. É preciso dizer que a nobreza

---

1 Em *Crítica da Filosofia do Direito de Hegel* (Boitempo Editorial, 2005), publicado por Marx em 1843.

inglesa tinha uma característica diferente da do resto da Europa, era uma nobreza fragmentada. Guilherme, o Conquistador, quando instaurou o poder dos normandos na Inglaterra, em 1066, a dividiu em 60 mil feudos e ficou com um grande poder feudal, mas sobre uma massa de pequenos senhores feudais. Então a nobreza inglesa era muito fragmentada, não tinha os privilégios que tinha a alta nobreza francesa, em geral vivia no campo e, portanto, não era visível como uma classe parasitária, tal como era a nobreza francesa. Não havia uma evidência clara do caráter negativo, parasitário da nobreza aos olhos do povo.

A oposição à monarquia inglesa se dava muito mais com relação à religião anglicana e a nobreza não encarnava os interesses da monarquia de uma maneira tão clara como encarnou na França na época imediatamente anterior à Revolução Francesa. Não havia condições históricas, não se tinham criado relações sociais e relações de poder que colocassem essa nobreza inglesa na mesma situação em que se encontrou mais tarde a nobreza francesa. Essa é a explicação mais clara.

Só queria fazer um reparo à citação de Marx. A classe revolucionária não tem a função de despertar as massas, Marx fala que para ser bem-sucedida ela deve despertar nas massas esse entusiasmo que as associe à sua revolta. Despertar o entusiasmo é válido, mas despertar a rejeição ao poder monárquico não precisava de estímulo. O ódio à monarquia, tanto na Inglaterra como na França, já estava bastante difundido, a burguesia não precisava se esforçar para despertá-lo, bastou o rei provocar a burguesia para que as massas se aliassem imediatamente a ela. Esse tipo de antagonismo na Inglaterra tinha um fundo muito mais religioso, de rejeição à imposição do anglicanismo.

A dinâmica da participação do "povo miúdo" na Revolução Francesa – que respaldou a ascensão da burguesia emergente – propiciou um contexto no qual o Terceiro Estado se opôs à velha ordem de forma unitária. Foi esse contexto que possibilitou que os interesses próprios da "média" e da "alta" burguesia passassem a ser os interesses de todo o povo e, portanto, colocassem a sociedade em movimento?

Essa dinâmica não é uma dinâmica que possa ser separada em dinâmica burguesa e dinâmica do resto do povo. Poder-se-ia separar uma dinâmica do segmento capitalista da economia capitalista, que era diferente. Mas a dinâmica da burguesia e do resto do povo, que estava inserido na economia francesa, ainda não à economia burguesa capitalista do assalariamento, era uma dinâmica antimonárquica muito bem consolidada conjuntamente. O ódio do campesinato e da população das cidades à monarquia já vinha desde as revoltas camponesas de 1623 e nunca amainou. Depois de 1643 essas revoltas foram esmagadas e houve a grande repressão do fim da Guerra dos 30 anos. O reinado de Luís XIV foi um reinado de extrema arrogância em relação aos camponeses e à burguesia em geral. Em seguida, o reinado de Luís XV foi frouxo, de derrotas militares da França, mas manteve a arrogância de Luís XIV, o chamado rei sol.

A hostilidade, a prepotência e o abuso de poder que caracterizavam a monarquia francesa naquele momento, depois de sua vitória sobre todas as revoltas do século 17, representavam uma memória coletiva comum que dava uma base ao antagonismo geral em relação ao comportamento da monarquia. Razão pela qual Luís XVI não tinha em quem se apoiar para resolver o impasse financeiro em que encontrou a corte. Ele não podia contrariar a burguesia, que era a sua única base de poder naquele momento, e não podia contrariar a nobreza, que não renunciava a seus privilégios.

Então o Terceiro Estado tinha uma dinâmica de conjunto antimonárquico, evidentemente com diferenciações internas. Cada segmento do Terceiro Estado tinha reivindicações particulares, pois não era uma classe homogênea, mas sim um estamento. Um estamento social que abrangia, entre outras, a classe burguesa e a classe camponesa – que não era a mesma coisa que a burguesia, porque era uma classe ainda inserida no sistema feudal, enquanto a burguesia já estava de certa maneira dependente do poder monárquico e não mais do poder feudal local. A burguesia não estava imersa e inteiramente submetida ao poder feudal como estavam os camponeses, que eram uma classe do feudalismo. Embora inserida na sociedade feudal, que era a sociedade monárquica, a burguesia pertencia ao mercantilismo.

Na realidade, foi a situação enfrentada pelo Terceiro Estado em seu conjunto que propiciou o interesse de todo o povo e colocou a sociedade em movimento. Eu apenas fiz uma pequena distinção do segmento capitalista, que se moveu de maneira particular nesse aspecto, embora também aderisse à

Revolução Francesa, até com interesses maiores em seu desenvolvimento, mas sua relação com o povo foi diferente.

Quando lemos a afirmação de Sieyès,[2] "o Terceiro Estado é tudo", poderíamos entender que este "tudo" consiste na síntese do que pleiteava a burguesia?

Sim, o que pleiteava a burguesia – pela primeira vez – era que o rei passasse a depender inteiramente do aval da burguesia. Não só a respeito de impostos, mas a respeito de toda a legislação e administração. Isso não foi colocado na Revolução Inglesa. Inclusive, o ideólogo da revolução, John Locke,[3] concedeu ao rei o que ele chamou de Poder Federativo, que era um poder de fazer tratados e declarar guerras. Algo que a burguesia francesa não reconheceu.

A burguesia francesa foi além, na realidade ela pretendia sobrepor-se ao rei sem lhe dar uma área própria de exercício do poder, a não ser eventualmente um aval. Na nova organização do poder na França, a possibilidade de uma função para o rei seria a de sancionar as leis, mas não sem o consentimento da burguesia, sem que a burguesia desse sua opinião. Em suma, na realidade, sim, a burguesia pretendia ser tudo.

Na realidade, na Inglaterra o rei ficou sem o poder de fato. Depois de 1688,[4] a burguesia nunca mais devolveu ao rei os poderes que ela, na sua ideologia,

---

2   Abade Emmanuel-Joseph Sieyés (1748-1836), político, eclesiástico e acadêmico francês, foi um dos teóricos das Constituições da Revolução Francesa e da era napoleônica. Autor de *Essai sur les Privilèges* (1788) e *Qu'est-ce que le Tiers État?* (1789) publicado no Brasil como *A Constituinte Burguesa* (Editora Freitas Bastos, 2014).

3   John Locke (1632-1704), filósofo inglês, foi um dos mais importantes intelectuais do século 17. Defensor do liberalismo clássico e crítico da teoria do direito divino dos reis, à qual opunha o poder soberano do povo. Em seu livro mais significativo, *Dois Tratados sobre o Governo* (Martins Fontes - selo Martins, 2005), publicado em 1689, apresentou sua visão do contrato social, a defesa da propriedade privada com a preservação de liberdades, divisão do poder de Estado em Executivo, Legislativo e Judiciário, separação entre a Igreja e o Estado e o direito à revolução. Defendia a escravidão, não por questões raciais, mas como resultado das guerras de conquista. Locke foi ministro do Comércio inglês entre 1696 e 1700. Também publicou em 1690 *Ensaio sobre o Entendimento Humano* (Martins Fontes - selo Martins, 2012) e em 1693 *Alguns Pensamentos sobre a Educação* (Editora Almedina, 2012).

4   O Parlamento restaurou a monarquia em 1660, coroando Charles II (1630-1685). Seu sucessor e irmão, James II (1633-1701), foi o último rei católico da Inglaterra. Depois de sufocar

achava que caberiam a um monarca. De qualquer maneira, não fazia parte do programa da burguesia inglesa retirar todos os poderes do rei e na França, sim. Parte do programa da burguesia francesa era retirar os poderes do rei, com exceção do poder de sanção das leis aprovadas pela burguesia.

O Terceiro Estado, desaparecendo enquanto ordem, vai se tornar tudo, como desejava Sieyès, e ao mesmo tempo o contrário de si mesmo?

Na questão tem esse comentário sobre o Terceiro Estado. O Terceiro Estado deixou de ser um estamento da sociedade feudal e passou, depois da luta contra as outras ordens e contra o rei, a ser a representação legítima da nação constituída na Assembleia Nacional.

Nesse momento, realmente, quando o Terceiro Estado se constituiu como Assembleia Nacional, deixou de ser um estamento da sociedade feudal e passou a ser uma representação da nação. "Tudo" aqui significa essa representação, significa que o Terceiro Estado era a única representação da nação e as outras ordens, que não se uniram a ele, deixaram de ser.

Queria comentar a frase "ao mesmo tempo o contrário de si mesmo". Não foi ao mesmo tempo, foram dois momentos. Um primeiro momento em que o Terceiro Estado em seu conjunto, sem nenhuma discrepância interna, se contrapôs às outras ordens e se tornou a representação legítima da nação. E um segundo momento, posterior, quando a heterogeneidade dessa representação se manifestou.

Eu questiono aqui "o contrário de si mesmo" porque a nação possível era a nação burguesa. A nação possível naquela época e a nação possível hoje, mas

---

duas rebeliões, tomou medidas repressivas e ampliou o exército. O temor de um retorno ao absolutismo, aliado ao apoio de James II aos católicos, rendeu-lhe a oposição dos anglicanos, maioria no Parlamento. Na Revolução Gloriosa de 1688, o Parlamento aprovou a Declaração de Direitos (*Bill of Rights*), que estabeleceu a monarquia parlamentar, proibiu a censura política e reafirmou seu direito exclusivo de criar impostos e dirigir o Exército. James II foi destituído e substituído pela filha Mary II (1662-1694) e o genro, Willem de Orange (1650-1702), coroado como William III, que eram protestantes. A Revolução Gloriosa foi um momento decisivo de concentração do poder político no Parlamento e consolidou um compromisso de classe entre os grandes proprietários e a burguesia inglesa. As reformas permitiram o florescimento da aristocracia rural e dos comerciantes burgueses, preparando o caminho para a Revolução Industrial.

não vamos comentar a atualidade. Naquele momento a nação possível era a nação burguesa e ela não era o contrário do Terceiro Estado unido na Assembleia Nacional. Era a realização plena do projeto do Terceiro Estado de se tornar tudo, ou seja, a nação. Eu só acrescento: a nação possível, o Estado nacional, é uma criação burguesa, é a realização da nação burguesa, é a competição econômica entre as nações, eventualmente traduzida em guerra, é também um projeto guerreiro. Durante a Revolução Francesa se verificou isso. A Revolução Francesa foi guerreira em relação ao resto da Europa.

Assim, eu acho que está certo, mas a questão merecia esses comentários: primeiro, não era ao mesmo tempo, eram dois momentos. O Terceiro Estado se tornou tudo quando ascendeu à Assembleia Nacional; e, segundo, num tempo posterior ela deixou de representar unanimemente o interesse de todas as correntes que a compunham, porém não se tornou o contrário de si mesma, continuou sendo a representação legítima da nação francesa.

Tanto isso é verdade que tiveram que negar o direito dos trabalhadores de participar do poder político, não que os trabalhadores não o quisessem. Os trabalhadores se consideravam aptos e seriam participantes ativos da realização da nação francesa. Se a burguesia resolveu lhes negar esse direito é porque tinha interesses contrários e não queria que os interesses dos trabalhadores se manifestassem no interior da nação.

Comente a declaração de Sieyès: "Devemos formular três perguntas: – O que é o Terceiro Estado? Tudo. – O que ele tem sido em nosso sistema político? Nada. – O que ele pede? Ser alguma coisa."

Isso revela Sieyès como um moderado. Ele era um constitucionalista. E no processo se revelou um constitucionalista do rei, ele não abriu mão do rei, mesmo aquele rei coroando o Estado francês que resultaria da revolução. Começando pela terceira questão. O que pede ele? Ser alguma coisa. Essa terceira questão colocava o pedido da burguesia de ser tudo. O fato de o Terceiro Estado ter se arvorado em Assembleia Nacional mostra claramente que estava embutido nas aspirações da burguesia ser toda a nação. Mas naquele momento isso não parecia claro aos moderados, portanto Sieyès formulou a questão dessa maneira. A aspiração da burguesia era ser tudo, e não apenas constatar que era tudo. Só que esse "ser tudo" não se referia a todo o Terceiro Estado, se referia em termos práticos à burguesia que seria, na Constituição de 1791, os cidadãos ativos. Cidadãos ativos seriam tudo. Essa era a verdadeira reivindicação da burguesia: ser alguma coisa, sem ameaçar o status quo do momento.

É possível afirmar que o que se configurava nesse período na França era a aspiração da burguesia e do povo miúdo por uma nova política e que existiam aspirações políticas que não podiam ser contempladas no Antigo Regime?

Sem dúvida. A abolição dos privilégios da nobreza não poderia ser contemplada dentro daquele regime. No entanto, o rei não podia ficar sem uma nobreza para manifestar seu poder real, pois os privilégios da nobreza de certa maneira eram também da casa real, eram privilégios de sangue. O rei não podia dispensar essa extensão das qualidades que legitimavam seu poder de monarca feudal. Então ele precisava de uma nobreza e a burguesia precisava extinguir essa nobreza, porque era inviável economicamente mantê-la e era inaceitável que ela exercesse os seus privilégios sobre o resto da sociedade indefinidamente. E claro, essa nobreza estava ligada a uma forma de propriedade que devia ser abolida, forma de propriedade da qual participavam o poder real e o clerical.

Em resumo, não havia como conciliar os interesses da burguesia e os da nobreza. A extinção de certos poderes vigentes na época da revolução era indispensável, portanto se tratava a rigor não de uma política, mas de uma modificação das relações de poder. Alguns poderes deviam ser extintos e o poder monárquico tinha que mudar de caráter, tinha que ser um poder dependente das instituições burguesas, dependente da vontade da nação, como dizia a burguesia naquela época.

O SURGIMENTO DOS CLUBES E AS NOVAS EXIGÊNCIAS DE REPRESENTAÇÃO POLÍTICA

Os clubes eram uma forma de organização adequada àquele contexto? E como a sociedade colocou posteriormente os partidos? Há alguma relação entre os clubes e os partidos?

Para responder a essa pergunta é preciso dizer alguma coisa sobre as classes sociais. Os marxistas costumam falar muito em classes sociais e os historiadores burgueses questionam muito a teoria marxista das classes sociais. Alguns dizem que as classes sociais às quais Marx se refere não existem. É preciso reconhecer que eles têm um pouquinho de razão, porque estas só se manifestam quando a sociedade está em movimento mais ou menos amplo, quando está em conflito. As classes sociais aparecem de maneira nítida em períodos de crise social, períodos pré-revolucionários e revolucionários, e não quando os conflitos sociais não aparecem na superfície.

E teríamos que fazer de novo uma comparação com a Revolução Inglesa. A burguesia que se manifestou contra o poder monárquico, que não era tão absolutista quanto era a monarquia francesa na mesma época porque já dependia da burguesia para decretar impostos, era uma burguesia mercantil das cidades. O movimento antimonárquico, que era um movimento antianglicano, se manifestou principalmente sob a forma de seitas religiosas, algumas igualitárias ou com ideologias de cunho igualitarista. Os *levellers*[1] tinham um caráter religioso, mas

---

1 Os *levellers* eram um movimento político radical surgido no período das guerras civis (1642-1648) que reivindicava reformas constitucionais, sufrágio universal e igualdade de direitos

não representavam uma classe social, eles representavam um grupo radical antianglicano, eram igualitaristas. Assim como os anabatistas[2] de Thomas Müntzer representaram um movimento igualitarista na época da Guerra Camponesa na Alemanha – eram um movimento igualitarista que se manifestava como uma corrente religiosa e isso voltou a se repetir na Inglaterra.

Agora, na França se delineou de imediato o Terceiro Estado contra a nobreza, a monarquia e o clero. Ele era uma ordem, não uma classe social, mas ele se levantou como um todo e não como seitas religiosas. Não era possível uma organização partidária, porque o Terceiro Estado não era representativo de uma classe social. O Terceiro Estado manifestou uma unidade de conjunto de todos os interesses, muitos dos quais eram díspares.

Em termos de movimento social, o que se poderia distinguir? Havia um movimento constitucionalista real, que estava apegado à figura do rei, um movimento constitucionalista burguês, que exigia submeter o rei à Constituição,

---

perante a lei. Acreditava que todos os homens nasciam livres e iguais e tinham direito à propriedade e à liberdade. O termo *leveller* (nivelador em inglês) lhes foi atribuído por adversários, que os acusavam de querer nivelar a sociedade. Com militância ativa e organizada, chegaram a ter muita influência no exército, onde apresentaram em 1647 sua proposta de Constituição, que previa a abolição da monarquia e da Câmara dos Lordes, com o Poder Legislativo circunscrito à Câmara dos Comuns. Uma versão mais ampla, o *Acordo do Povo*, foi publicada em 1649. Nesse ano, o comando do exército reprimiu motins inspirados nas ideias do grupo e prendeu seus líderes, praticamente eliminando-o. Seu espaço foi ocupado por correntes com propostas mais radicais. Uma delas propunha expandir as ideias dos *levellers* para além do campo político. Com base na Bíblia, defendia o fim da nobreza, a distribuição da riqueza em bases igualitárias e a abolição da propriedade da terra, que deveria ser cultivada de forma comunitária. Esse grupo se denominava *levellers* autênticos, para diferenciar-se dos *levellers* originais. Algumas comunidades agrárias foram formadas, mas acabaram dispersadas pela ação violenta de proprietários de terras e do governo.

2   O anabatismo foi uma vertente religiosa e política do século 16, originária do protestantismo. O nome, que deriva do grego e significa rebatizar, foi dado por seus detratores, porque seus membros rejeitavam o batismo de crianças ao considerar que o crente tem que declarar sua fé ao ser batizado, o que um bebê obviamente não pode fazer. A seita submetia seus adeptos a um segundo batismo e preconizava uma comunidade religiosa igualitária. Entre seus líderes se destacou o teólogo alemão protestante Thomas Müntzer (1490-1525), que participou ativamente da Guerra Camponesa (1524-1525), a massiva revolta popular contra a opressão feudal no Sacro Império Romano-Germânico e principalmente na região que hoje compreende a Alemanha. Em maio de 1525, o exército imperial massacrou mais de 6 mil camponeses em Frankenhausen e capturou Müntzer, que foi decapitado.

e um movimento republicano, que apareceu pela primeira vez, mas era minoritário, um movimento democrático radical daquele momento, que não era uma corrente influente. Por fim, havia o movimento confuso e igualitarista, que tinha suas origens na Idade Média e sempre existiu entre os pobres de todo o mundo, como, por exemplo, os movimentos revolucionários da China de caráter taoista,[3] que sempre tiveram esse conteúdo igualitarista.

O elemento mais forte, mais representativo, era o movimento constitucionalista burguês, que pretendia submeter o rei à nação. Era o mais forte de todos. Razão pela qual muitas pessoas ligadas à família real, como Mirabeau[4] – confidente da rainha Maria Antonieta e um líder do episódio que proclamou a soberania da Assembleia Geral frente ao poder real –, achavam que a revolução tinha que parar num certo ponto, e esse ponto era aquele em que se decretasse uma Constituição. Não se sabe até hoje se Mirabeau foi coerente, pois, como ele era confidente da rainha, pode ter sido uma espécie de agente duplo no processo revolucionário, tentando proteger os interesses da rainha de uma maneira que julgava mais eficaz, assumindo a liderança do processo. Ele faleceu nos primeiros anos da revolução e o que se sabe é que foi líder de episódios importantes.

Esses movimentos tinham objetivos claros e poderiam representar partes da sociedade, portanto, partidos. Os fisiocratas, por exemplo, representavam os principais interesses econômicos e eram liberais, mas não eram antimonarquistas. Os que eram favoráveis à república eram os segmentos da classe média que se

---

3   Vito Letizia fez uma discussão detalhada sobre o impacto do taoismo no processo histórico e revolucionário chinês no capítulo "A pesada herança histórica da China moderna", em seu livro *A Grande Crise Rastejante* (Editora Caros Amigos, 2012), que também pode ser lido em <cemap-interludium.org.br/2011/10/17/a-pesada-heranca-historica-da-china-moderna/>.

4   Honoré Gabriel Riqueti (1749-1791), o conde de Mirabeau, foi jornalista, escritor e parlamentar. Membro do Clube dos Jacobinos, da Sociedade dos Trinta e da abolicionista Sociedade dos Amigos dos Negros, teve destacada participação na primeira fase da Revolução Francesa, como defensor de uma transição para a monarquia constitucional. Foi um dos redatores do preâmbulo da Declaração dos Direitos do Homem e do Cidadão e presidiu a Assembleia Nacional entre janeiro e fevereiro de 1791. Ao mesmo tempo, atuou secretamente como conselheiro de Luís XVI, de quem recebeu generosos pagamentos. Famoso por seus discursos, reunidos pela editora francesa Gallimard em *Discours (1973)*, também escreveu *Essai sur le Despotisme* (Ensaio sobre o despotismo, 1775), *De la Monarchie Prussienne sous Frédéric le Grand* (A monarquia prussiana sob Frederico, o Grande, 1788) e vários livros eróticos, reunidos pela Editora Brasiliense em *Obras Eróticas (1987)*.

inspiravam na Roma antiga, que foi um dos modelos de uma corrente importante da Revolução Francesa. As inspirações da república romana, as manifestações de apreço e de busca do estabelecimento de um sistema baseado no modelo da república romana, eram recorrentes. De certa maneira, o Diretório usou instituições romanas como modelo para as suas. Napoleão se conferiu o título de primeiro cônsul, e o Consulado era uma instituição romana.

Mas era um pensamento republicano que não era o da burguesia mais importante, da burguesia mais decisiva do ponto de vista econômico. Quesnay,[5] líder da corrente fisiocrata, tinha ampla aceitação, ele era médico da rainha e da amante do rei, madame Pompadour. E muitos personagens da corte de origem burguesa eram fisiocratas. Quesnay era um capitalista, tinha terras que eram exploradas dentro de características do capitalismo. Então, a principal força burguesa não era republicana. A república era defendida por uma força burguesa média – profissionais liberais, advogados e pessoas da área jurídica. Aliás, foram os mais eleitos no período de preparação dos Estados Gerais. Eram esses que não tinham muita importância econômica, que tinham o modelo republicano na cabeça. Eles constituíam um segmento à parte, uma espécie de classe média, uma pequena burguesia, vamos dizer assim. Tinham propriedades, tinham influência pelas profissões liberais que exercem, e eram portadores da bandeira republicana baseada no modelo romano antigo – era uma república autoritária, mas uma república de qualquer maneira.

Essas correntes pretendiam uma Constituição em que o rei mantivesse poderes importantes. Eram as três correntes que poderiam representar um partido, que detinham partes do poder econômico e, portanto, detinham em suas mãos os poderes econômicos e administrativos daquela época. Depois havia

---

5 François Quesnay (1694-1774), médico e economista francês, foi fundador e principal líder da fisiocracia, considerada a primeira escola sistemática de economia política, oposta ao mercantilismo. Foi médico do rei Luís XV (1710-1774) e a publicação da obra *Essai Physique sur l'Economie Animale* em 1736 valeu-lhe a nomeação de secretário perpétuo da Academia de Cirurgia. Entrou em contato com os iluministas em Versalhes e passou a dedicar-se à economia, que considerava parte integrante da teoria social. Sua obra fundamental é *Quadro Econômico*, de 1758 (Editora Ática, 1984), com diagramas que representavam as relações entre as diferentes classes econômicas e sociais, suas relações econômicas e o fluxo de pagamentos entre elas.

a multidão – o povo miúdo, a pequena burguesia –, que podia ser confundida com uma vasta classe sem poder econômico e sem capacidade de influência nas decisões econômicas e políticas, mas constituía uma massa principal de mobilização popular na Revolução Francesa. Essa gente, apesar de ser a mais numerosa, não estava separada claramente da burguesia favorável ao republicanismo burguês ou ao constitucionalismo burguês. Confundia-se com ela.

Portanto existia uma classe burguesa mais ou menos unificada contra a monarquia, o clero e a nobreza, que já tinha distinções em termos de correntes de opinião e possuía o potencial de organizar partidos políticos. Ainda não eram partidos, embora já tivessem o conteúdo de partidos. A burguesia estava confundida numa enorme massa que ainda constituía um estamento, o Terceiro Estado. Os burgueses da nobreza de toga e da nobreza de ofício não faziam parte desse estamento, mas sim do poder monárquico.

Então, nesse momento se pode dizer que o partido era isso, que num momento de crise revolucionária aparecia e fora dos momentos revolucionários ou de grande agitação social não tinha realidade consistente, o que permitiu que muitos historiadores negassem sua existência e conseguissem fundamentar isso.

Os marxistas – muitas vezes equivocadamente – afirmam que classe social é uma coisa estática, que o simples fato de existir exploração já cria a classe operária. A exploração cria explorados, mas enquanto eles aceitam a exploração, fazem parte da sociedade burguesa, não se distinguem como classe no interior da sociedade burguesa. É um pensamento não dialético achar que classe social existe porque existe exploração. A vida não funciona assim. Os trabalhadores acham que têm um bom emprego e é o que querem, mesmo os que ganham pouco. Eles estão errados? Você é que está certo? Quando a sociedade não está em crise é a maneira de eles ganharem a vida. Agora, quando estão sendo injustiçados, presos, demitidos, passando necessidade, pode ser que se revoltem ou que sejam convencidos de que são explorados. O fato de as pessoas injustiçadas ficarem revoltadas não constitui uma classe. É preciso que ocorra uma crise para que isso apareça na sociedade como um fato que delimite as classes sociais.

No momento da crise revolucionária francesa, as classes estavam delineadas enquanto conteúdo de classes, já havia grandes correntes que iriam se digladiar, mas não havia ainda a cisão entre essas grandes tendências, estavam todas unificadas no

Terceiro Estado. Era incipiente o processo, mas como se manifestou naquele momento? Manifestou-se como clube, diferente da Inglaterra, onde se manifestou na forma de seitas. Na França se manifestou na forma de clubes. O que era um clube? Em que se diferenciava do partido? Clube era um grupo de pessoas com afinidades de ideias, que não pretendiam representar um segmento social, mas um grupo de pessoas que tinham um objetivo em comum que se misturava um pouco com o lazer, como as *vereine*[6] na Alemanha e como os *clubs* na Inglaterra.

Aliás, o termo *club* na França é imitação do *club* da Inglaterra. As pessoas se reuniam em salões para almoçar ou jantar juntas, se reuniam nos cafés. Depois se criaram sedes na Revolução Francesa, onde se reunia grande número de pessoas, a sede do grupo dos girondinos, a sede dos jacobinos. Elas se tornaram lugares importantes da vida política francesa. Antes era o Palais Royal, onde havia uma concentração de cafés e as pessoas se reuniam, bebericavam, faziam refeições conjuntamente e discutiam política. Era o que aparecia naquele momento enquanto atividade política, mas já existiam na sociedade as grandes correntes políticas que demonstravam a existência de partidos, não enquanto organismos constituídos, mas enquanto conteúdo social, o movimento enquanto conteúdo social particular que é o conteúdo de partido.

Qual foi a proposta original de representação política burguesa? E como ela se consolidou posteriormente?

Na Revolução Francesa havia certa rejeição à representação política coletiva. Os clubes eram organizações voluntárias, que não pretendiam ser organizações, digamos assim, com personalidade constitucional, com poderes particulares enquanto instituições políticas. A ideologia burguesa era a de que deveria haver instituições estatais e o publico deveria atuar individualmente. A organização de sindicatos era proibida, os trabalhadores tinham que se manifestar individualmente face às instituições políticas do Estado. Não se aceitava outro tipo de representação que não a individual.

---

6 As *vereine* eram associações populares tradicionais na Alemanha, criadas para várias finalidades, em geral ligadas ao lazer e à cultura, como grupos de canto ou de caça. Sua origem é pré-capitalista, ao contrário dos *clubs*, que são uma criação da burguesia inglesa. Em português, *verein* quer dizer clube, associação ou sociedade.

Os clubes eram instituições particulares, as pessoas se reuniam para uma espécie de direito de congraçamento daquelas que tinham afinidades de ideias. Então se poderia admitir que operários se reunissem aos domingos para fazer uma refeição em comum e conversar sobre o que quisessem, mas não que isso constituísse um sindicato com alguma personalidade jurídica que pudesse ser reconhecida. A forma de representação política que a burguesia almejava era a representação política nas organizações do Estado. O povo se faria representar no Parlamento, não em instituições intermediárias, corporações, sindicatos, partidos... Isso na ideologia burguesa da época não era aceitável. Qualquer organização que não fosse a instituição do Estado não tinha nenhuma legalidade institucional, tratava-se apenas de reuniões de pessoas particulares.

Aliás, houve uma lei, a Lei Le Chapelier,[7] que proibiu os sindicatos taxativamente quando os operários fizeram a primeira tentativa de se organizar durante o processo revolucionário. Muita gente diz que a lei foi um gesto autoritário da burguesia no período revolucionário. Sem dúvida teve um caráter autoritário contra os trabalhadores, mas estava muito bem enquadrada dentro do espírito da burguesia revolucionária daquele momento. Ela própria não pretendia organizar partidos, pretendia manter-se nos clubes. Claro, com os clubes a burguesia podia fazer política de forma eficaz e os trabalhadores não, mas isso não era levado em conta, evidentemente.

Essa forma direta com que o povo se faria representar no Parlamento é bem diferente do que acabou se consolidando. Hoje, o que a gente mais escuta é que a democracia moderna precisa ter instituições que funcionem como intermediárias políticas, por exemplo os sindicatos. Não há ligação direta com o Parlamento.

O processo histórico posterior à revolução – daquela época até hoje – terminou aceitando formas de representação intermediárias entre o povo e as instituições do Estado. Isso é um processo histórico que decorre do desenvolvimento

---

[7] A primeira Lei Le Chapelier, de 22 de maio de 1791, retirou de toda sociedade ou clube de cidadãos o direito de representá-los e de fazer petições. Foi uma medida voltada principalmente contra a agitação dos clubes. A segunda Lei Le Chapelier, de 14 de junho de 1791, proibiu as greves de operários e baniu as corporações de ofício e associações de trabalhadores.

das organizações operárias, da luta de classes ao longo dos séculos 19 e 20. Consolidaram-se algumas formas de organização de interesses de parte da sociedade na representação política, no governo, no Estado. Face ao poder de Estado e ao governo.

É um processo que a gente não vai desenvolver aqui, mas o resultado final mais típico é o surgimento de sindicatos. Hoje há sindicatos patronais e operários, existem os dois tipos. Além de formas de organização variadas, sociedades de caráter diverso que influem na política através da intermediação de parlamentares que se ligam a grupos econômicos, interesses de grupos sociais que se ligam a certos parlamentares, grupos religiosos que se ligam a segmentos do Parlamento. Existem todos esses sistemas de negociação política que atravessam aquela representação pura que foi idealizada na Revolução Francesa. Esse resultado ao qual se chegou hoje – essa confusão de influências variadas na representação política –, de certa maneira, esvaziou a representação política original.

Hoje em dia, uma ideia corrente que está na boca do público em muitos lugares do mundo e que no Brasil é bastante presente é a de que a representação política parlamentar tal qual se apresenta está falida. É uma representação falsa que está muito distante da vontade do povo e na verdade age em função de interesses particulares. Os que representam os interesses econômicos mais fortes terminam impondo-os ao conjunto da sociedade, que não tem capacidade de exercer a mesma influência que eles. Ou seja, as representações mais poderosas são as mais ricas, o que esvazia a representação política.

Há um conteúdo verdadeiro nessa ideia que percorre a sociedade e o que se vê hoje em dia são discussões sobre a necessidade de reconstruir a república. Denis Collin tem um livro, *Revive La République!*, onde pretende reconstruir a república. Ele expõe certas ideias, partindo da noção de que a representação política de hoje está esvaziada e falida. É realmente o que acontece, é isso que vivemos. De qualquer maneira, esse esvaziamento da representação política não poderia deixar de ocorrer. Justamente porque as classes sociais não se manifestam como correntes com conteúdo de classe, elas não veem sua existência enquanto movimento que expresse seu conteúdo particular de classe, parcial digamos assim, da sociedade que se contrapõe às outras, ou a outra classe.

A classe explorada se contrapondo à classe exploradora. Se isso não ocorre, o que poderia significar a representação política? Muito pouco, mesmo se não houvesse todo esse... se não tivesse ocorrido no processo histórico todo esse desenvolvimento de organizações que se atravessam na representação política, como *lobbies*, grupos de pressão que esvaziaram a representação política. Mesmo que não tivesse ocorrido isso, prevaleceria o interesse econômico da burguesia, pois se não há contraposição dos trabalhadores à exploração, a representação social no Parlamento é falsa.

Poderia haver uma representação conjunta da burguesia e dos trabalhadores que ela explora e isso seria uma representação de interesses reais? Não. Certamente não. Embora os trabalhadores no momento não desejem outra sociedade, não dá para negar que seus interesses são ter melhores salários e melhores condições de trabalho. Ainda que só aconteçam reclamações, não dá para dizer que os trabalhadores querem o mesmo que a burguesia quer, ou seja, aumentar a exploração, diminuir o salário – diminuir o salário relativo de qualquer maneira – e distribuir o valor criado no processo de trabalho com a parte sempre menor para os trabalhadores. Esse interesse da burguesia é absolutamente contrário aos interesses dos trabalhadores, que buscam sempre ganhar um pouco mais e ter uma vida um pouco melhor. O fato de reclamarem ou não reclamarem não quer dizer que eles têm o mesmo interesse. Naturalmente, se não reclamarem, isso significa que são representados pela burguesia.

Então o mínimo que se pode dizer é que há uma representação confusa, de interesses diversos, confundidos no interesse mais poderoso. Por quê? Porque as classes sociais não estão delineadas. Seria possível dizer que nesse momento em que essa confusão existe as instituições estão falidas? Não. Os trabalhadores estão contentes. Contentes entre aspas, eles não estão reclamando, parecem estar contentes, estão ganhando o salário que pode ser ganho, acham que trabalhando mais podem melhorar de vida, coisa que é verdade. Foi verdade em certos períodos do desenvolvimento capitalista, houve aumento do salário real, do poder aquisitivo... Segmentos significativos da classe trabalhadora melhoraram seu padrão de vida. Isso aconteceu. Então, nesses momentos a representação parece funcionar bem e, como isso está sendo aceito, não está em crise.

Hoje essa funcionalidade da representação política não é mais visível. Por quê? Porque a situação da maioria está piorando: apesar do Bolsa-Família e tudo o mais, ainda existe fome, o programa Fome Zero não é uma realidade que atinge toda a população brasileira. Não me lembro da porcentagem, mas uma pesquisa recente mostrou que no Brasil mais de 10% das pessoas vivem abaixo da linha de pobreza definida pela ONU.[8] A fome não foi erradicada no Brasil, e além disso há uma pressão muito forte pelo rebaixamento de salários e condições de trabalho pioradas. Em suma, existe uma corrupção generalizada, uma concentração de renda que em parte vemos como corrupção, e isso tudo revolta a população, que vê que é inútil votar.

Pela primeira vez, depois de anos, depois de decênios, de achar que no Brasil se instaurou uma nova república realmente representativa, se deram conta de que a representação no Brasil é falsa, uma quimera, um sonho irrealizável sob o domínio do capital. Voto? Vota-se em quem quiser, mas sempre o Parlamento vai trabalhar contra eles. O Parlamento não decide em função da representação dos eleitores, mas das influências dos diversos interesses organizados que agem nele. Isso aparece à luz do dia pela primeira vez, já ocorria antes, mas pelo menos hoje está sendo constatado.

Por que a proposta original da burguesia não incluía o voto das mulheres e dos trabalhadores?

A burguesia francesa, aliás, a burguesia europeia era a favor do voto censitário. Quer dizer, a divisão do eleitorado em níveis de renda. Só a partir de certo nível de riqueza, de rendimentos, é que se poderia participar da vida política elegendo representantes. Uma ideia que vinha da antiguidade, a república

---

[8] A Organização das Nações Unidas (ONU) utiliza dois indicadores de linha de pobreza: são consideradas pobres as pessoas que vivem com menos de 2 dólares por dia e extremamente pobres as que vivem com menos de 1,25 dólar por dia. O Brasil usa como índices os critérios de elegibilidade para os programas federais de transferência de renda. Em 2011, quando ocorreu este debate com Vito Letizia, o governo classificava como pobres os que viviam com até R$ 140 por mês e os extremamente pobres com até R$ 70. Levantamento do Instituto de Pesquisa Econômica Aplicada (Ipea) indicava que nesse ano 19,2 milhões de brasileiros viviam na pobreza e 7,6 milhões na extrema pobreza – o equivalente a 10,65% e 4,22% da população, respectivamente. Pelos indicadores da ONU, os extremamente pobres eram 4,5% da população e os pobres, 8,2%.

romana era uma república censitária. A burguesia francesa se apegou com muita força a essa ideia, tanto assim que quando, em 1794, foi derrubado o poder jacobino, o regime que se instalou aboliu o sufrágio universal e restabeleceu o voto censitário, que tinha sido instituído na Constituição de 1791, logo após a derrubada da monarquia.[9]

A burguesia tinha suas razões, não era algo sem fundamento e sem peso. Por exemplo, por que recusava o voto aos criados pessoais que prestavam serviços para a nobreza e para ela própria? Os criados eram pessoas que não tinham independência pessoal. Naquela época, toda pessoa abastada tinha servidores. Em Portugal chamavam de criados de dentro, valetes, que até ajudavam os senhores a se vestir, cuidavam da roupa, eram confidentes do senhor. A mesma coisa com as senhoras que tinham criadas pessoais. Entregar o voto a essas pessoas significaria ampliar o voto dos senhores, porque elas votariam conforme a opinião dos mesmos. Em geral elas permaneciam até a morte na casa dos senhores, tinham a vida ligada a eles, eram criados domésticos com ligações pessoais. Havia também os criados de fora, os lacaios, como se dizia, que não tinham relações pessoais. Era evidente que entregar o direito de voto aos criados pessoais seria dar ao senhor uma ampliação da representação de sua vontade.

No que diz respeito às mulheres, havia o fato de que não tinham uma atividade econômica pública, elas tinham uma atividade privada, cuidavam da casa. E, portanto, não tinham um ganho econômico, não estavam inseridas na economia monetária, e na realidade o matrimônio para as mulheres era uma carreira. Um objetivo da vida da mulher era conseguir um bom partido, um marido que

---

9 Em 3 de setembro de 1791 foi proclamada a nova Constituição, que instituía uma monarquia constitucional, com um Poder Legislativo unicameral. O sufrágio era masculino e censitário, ou seja, só podiam votar os que passaram a ser denominados "cidadãos ativos": os homens pagantes de imposto direto anual correspondente a três dias de trabalho ou mais, com exceção dos empregados domésticos (incluídos na categoria de clientela da nobreza). Para ser elegível era necessário ser pagante de um marco de prata de imposto anual. Todos os cidadãos ativos podiam eleger autoridades municipais, mas para eleger os representantes à Assembleia Nacional tinham que pagar imposto correspondente a dez dias de trabalho. A Constituição ainda previa que as eleições à Assembleia ocorreriam a cada dois anos e o rei era inamovível e inviolável, com direito de veto suspensivo por duas legislaturas. Após a proclamação, a Constituinte se dissolveu e seus membros não podiam se candidatar a deputado no futuro Legislativo.

lhe desse um bom nível de vida. A dependência econômica da mulher em relação ao marido fazia do voto dela uma representação um pouco inútil, porque de qualquer maneira seria sempre uma cliente do marido em termos políticos. Ela não tinha condição de representar com independência sua vontade particular.

Não é por acaso que o movimento das "sufragetes"[10] apareceu no fim do século 19. O que aconteceu no fim do século 19? Aconteceu o desenvolvimento do emprego feminino nos hospitais, nas escolas primárias – que deixaram de ser apenas escolas religiosas e passaram a ser escolas públicas, com professoras primárias que eram funcionárias assalariadas – e, principalmente, nas grandes lojas que se desenvolveram e criaram uma massa importante de emprego para mulheres. E depois, no último decênio daquele século, na telefonia, que empregou principalmente mulheres nas grandes centrais de atendimento telefônico, que eram operadas manualmente. Surgiu uma massa significativa de trabalhadoras que provinham de uma classe média baixa e que passaram a exigir representação. O movimento das "sufragetes" vem daí. Claro, não se levava em conta as mulheres que trabalhavam nas minas e na tecelagem, que viviam num grau de miséria extrema e praticamente não eram consideradas como cidadãs de fato.

Na Revolução Francesa nada disso tinha acontecido, nem as minas e tecelagens tinham grande desenvolvimento; as mulheres estavam restritas aos trabalhos domésticos e elas próprias não reivindicavam. Entre os homens não havia nenhum interesse particular em pôr à frente essa necessidade de as mulheres terem a faculdade de manifestar sua opinião se porventura discordassem do marido. Não houve essa preocupação dos homens, mas as mulheres, por causa do tipo de vida que levavam, não se organizaram, não tiveram o impulso particular de levar adiante um movimento nesse sentido. Tudo isso parecia uma coisa natural da burguesia da época, não houve muita reclamação.

Onde houve reclamação? Em relação aos trabalhadores. Os trabalhadores que participaram da revolução, que eram o povo miúdo que não ganhava o

---

10 "Sufragetes" é o nome pelo qual ficaram conhecidas as militantes das organizações que lutavam pelo direito das mulheres a votar no final do século 19 e início do século 20, em especial no Reino Unido. Embora em português exista a palavra sufragista, é mais comum o uso aportuguesado do termo *suffragettes*, derivado da palavra inglesa *suffrage*, que significa sufrágio.

suficiente para pagar os impostos, estava abaixo do nível de renda que permitia pagar alguns impostos. Aliás, apenas pagavam impostos indiretos, não os impostos diretos, mas todos pagavam as gabelas, as *aides* e todos aqueles tributos indiretos que se cobravam na época. Mas eles não tinham a tributação direta que incidia sobre os elementos superiores do Terceiro Estado. Isentos dos tributos diretos por ganhar pouquíssimo, foram excluídos da representação parlamentar. Ora, mas eles participavam da vida política de maneira plena, eles constituíram uma força motriz no processo revolucionário e se mobilizaram em massa, então lhes pareceu injusto de maneira muito evidente não estarem representados, por isso surgiu o movimento pelo sufrágio universal.

Não por causa das mulheres, que não constituíram um movimento próprio naquele momento, embora no processo de preparação da Declaração dos Direitos do Homem e do Cidadão tenha surgido um projeto feminino, feminista.[11] Surgiu uma mulher que fez um projeto; claro, não era uma mulher representativa do povo pobre, era uma mulher que tinha estudo e tudo o mais.[12]

---

11 O envolvimento feminino na Revolução Francesa se estendeu às questões políticas e sociais e, ainda que não houvesse um movimento unificado pela igualdade de direitos, vários clubes de discussão e grupos se formaram na tentativa de influenciar as votações na Assembleia Nacional, formada apenas por homens. Quando a Declaração dos Direitos do Homem e do Cidadão manteve sua exclusão da vida política, as mulheres atuaram intensamente durante o período preparatório da Constituição. Acompanhavam as sessões desde as galerias, manifestando-se com aplausos, gritos ou vaias, e publicavam panfletos e artigos em jornais expondo suas reivindicações. Também apresentaram projetos de lei, como a Petição das Mulheres do Terceiro Estado, de 1789, que reivindicava o direito à educação e ao trabalho, e a Petição das Damas à Assembleia, do mesmo ano, que propunha "a abolição de todos os privilégios do sexo masculino" e o direito de votar e de ser eleitas para o Legislativo e de exercer cargos municipais, de magistratura e militares, comparando sua situação à de escravas. Os projetos femininos não foram analisados; quando a Constituição foi promulgada, em setembro de 1791, nenhum artigo atendia às suas reivindicações. Como resposta, no mesmo mês Olympe de Gouges publicou sua *Declaração dos Direitos da Mulher e da Cidadã*, que diz, no artigo 10: "Ninguém pode ser inquietado por suas opiniões fundamentais, mesmo religiosas; a mulher tem o direito de subir ao cadafalso; tem que ter igualmente o direito de subir à tribuna."

12 Marie Gouze (1748-1793), conhecida pelo pseudônimo Olympe de Gouges, foi uma escritora, feminista e revolucionária francesa de origem humilde, autora de romances e peças de teatro. Sua intensa atividade política se concentrava na questão dos direitos sociais, em especial das mulheres. Em folhetos publicados em jornais ou endereçados à Assembleia Nacional e aos clubes políticos, defendeu a abolição da escravatura e fez campanha contra

Já existia uma opinião feminista na Revolução Francesa, mas era uma opinião precursora. Tudo isso existiu, mas a injustiça evidente apareceu quando o povo miúdo, pobre, que não pagava impostos diretos, foi excluído da representação política. Fora esses, que naquele momento não tinham poder de decisão face ao conjunto predominante, não havia nenhuma outra corrente que pudesse lhes garantir a representação política. A força majoritária acabou sendo a da burguesia, que ao natural negou o direito de representação às mulheres, aos criados e aos trabalhadores, de maneira mais perversa, naquele momento, por causa da injustiça que cometia contra as pessoas que eram a força motriz da Revolução Francesa.

Só que amparando essa tendência natural da burguesia havia a ideologia clássica do republicanismo burguês da época, que era a reprodução das instituições romanas, se baseava no modelo da república romana, que era censitária. Era o fundamento ideológico dessa tendência natural da burguesia, decisiva politicamente naquele momento. Isso apareceu na Constituição de 1791 como um regime no qual os representantes na Assembleia Constituinte, e depois na Assembleia Nacional, eram eleitos pelo voto censitário.

---

a pena de morte. Na sua Declaração dos *Direitos da Mulher e da Cidadã* (<www.direitoshumanos.usp.br/> tem a versão traduzida), Olympe seguiu o texto da Declaração dos Direitos do Homem, ampliando ou alterando os artigos para estendê-los às mulheres. Politicamente ligada aos girondinos – defensores da monarquia constitucional, com a manutenção de Luís XVI no trono –, opôs-se aos jacobinos, criticando duramente sua política e a criação do Comitê de Salvação Pública. Presa em agosto de 1793 sob acusação de traição, foi guilhotinada dois meses depois.

O 14 DE JULHO: A DERROTA DECISIVA DA MONARQUIA ABSOLUTISTA E A ABERTURA DO PROCESSO REVOLUCIONÁRIO

Podemos dizer que a Revolução Francesa teve um movimento pendular incompleto? Ou seja, pode-se dizer que em alguns momentos ela foi além dos interesses da burguesia?

O movimento da Revolução Francesa não foi além dos interesses da burguesia em momento nenhum. O que aconteceu foi que em alguns momentos a burguesia perdeu o controle e foram aprovadas leis que contrariavam seus interesses, embora não representassem os interesses ou satisfizessem as aspirações de alguma classe social. Afinal, o que aconteceu na Revolução Francesa? Foi aplicado o programa burguês, que gradativamente se radicalizou. Chegou-se à república e da república se chegou ao Diretório. Aí veio o império, que de certa maneira foi um retrocesso, mas não da revolução. Depois do declínio da revolução durante o Diretório, o que houve foi uma institucionalização dos órgãos de Estado desejados pela burguesia e que estavam mais ou menos dentro de um projeto burguês.

O império napoleônico não estava fora do projeto burguês, embora tivesse um cunho autoritário. Napoleão tinha poderes praticamente absolutos, mas o regime napoleônico nunca foi acusado de ser um regime absolutista monárquico, a burguesia nunca foi avessa à monarquia e era favorável à Constituição. Napoleão fez aprovar uma Constituição pela qual tinha muitos poderes, tudo bem, mas o Código Civil, as novas leis de propriedade, as formas burguesas de propriedade, tudo isso passou a ter vigência no regime napoleônico.

Houve um momento em que se teria ido além? Qual teria sido esse momento? No momento em que se decretou um preço máximo de certos produtos, se tentou fazer o controle dos preços e garantir o abastecimento sem respeitar as leis de mercado, mas isso não era um programa de classe nenhuma; a rigor, se for tomado ao pé da letra, foi um regime de emergência. O programa de uma parte do povo miúdo, que era um programa antigo, da Idade Média, era o igualitarismo, era o programa dos *partageux*,[1] era o programa do igualitarismo social, esse programa nunca vingou. Nunca a Revolução Francesa foi até isso. As únicas medidas que foram além do programa burguês foram essas decisões sobre o preço máximo do trigo, principalmente, que era o alimento básico da época na França. Mas isso não era um item de nenhum programa. Então não dá para dizer que o processo revolucionário francês foi além do programa da burguesia, satisfazendo uma classe social inferior. Aí teria que se verificar se porventura não foi aplicado o programa igualitarista, que existia. Não foi. Os jacobinos eram contra, e os jacobinos foram derrubados sem nunca tê-lo aplicado, pelo contrário, eles guilhotinaram os igualitaristas. Então não houve nenhum movimento pendular nesse sentido.

O que houve foi um certo retrocesso, não um movimento pendular, no sentido de que ele vai e vem. Ele foi até certo ponto e se acomodou num ponto inferior, que foi o ponto napoleônico. Mas não deixava de fazer parte do programa burguês, que naquele momento era majoritário. É preciso não esquecer que o Diretório nasceu depois da derrubada dos jacobinos, mas quem os derrubou foi uma facção dos próprios jacobinos. O consenso da burguesia de que era

---

1   Os *partageux* eram camponeses que reivindicavam a partilha (*partage*) das terras. Esse programa aparece novamente na Revolução Francesa, sob a liderança do jornalista e revolucionário François Noel Gracchus Babeuf (1760-1797), ou Graco Babeuf. Ativo participante da Revolução Francesa, ele é autor de *O Cadastro Perpétuo*, publicado em 1790, que formulava a proposta de luta pela república e pelo comunismo. Em 1795, Babeuf criou o movimento Conspiração dos Iguais, ou Conjuração dos Iguais, com o objetivo de continuar a revolução e garantir a coletivização das terras para alcançar a "igualdade perfeita" e o "bem comum". O Movimento Babovista cresceu em Paris com a crise econômica e sofreu dura repressão por parte do Diretório: acusados de tentar organizar uma insurreição, seus membros foram presos em 1796. Babeuf e Augustin Darthé (1765-1797), outro líder do grupo, foram condenados à morte e guilhotinados, enquanto os demais integrantes do comando da corrente foram deportados.

preciso acabar com a conciliação com o povo miúdo e estabelecer o seu regime verdadeiro desaguou no Termidor. Estabeleceu-se um novo consenso, de que era o momento de aplicar o seu regime. Mas o regime anterior ao Termidor não foi além do programa burguês, foi até uma certa radicalização nas concessões ao povo e a grande concessão foi a abolição da escravatura, que não contrariava o projeto capitalista, baseado no assalariamento; contrariava o projeto capitalista apenas na questão do preço máximo, que foi evidentemente uma medida de emergência e não a aplicação do programa de uma classe social.

Como caracterizar a correlação de forças entre o capital e os trabalhadores organizados na abertura do processo revolucionário?

Sobre um processo revolucionário genérico não há como responder. No processo da Revolução Francesa, a relação de força era desfavorável para os trabalhadores assalariados das fábricas onde vigia o regime capitalista. Evidentemente que na revolução eles aproveitaram para tentar diminuir a exploração. Existe o episódio de 1789, um pouco antes da queda da Bastilha, no qual um patrão resolveu rebaixar os salários numa fábrica de papéis de parede.[2] Depois de uma série de peripécias do conflito que se estabeleceu, houve uma intervenção da Guarda Suíça e da cavalaria de linha, que é uma cavalaria militar,

---

[2] Entre 26 e 28 de abril de 1789 manifestações em apoio a uma greve de operários da fábrica de papéis de parede Réveillon contra um rebaixamento de salários se converteram em um motim no distrito de Saint-Antoine, em Paris. Durante três dias o distrito viveu tumultos e quebra-quebras; a fábrica foi destruída e a casa de seu proprietário, Jean-Baptiste Réveillon, invadida e saqueada. Tropas francesas, chamadas a intervir, acabaram reprimindo duramente os manifestantes, deixando um saldo de 300 trabalhadores mortos e mais de mil feridos. O Motim Réveillon, como ficou conhecido, foi um dos eventos mais sangrentos de todo o período revolucionário. Para mais informações, recomendamos *A Revolução Francesa – Cronologia Comentada* (Editora Nova Fronteira, 1989), do historiador francês Jacques Godechot (1907-1989), o estudo *Associations et Grèves des Ouvriers Papetiers en France aux XVIIe et XVIIIe siècles* (Associações e greves dos trabalhadores na indústria do papel nos séculos 17 e 18), de Charles-Moïse Briquet (1839-1918), publicado na *Revue Internationale de Sociologie*, n. 3, de março de 1897, e dois estudos do historiador francês Henri Gachet, *Conditions de Vie des Ouvriers Papetiers au XVIIIe siècle* (Condições de vida dos trabalhadores na indústria do papel no século 18), publicado em 1955 na revista do Instituto de História Social da França, e *Les Grèves d'Ouvriers Papetiers en France au XVIII siècle jusqu'à la Révolution* (As greves dos trabalhadores na indústria do papel na França no século 18 até a revolução), publicado em 1973 por Les Historiens Suisses du Papier.

o exército da época, na qual foram mortos cerca de 300 trabalhadores. Foi sufocada no sangue a revolta dos assalariados.

Isso não teve nenhuma repercussão antes da queda da Bastilha, apesar de a agitação ser grande. Por que não? Porque os assalariados não eram um segmento significativo da população, a maior parte era de artesãos, companheiros, oficiais, mestres de ofício e pequenos comerciantes, grandes comerciantes, profissionais liberais, enfim, toda essa massa gigantesca de população. Quem era a maioria esmagadora da população ignorou os interesses particulares dos assalariados que se revoltaram contra o rebaixamento dos seus salários, ignorou a morte de 300 operários. Como tinha sido a Guarda Suíça e a cavalaria de linha que tinham provocado o extermínio, simplesmente atribuíram isso ao despotismo real, não atribuíram esse fato ao despotismo dos patrões que queriam rebaixar os salários.

Ou seja, a relação de forças dos trabalhadores das fábricas capitalistas era muito desfavorável para estes, porque a maior parte da população trabalhadora não se identificava com os assalariados. Claro que os assalariados eram numerosos no campo, mas na cidade certamente não. Portanto, não havia uma identificação do problema dos assalariados da cidade com os interesses dos artesãos, dos comerciantes e dos outros. Esse novo tipo de relação social não era levado em conta como sendo uma coisa de importância, que se tornaria a principal relação social do futuro. Isso isolava de certa maneira os trabalhadores assalariados das fábricas capitalistas e bloqueava a solidariedade social com suas reivindicações.

A Revolução Francesa ignorou os interesses desses assalariados e não reagiu à proibição da organização de sindicatos. Pelo contrário, achou justa, porque a representação política deveria ser feita a partir da eleição de representantes no Parlamento e não por meio de organizações representativas intermediárias. Essa era a visão consensual naquele momento.

Qual era a correlação de forças entre os diferentes setores da sociedade? E por que a queda da Bastilha significou a abertura de um processo revolucionário?

A correlação de forças no começo da Revolução Francesa, antes da queda da Bastilha, era a favor dos constitucionalistas burgueses, que dominavam amplamente o cenário. De certa maneira, não havia nenhuma força política significativa que defendesse a república naquele momento, embora os jornais e clubes que se foram criando levantassem a questão. Esse foi o momento do constitucionalismo burguês. Antes tinha sido o Parlamento, a nobreza de toga e a nobreza de ofício que defendiam o constitucionalismo real. Na verdade, defendiam as conquistas da Revolução Inglesa: basicamente outorgar ao povo o direito de decidir sobre os impostos e o fim das prisões arbitrárias, portanto, o direito de *habeas corpus*, conquistas já alcançadas na Inglaterra. Mas esses constitucionalistas não foram a favor da abolição dos direitos da monarquia, apenas queriam que esta fosse constitucional e que os direitos do povo consistissem em não ser preso arbitrariamente e decidir sobre os impostos. Esses eram os constitucionalistas do rei, estavam nos limites da Revolução Inglesa, embora nela o rei já fosse uma figura decorativa, não completamente como depois se transformou. Esse segmento da burguesia já não tinha mais nenhum controle da situação, que desde a abertura dos Estados Gerais havia passado para as mãos da burguesia constitucionalista, que queria submeter o rei à Constituição – à nação, como eles diziam. Essa era a força majoritária, a correlação de forças era essa.

A Bastilha significou uma quebra militar do poder monárquico, a derrota militar do poder monárquico. A tomada daquela fortaleza significou um golpe contra esse poder, que o deixou incapaz de continuar governando, mantendo o país sob seu controle. De certa maneira, a partir da queda da Bastilha, quando o povo se armou e conseguiu canhões, o rei ficou incapacitado de controlar militarmente o povo de Paris, foi uma derrota militar decisiva. Como o rei estava em Versalhes e não em Paris, ele tentou ganhar tempo e chamou a tropa de linha da fronteira para tentar recuperar o poder – evidentemente através de uma guerra civil contra o povo parisiense. Convocou a Versalhes as suas tropas, mas esse plano não vingou. A queda da Bastilha tem essa importância. Quebrou o controle militar do rei sobre Paris e ele nunca mais conseguiu recuperar esse controle. Por isso é a data decisiva, de virada da correlação de forças entre a monarquia e o poder do exercício da violência por parte da burguesia naquele momento. É isso.

A DECLARAÇÃO DOS DIREITOS DO HOMEM E DO CIDADÃO

O povo miúdo foi parte importante do processo revolucionário? Parte importante com toda certeza. Pelo número e pelo vigor, pelo radicalismo que introduziu e pelo modo resoluto com que participou. O povo miúdo constituiu a massa que deu à Revolução Francesa o poder de choque, o poder de transformação, o poder de quebra das instituições monárquicas.

Esse fenômeno faz parte de todas as revoluções e em todas as revoluções esse povo, que não tem participação política em geral, não tem vida política quando a sociedade funciona nos momentos de normalidade – de equilíbrio de forças estáveis entre uma crise e outra –, não aparece, a opinião dele não é visível; é a opinião dos setores dominantes, da classe dominante que aparece. Então é um fenômeno típico das revoluções e nesses momentos o povo miúdo se alça a um nível de cidadania que normalmente não exerce.

A cidadania plenamente exercida por todo o povo é incompatível com a sociedade burguesa, pois a sociedade burguesa é naturalmente hierárquica e a massa economicamente inferior da sociedade em geral não exerce a cidadania plenamente. Em nenhuma parte do mundo, mesmo nas áreas mais desenvolvidas da sociedade burguesa, como a Europa. Essa massa está fora do exercício da cidadania, ou são imigrantes, pessoas que estão alijadas da política porque estão assoberbadas pelas dificuldades econômicas de sobrevivência. Em suma, existe uma massa muito grande de toda a sociedade burguesa que está fora da sociedade política e não tem nenhum poder de decisão real, embora seja chamada a votar nas eleições. Mas nos momentos de crise revolucionária essas pessoas são a força de choque da revolução e sem ninguém chamá-las se alçam ao nível da cidadania e a exercem, fazendo valer a sua vontade.

Isso não quer dizer que necessariamente a vontade delas se torne a vontade dominante, mas num certo ponto essa vontade aparece no processo político, no desenvolvimento do processo revolucionário.

Por que a burguesia foi portadora da dimensão emancipatória da Declaração dos Direitos do Homem e do Cidadão, de 26 de agosto de 1789?

A burguesia naquela época era classificada como classe média. Média no sentido medieval do termo, que ainda era aceito: uma classe média entre os camponeses, que viviam ou em estado de servidão ou num estado civil não plenamente livre, e a nobreza e o clero. Era uma classe média e enquanto classe média era uma classe oprimida. Por quê? Porque estava sujeita a tributos, estava sujeita ao arbítrio do absolutismo monárquico. Tinha seus negócios entravados pelos abusos dos intendentes e funcionários reais, pelas fronteiras internas das instituições monárquicas. Em suma, pelos privilégios que o rei distribuía em detrimento dos interesses gerais da economia burguesa. Então era uma classe oprimida e sem poder político nenhum. Enquanto classe oprimida, fazia parte da massa da população parasitada pela nobreza, pelo clero e pela corte. Toda essa gente vivia à custa da burguesia e exercia um poder abusivo sobre ela.

Oprimida por essa nobreza, essa burguesia era representativa de todo o povo oprimido de maneira mais imediata, porque era a parte mais poderosa de todas as classes oprimidas e pelo fato de viver na cidade, onde se davam os acontecimentos políticos, onde a vida política acontecia. Então, ela era a representante natural da resistência contra a opressão. Assim que a agitação social atingiu certo nível e a revolução ganhou impulso, de certa maneira caiu nas suas mãos toda a representação do Terceiro Estado, que não era só o povo da cidade, evidentemente. A burguesia foi portadora de reivindicações de transformação radical das relações políticas. E a Declaração dos Direitos do Homem e do Cidadão colocou em termos jurídicos os fundamentos da emancipação de toda essa população oprimida pelas classes privilegiadas.

O grau de representação que a burguesia adquiriu fez com que fosse portadora dessa necessidade de estabelecer fundamentos sólidos para que o despotismo não retornasse mais e os cidadãos não tivessem mais seus direitos negados.

O que significou a Declaração dos Direitos do Homem e do Cidadão?

Ela foi apresentada como preâmbulo à Constituição de 1791. Um preâmbulo que não deveria ser mais discutido, não cabia mais legislar sobre seus fundamentos filosóficos. Todos os homens nascem iguais, com direito à felicidade. Coisas que diziam respeito às convicções da burguesia, mas que eram consenso naquele momento. A igualdade dos homens significava a negação dos privilégios feudais, a abolição da nobreza, o fim dos direitos de sangue. Em suma, coisas que eram fundamentais e na realidade significavam o fim da classe nobre. Deveria ser um preâmbulo da Constituição e não parte da Constituição, que poderia ser eventualmente reformada, mas não se devia cogitar o retorno de privilégios, por exemplo. Havia coisas fundamentais que deviam ser eliminadas. A Declaração dos Direitos do Homem tinha a fraqueza de não ser plenamente sincera por parte da burguesia. A declaração afirmava a igualdade, mas era uma declaração anti-igualitarista. Não exatamente anti-igualitarista, na verdade era por uma igualdade parcial, porque no processo de discussão da Revolução Francesa se verificou que houve grande resistência entre os constituintes para aprovar algumas formulações que permitissem a abolição da escravatura nas colônias. Afinal de contas, se todos os homens são iguais, fica automaticamente decretado que a escravatura é ilegal e deve ser abolida; caso contrário é falsa, ou melhor, não é sincera. Na elaboração da Declaração dos Direitos do Homem havia pessoas favoráveis à abolição da escravatura nas colônias, mas não havia uma clara decisão de abolir a escravatura.

A declaração terminou tendo uma formulação que estabelecia a igualdade de todos os homens, uma igualdade formal perante a lei, mesmo que essa igualdade formal não atingisse os escravos nas colônias. Assim o homem e o cidadão não incluíam os homens das colônias, só uma parte, os homens franceses das mesmas. Mas podia passar como uma declaração de igualdade de todos, porque ela não tinha um caráter de aplicabilidade, a declaração era uma barreira para que não retornassem privilégios que se pretendia derrubar. A própria derrubada da nobreza exigia uma lei que a derrubasse. A declaração em si não a derrubava, mas, a rigor, constituía uma barreira a seu retorno. Esse preâmbulo impedia o retorno, mas em si não decretava a abolição da nobreza, então também não declarava a abolição da escravatura.

Depois houve uma lei que extinguiu os privilégios da nobreza, mas demorou muito, houve todo um processo de lutas internas que se desenvolveram na revolução para que também a escravatura fosse abolida. Aliás, quando foi abolida na França, já tinha sido abolida nas colônias, porque ocorrera a revolução nas colônias. Não em todas, mas no Haiti e depois em Guadalupe de maneira menos completa.

Para concluir, a Declaração dos Direitos do Homem e do Cidadão não tinha sequer a intenção de proclamar a igualdade de todos os homens. Na realidade, o fundo do movimento que levou à Declaração dos Direitos do Homem era a abolição dos direitos da nobreza. A formulação ficou suficientemente clara para que fosse inevitável de alguma maneira abolir também a escravatura. Isso para não falar no lugar das mulheres, que foi esquecido – houve o projeto feminista, mas não foi levado em conta.

De qualquer maneira, se por um lado não se pode dizer que foi uma declaração dos direitos do burguês, de maneira restrita ao burguês, foi uma declaração dos direitos do homem e do cidadão, que depois foi definido como cidadão ativo, o cidadão que a burguesia achava que devia participar das decisões políticas, o que veio a ter direito de voto na Constituição de 1791. Na realidade, a intenção de estabelecer a igualdade se referia a essa parte da sociedade de maneira inequívoca e à abolição dos privilégios da nobreza. Esse era o conteúdo real da Declaração dos Direitos do Homem e do Cidadão.

Atenção, isso não quer dizer que a declaração não tenha uma grande importância. Foi uma conquista importante e até hoje se comemora a data. Os militantes dos partidos comunistas desprezam um pouco a Declaração dos Direitos do Homem como sendo uma manifestação da ideologia burguesa, mas essa é uma ideia errada. Foi uma conquista importante, embora no momento em que foi promulgada a verdadeira intenção da burguesia fosse dar um conteúdo particular, limitar o direito pleno de cidadania aos cidadãos ativos que receberiam o direito de voto na Constituição de 1791, e abolir os direitos da nobreza de sangue e os direitos especiais do clero e da corte. Apesar dessa limitação, a declaração estabeleceu um marco e a partir daí a possibilidade de ampliar esse conteúdo já estava colocada no próprio fato de ela ter sido conquistada.

A Declaração dos Direitos do Homem tinha um conteúdo filosófico. Qual foi a importância do Iluminismo para a Revolução Francesa?

O movimento das luzes foi um continuador do pensamento revolucionário que acompanhou a Revolução Inglesa, principalmente através de John Locke. Na Europa continental incluiu D'Alambert,[1] Diderot,[2] Kant,[3] Voltaire,[4] toda

---

1   Jean le Rond d'Alembert (1717-1783), matemático e físico francês, com importantes contribuições nas áreas do cálculo matemático, da conservação da energia cinética e da aplicação das equações diferenciais nos estudos de física. Membro da Academia de Ciências de Paris a partir de 1741, foi responsável, junto com Diderot, pela elaboração da *Enciclopédia*, publicada entre 1750 e 1772.

2   Denis Diderot (1713-1784), filósofo e escritor francês, foi uma das principais figuras do Iluminismo e editor da *Enciclopédia*. Defensor da ciência e da tecnologia como principais motores do desenvolvimento humano, foi um crítico do poder absolutista e da influência da Igreja nos negócios de Estado. Entre sua vasta obra se destacam *Pensamentos Filosóficos*, de 1746, *Princípios Filosóficos sobre a Matéria e o Movimento*, de 1770, e *A Religiosa*, publicado postumamente em 1796, assim como *O Sobrinho de Rameau*, em 1805. Entre 2000 e 2009, a Editora Perspectiva publicou a maior parte de sua produção, na coleção *Diderot – Obras*.

3   Immanuel Kant (1724-1804), filósofo e matemático prussiano, é considerado o pai da filosofia crítica, segundo a qual é um contrassenso estabelecer princípios filosóficos que estudem a essência dos seres antes de avaliar o alcance de nossa capacidade de conhecimento. Suas principais obras são *Crítica da Razão Pura* (Editora Vozes, 2012), de 1781, *Crítica da Razão Prática* (Martins Fontes - selo Martins, 2015), de 1788, e *Crítica da Faculdade do Juízo* (Editora Forense Universitária, 2012), de 1790. Foi um ardoroso simpatizante da independência americana e da Revolução Francesa. Também formulou a primeira teoria moderna de formação do sistema solar, apresentada em 1755 em seu *História Geral da Natureza e Teoria do Céu*, de 1755, e depois expandida pelo matemático francês Pierre-Simon Laplace (1749-1827), que é conhecida como hipótese Kant-Laplace.

4   François Marie Arouet (1694-1778), conhecido pelo pseudônimo Voltaire, foi um dos intelectuais mais emblemáticos do Iluminismo. Escritor, ensaísta e filósofo francês, era contrário ao absolutismo monárquico e defensor das liberdades de expressão e de religião e do livre comércio, contra o controle do Estado. De sua vasta produção destacam-se *Cartas Filosóficas* (Martins Fontes - selo Martins, 2007), de 1734, *Le Siècle de Louis XIV* (O Século

essa gente. Diferentemente do que aconteceu na Inglaterra, foi um movimento marcado por um forte anticlericalismo. De certa maneira aprofundou o pensamento revolucionário inglês e chegou até a formulação do ateísmo, a primeira vez na história em que houve uma corrente filosófica importante a negar a existência de Deus, negar a necessidade da religião. O movimento das luzes não foi majoritariamente ateu, Voltaire era um deísta. Os deístas preponderavam. Uma espécie de explicação última da vida real, do mundo, do universo. Aquela história do piparote inicial, a matéria é inerte e precisa de uma força externa que lhe dê um impulso para que comece a funcionar segundo certas leis preestabelecidas. Essa força externa, a natureza inerte que teria estabelecido as leis naturais. Esse é o tal do materialismo mecanicista. Chegou até aí. O importante no caso não é a discussão sobre a existência de Deus, mas o fato de aprofundar uma ideia do homem que serviu para fundamentar os direitos desse homem, que foram depois afirmados pela Revolução Francesa com uma clareza que não ocorreu na Revolução Inglesa.

É preciso estabelecer uma coisa: o conteúdo real desse cidadão que tem direito à liberdade e à busca da felicidade é o acesso à propriedade – ele nasce e ninguém lhe pode tirar esses direitos básicos. Esse acesso à propriedade não foi concedido a todos, mas o fundo real é ele. Na realidade é o homem que nasce livre, é o homem que nasce com direito de aceder à propriedade. Tanto isso é verdade que Locke, na formulação do que constitui a base do direito de propriedade, começa afirmando que a base é o trabalho. O homem que cultiva a terra tem o direito natural à propriedade da terra. Depois o homem permite que isso seja modificado pelo dinheiro, que torna possível a acumulação de propriedades e torna possível sua perda, mas isso é um acidente posterior ao fato básico.

Isso no livro principal de Locke. É um acidente que sobrevêm ao fato básico que é o verdadeiro fundamento da propriedade: que é o simples fato do homem trabalhar na terra. O que se inviabilizaria se fosse aplicado rigorosamente à propriedade burguesa, mas em Locke é a formulação básica dos direitos do homem. O homem é todo mundo que trabalha, que tem capacidade de exercer

---

de Luís XIV, sem edição em português), de 1751, *Cândido, ou o Otimismo* (Companhia das Letras, Selo Penguin, 2012), de 1759, *Tratado sobre a Tolerância* (L&PM Editores, 2008), de 1763, e *Dicionário Filosófico* (Editora Escala, 2008), de 1764.

sua atividade, o que é inerente ao ser humano, que é ganhar sua subsistência trabalhando. E no caso de quem não tem outros meios a não ser trabalhar a terra, a partir do momento em que a trabalha, tem direito a ela. Não precisa especificar se é um homem ou uma mulher, ou que se trata de uma família, pois o simples fato de dizer que quem trabalha a terra tem direito a ela já contém tudo. Se for uma família, é uma família, está resolvido o problema.

Esse homem definido é o homem com acesso à propriedade. A partir do momento em que esse acesso é restrito pelo dinheiro, permite a concentração da propriedade e força uma parte importante da sociedade a renunciar à propriedade, da qual é expulsa pelo direito do dinheiro e pelo abuso, como foi a apropriação das terras comunais que constituiu o processo de expulsão dos camponeses da terra. A partir desse momento essa gente foi excluída da cidadania em termos de fato, em termos reais.

Assim o direito do homem e do cidadão está baseado num fundamento filosófico. No momento em que a burguesia era uma classe oprimida, ela formulou como direito universal de todo homem que trabalha, mas quando chegou ao poder, mais cedo na Inglaterra e mais tarde na França, o conteúdo passou a ser aquele dado pelo dinheiro e até pela legitimação do abuso de expulsar os camponeses da terra, em função do poder do dinheiro, é claro.

Contemplando a pergunta, os fundamentos filosóficos foram importantes. O conteúdo revolucionário está nisso, apresentar a todos os homens que trabalham o direito de ser cidadãos. Portanto, levantar todos os homens contra a monarquia. Depois isso não foi aplicado, mas a burguesia nunca negou isso. Locke, quando atenuou o conteúdo real da primeira formulação do direito de acesso à terra, não negou que o verdadeiro direito estivesse baseado no trabalho. Ficou como uma perda de um direito fundamental que não decorre de defeito desse direito, mas de acidentes das relações sociais em função da circulação do comércio, do dinheiro, em suma, da vontade das pessoas de acumular riquezas, de preferir dinheiro à terra, e assim por diante. Ignorando o abuso que passou a ser permitido com esse novo entendimento desses fundamentos filosóficos.

Os fundamentos foram uma base de unificação das forças políticas. Em torno dessa base todos se uniram contra os privilégios, levantando uma bandeira muito simples, que era a bandeira de todo homem que trabalha, incluindo o burguês, embora este explorasse o trabalho assalariado e servil – naquela época os burgueses tinham comprado muitas propriedades da nobreza, que incluíam obrigações servis, e cobravam essas obrigações que tinham comprado da nobreza. Apesar disso, a bandeira foi levantada e essa burguesia, que de qualquer maneira era oprimida pelas classes privilegiadas, pôde levantá-la sem contestação, e ela se tornou a bandeira de todos. Só não atingia o que sobrava de servidão.

Para o historiador Jacques Le Goff,[5] o conceito de homem que norteia os atores da revolução ainda está muito próximo das referências medievais. Em outras palavras, eles acreditavam em uma natureza humana, abstrata e universal, como a que surge na Declaração dos Direitos do Homem. Podemos seguir Le Goff e afirmar que a revolução de 1789 foi um fenômeno tipicamente medieval?

Eu acho que Jacques Le Goff fez uma assimilação forçada entre o pensamento medieval e o pensamento da Revolução Francesa. Mesmo com as atenuações que fez a essa assimilação, quando disse que o deus da revolução e o homem da revolução não eram os mesmos da Idade Média, pois o deus da revolução não era um deus que humilhava. Essas atenuações não são suficientes para caracterizar essa assimilação. Porque na Idade Média o fato fundamental era que o homem estava cindido de uma maneira muito forte. O fato fundamental da Idade Média era justamente a inexistência da ideia de um homem universal para além de suas contingências de lugar e de momento. As contingências de lugar e de momento eram as desigualdades do homem. A Idade Média não contestou a nobreza nem as diferenças entre os servos e os homens livres das cidades. A

---

5   Jacques Le Goff (1924-2014) foi um dos mais renomados historiadores franceses do século 20. Especialista em história medieval, teve significativa produção no terreno da antropologia histórica e propôs uma nova visão sobre esse período histórico. Em *Uma Longa Idade Média* (Civilização Brasileira, 2008), Le Goff resumiu sua visão de que longe de ser uma era de trevas, foi um período dinâmico que abarcou o Renascimento e se estendeu até os anos 1800; a Revolução Francesa teria sido, no máximo, um início de ruptura. O livro, que reúne textos publicados na revista francesa *L'Histoire*, é a base dos argumentos comentados por Vito Letizia. Outras obras destacadas são *A Civilização do Ocidente Medieval* (Editora Edusc, 2005), *A História Nova* (Martins Fontes - selo Martins, 2005), *O Deus da Idade Média* (Civilização Brasileira, 2007), *A Idade Média e o Dinheiro* (Civilização Brasileira, 2014) e *Por Amor às Cidades* (Editora Unesp, 2000).

revolução criticava as contingências. O homem da Revolução Francesa era o homem do Iluminismo e esse não estava submetido a contingência nenhuma, ele era um homem universal. O princípio era todos! Claro que o conteúdo real não incluía os servos que trabalhavam nas propriedades dos burgueses.

Na prática, os servos não estavam incluídos e os escravos africanos das colônias não foram nem cogitados, até pelo fato de estarem nas colônias e não estarem à vista. Mas seja como for, a declaração foi formulada assim, de certa maneira apresentada como universal, onde todos os homens são iguais sem restrições, só que na prática se deveria ter alguns cuidados na aplicação. Por quê? Porque economicamente seria muito complicado, assim foi apresentado o problema da abolição da escravidão. Quando a abolição nas colônias foi discutida na Assembleia Nacional, disseram: "Escuta, eu quero ver como vai funcionar a economia francesa se for declarada a abolição da escravatura no Haiti, ela vai falir, porque um terço da economia da França está baseado na exploração do Haiti. E agora?" Eles classificaram como lirismo.

A questão básica então está aí, na universalidade do homem, cujas diferenças baseadas em contingências – de lugar e momento – a Revolução Francesa não contempla. O pensamento iluminista não contempla. Todo homem é igual, apesar de o conteúdo real não ser esse "todo" por causa da questão da abolição da escravatura. O conceito de homem atinge uma universalidade que não foi abordada, não foi pensada, questionada na Idade Média. O homem era diferente e ponto final, existia o servo, o nobre e o burguês, isso fazia mais de um homem. Se existia diferença, onde estava a continuidade do pensamento medieval?

E depois deus "não é mais um deus que humilha". Eu iria além, não é mais sequer um deus. Porque mesmo a religião da burguesia não é mais a religião da Idade Média. A religião da burguesia passou a ter um sentido utilitário. O próprio deísmo dos iluministas, do pensamento iluminista. Voltaire, em sua obra, considerava que a existência de Deus era perfeitamente questionável, mas seria muito perigoso apregoar para o povo ingênuo sua inexistência. Para ele, era preciso afirmar a existência de um ser supremo que fosse, pelo menos, um fundamento de certo respeito às distinções entre o bem e o mal, da obrigatoriedade de não praticar o mal, e, portanto, de cumprir as leis e ter uma sociedade ordeira. Ele estava pensando na ordem pública, na dominação social da burguesia.

Isso está claro nos escritos de Voltaire, em qualquer prefácio, ele escreveu mais obras de literatura do que textos filosóficos, mas mesmo nas obras de literatura aparecia isso. Ele foi visto como um símbolo do pensamento revolucionário. Morreu nas vésperas da Revolução Francesa. Morreu coberto de honras, mas o pensamento iluminista mostra o ateísmo, o fato de a burguesia não precisar de deus, que era uma questão excluída. Não era só o deus que não humilhava, era um deus desnecessário, a não ser para manter o que precisava ser mantido na desigualdade entre os homens, o que precisava ser mantido de conteúdo real na igualdade proclamada pela burguesia. Conteúdo real que negava a igualdade para uma parte da sociedade.

A proclamação era diferente, deus se tornou desnecessário e a parte necessária era utilitária. Hoje em dia deus é uma arma. A burguesia decadente de hoje usa deus como uma arma, não o usa no mesmo sentido que usava a burguesia do século 19, que ainda não tinha aderido em massa ao Iluminismo, ainda estava imbuída de muitas ideias medievais, muitas ideias conservadoras, pietistas. Hoje em dia quem pratica a religião? Os pobres das seitas protestantes, dessas igrejas que são empresas de serviços religiosos, que ganham dinheiro à beça promovendo serviços de assistência religiosa, e os que praticam as religiões tradicionais, como a católica, mas não são da grande burguesia. O cinismo com que é praticado o calvinismo nos Estados Unidos é notório. O cinismo com que é praticada a religião no Estado de Israel é evidente. É uma arma contra o povo palestino, para justificar a violência e a negação da existência da nação palestina.

Eles precisam dessas religiões, que hoje em dia não têm nenhum conteúdo necessário a não ser fundamentar a violência. Na Idade Média tinham um conteúdo necessário, colocavam os homens nos seus respectivos lugares. Quando o burguês se tornou um homem comum, quando o trabalhador se tornou um homem livre que era pago segundo o que o mercado decidisse que deveria receber – e, portanto, era um homem livre que exercia plenamente seus direitos de cidadão e não precisava de nenhuma justificativa religiosa para ser um cidadão –, a religião deixou de ser um fundamento filosófico da ordem social.

As leis da economia passaram a ser o verdadeiro fundamento filosófico da ordem social, isso se tornou a base real da sociedade burguesa, da ordem social. A ordem está baseada no fato de o proletariado estar enquadrado no mercado e aceitá-lo como uma regra válida do lugar que ocupa na sociedade. Isso basta para a burguesia e para o trabalhador. A não ser que ele se revolte e a não ser no Oriente Médio. O povo palestino e os do Oriente Médio não aceitam o direito que se arroga o Estado de Israel em nome de uma religião, e só pode ser em nome de uma religião. Em nome de direitos: do tempo em que o povo hebreu recebeu o direito de habitar a terra palestina, 3 mil anos atrás, segundo Abraão e Moisés, segundo toda a lenda. Então obrigatoriamente tem que ser religioso, mas estritamente utilitário.

Como o calvinismo e sua ideologia do trabalho para manter o poder de uma burguesia que domina de forma autoritária, que impede uma verdadeira democracia, mas que, na realidade, não é hoje o garante dos privilégios do capital nos Estados Unidos e em nenhuma parte do mundo. Os privilégios do capitalista estão ancorados nos abusos, nos direitos abusivos que são concedidos pelos Estados capitalistas. A ideologia calvinista do trabalho na realidade é uma ideologia utilitária, que pretende continuar justificando uma forma de dominação que está baseada no abuso. O calvinismo se tornou um fundamento religioso utilitário que mantém viva uma tradição aceita pela população. Hoje é essa a função do calvinismo nos Estados Unidos.

O contraste é violento. O que Le Goff não percebeu é o fato de que o burguês retirou a religião do seu lugar na ordenação da sociedade. O burguês da Revolução Francesa – pela primeira vez, coisa que não aconteceu nem na Revolução Inglesa nem na Holandesa – retirou a religião desse lugar, ela se tornou supérflua, porém acidentalmente necessária por conta da utilização que a burguesia fez dela e em função das circunstâncias da continuidade de sua dominação. Jacques Le Goff ignorou isso.

A LEI MARCIAL CONTRA TUMULTOS: O AFASTAMENTO DA BURGUESIA EM RELAÇÃO AO POVO MIÚDO

Em que medida a reunião dos Estados Gerais de 1789 contribuiu para o embate posterior entre as classes?

A reunião dos Estados Gerais fez uma primeira definição dos partidários e dos adversários do poder da burguesia. Ou seja, adversários ou partidários da aceitação da hegemonia dos Estados Gerais. A burguesia reivindicava claramente o controle dos Estados Gerais. Por quê? Ela era maioria, representava a nação, a força econômica, portanto, por ser representante da maioria do povo, era representante da nação com maior legitimidade. Então queria a duplicação do número de representantes e o voto individual e, como tinha maioria, iria impor a sua vontade nos Estados Gerais.

Os adversários eram, em particular, a nobreza, o clero um pouco menos e o rei, que era um adversário ferrenho. O clero estava dividido em baixo e alto clero. O baixo clero recebia uma espécie de salário de pequena monta chamado côngrua, estava um pouco misturado com o povo e não participava da corte. Por ser clero, não pagava imposto, mas tinha uma vida modesta e vivia nas paróquias junto com o povo. Não havia distinção de paróquia rica e paróquia pobre que depois se criou. Todo mundo recebia um salário. Evidentemente, o pároco de Notre Dame tinha uma situação especial, mas nas paróquias rurais, grandes ou pequenas, o padre recebia a côngrua. Então o clero estava dividido, o baixo clero estava irmanado com o povo e isso repercutia no conjunto do clero, e a parte do alto clero que não tinha um convívio com a nobreza e com a família real era simpática às ideias da Revolução Francesa. A nobreza não, ela se manteve unida praticamente até o fim, e a corte nunca se conformou.

A definição que veio foi essa, quem era a favor e quem era contra a hegemonia do Terceiro Estado. O fato de os outros dois Estados superiores não estarem unidos e a firmeza da burguesia abalaram o conjunto dos Estados Gerais. A burguesia se proclamou Assembleia Nacional, o Terceiro Estado, foi um título que se deu, que se impôs como representação da nação. Sem dúvida foi uma primeira definição importante, mas não de classe social e sim de conflito entre os estamentos em que se dividia a sociedade francesa. Conflitos e definições de interesses opostos dos estamentos, interesses de conjunto.

Pode-se dizer que em 1º de agosto de 1790, quando começou a rebelião dos granadeiros de Nancy,[1] as classes foram levadas a se definir?

Foi o primeiro confronto. A burguesia queria que a força militar disponível no processo revolucionário, disponível pela Constituinte que já estava reunida, estivesse a serviço do seu poder, que se concentrava naquele momento na Constituinte. Proibiram os soldados de participar dos clubes e a guarnição de Nancy, uma cidade do interior da França, reivindicou esse direito, que lhe foi negado. Então, os granadeiros se rebelaram e em 6 de agosto foram declarados traidores pela Assembleia Nacional. Essa declaração agravou a rebelião. Em 9 de agosto, eles tomaram a guarnição e aí a Assembleia mandou o exército atacar a guarnição de Nancy.

Esse foi o primeiro choque da Constituinte com o povo, foi um evento importante, mas foi um primeiro momento da demarcação das fronteiras entre as classes. Evidente que os granadeiros representavam o povo e a Constituinte representava a burguesia naquele momento. Foi importante para a definição das classes. Imagine, 300 mortos, mas não era só isso, pois poderia ter sido um

---

1   Em 1º de agosto de 1790, os granadeiros da guarnição de Nancy se rebelaram, reivindicando o direito de participar nos clubes revolucionários. No dia 6, a Assembleia Nacional os classificou de "traidores" e a guarnição reagiu se amotinando contra os oficiais e assumindo o controle do caixa do regimento. No dia 16, a Assembleia decretou que os rebeldes de Nancy tinham cometido "crime de lesa-nação" e convocou o exército para aplicar "um terror salutar" contra eles. Em 31 de agosto, 4.500 soldados de linha comandados pelo marquês de Bouillé entraram em Nancy após duros combates, que fizeram mais de 300 mortos. Os líderes do movimento foram presos e enforcados ou condenados às galés.

acidente – às vezes uma negociação se dá de maneira meio desastrada e, em se tratando de militares, de gente armada, pode resultar em mortos. Mas a maneira extremamente hostil com que a Constituinte lidou com os granadeiros – a primeira coisa que fez foi tratá-los como traidores – foi uma reação muito forte, que mostrou o antagonismo da burguesia ao povo que começava a subir à superfície da vida política.

Para Trotsky, nenhuma revolução pode corresponder perfeitamente às intenções de seus promotores.[2] No que diz respeito aos desdobramentos da Revolução Francesa, podemos identificar tal proposição, por exemplo, na posição de Napoleão, citada por Marx: "Em uma sessão do Conselho de Estado, declarou que não toleraria que o possuidor de grandes extensões de terra se resignasse a cultivá-las ou não, segundo seus caprichos. E concebeu, assim, o plano de submeter o comércio ao Estado mediante a apropriação do tráfego de cargas"?[3]

Vamos começar por examinar a ideia de Trotsky. Ele se referia aos conflitos interburgueses da Revolução Francesa, ele queria explicar esses conflitos. Dizia que nenhuma revolução pode corresponder perfeitamente às intenções de seus promotores. Os promotores eram a burguesia, que entrou em choque com a própria classe burguesa, porque as intenções do conjunto da classe burguesa não eram necessariamente as intenções dos seus promotores. Trotsky deu como exemplo o que aconteceu em termos de conflito de Napoleão Bonaparte com a burguesia, pois Napoleão era contra os burgueses se apossarem de grandes extensões de terra e que o Estado se resignasse a que eles cultivassem ou não essas terras. Se eles não as cultivassem, seriam punidos de alguma forma. A forma de punição seria se apropriando, por exemplo, do tráfico de cargas, o que impediria a burguesia de realizar seus negócios. Então o conflito interburguês foi exemplificado com a atitude de Napoleão, uma atitude contra a propriedade burguesa. Teoricamente o latifúndio tinha sido abolido pela revolução, mas deve ter sobrado alguma coisa e ele estava levantando isso como exemplo de limites da liberdade da burguesia.

---

2   Em *A Revolução Traída* (Editora Centauro, 2007).
3   Em *A Sagrada Família* (Boitempo Editorial, 2003).

Trotsky não disse se essa proposição é de ordem geral, disse em nenhuma revolução, mas será que ele estava se referindo à Revolução Russa também? Se ele disse nenhuma revolução, temos que presumir que também se referia à Revolução Russa. Então ele estava, de alguma maneira, desculpando as discrepâncias entre os promotores bolcheviques e a Revolução Russa. Vamos dar por certo que essa era a proposição de Trotsky – que disse perfeitamente, não pode corresponder perfeitamente. Eu digo, em geral é contraditória a intenção dos promotores e a revolução, em geral são coisas contraditórias. Contesto Trotsky aqui. Em primeiro lugar, promotor da revolução já é um termo suspeito, a revolução é um fenômeno social profundo, não se trata de uma promoção. Acontece ou não acontece. É um fenômeno histórico de grande força humana e não é promovido por ninguém, ninguém fabrica a revolução. Revolução fabricada é golpe de Estado, não é revolução.

Revolta de caudilho, como aconteceu muito aqui na América Latina e que chamam de revoluções, mas que na verdade foram rebeliões militares. Evidentemente que Trotsky tinha o pensamento na Revolução de Outubro e achava que os bolcheviques tinham um papel de promotores da revolução na Rússia. Os bolcheviques entraram em contradição com o processo revolucionário desde o fim de 1917.

Não é por acaso que Marx dizia que o Estado deve perecer. Porque o processo revolucionário é um processo que vem do fundo, se colocamos uma equipe de promotores, mudamos a natureza do processo. Então Marx não concebia que a revolução pudesse prosseguir promovida por uma direção, em Marx isso não existia. É totalmente antagônico ao pensamento de Marx. O simples fato de conceber promotores da revolução já é uma coisa que incomoda, pois é evidente que as intenções deles nunca vão corresponder à revolução. Por quê? Porque eles são contraditórios ao processo, representam uma parte negativa, justamente por serem direção. Pelo fato de serem direção, eles incorporam um papel de Estado, de aparelho de Estado, que é, conforme a definição marxista, uma força antagônica à sociedade, pois não se coloca em continuidade com a sociedade, mas sim em contradição com a sociedade, porque é essencialmente uma força repressiva. Como está dito no *Anti-Dühring*,[4] a ideia é que o Estado não seja só

---

4 *Anti-Dühring* (Boitempo Editorial, 2015), publicado por Engels em 1878.

um aparelho repressivo – como depois quiseram acusar Marx e simplificar a teoria do Estado –, mas se coloque diante da sociedade com esse papel básico, pois tem o monopólio da repressão.

Aliás, é uma das definições do Estado em termos jurídicos, o poder de Estado tem como prerrogativa o monopólio da força militar, da força de repressão. Essa é a definição legal, jurídica, não é preciso procurar em Marx, que apenas registrou que esse é o papel fundamental, o exército, as prisões, etc. É apenas um resumo, uma colocação em evidência dos elementos mais básicos que definem o Estado. Esse caráter de direção da sociedade, até por ser necessária, porque a revolução tem que se defender, tem que se organizar contra a reação da força burguesa, os ataques externos à revolução, a contrarrevolução. Não se pode simplesmente dissolver a direção do processo revolucionário no aparelho de Estado. Mas o fato de a direção estar nesse lugar a coloca em contradição com o processo revolucionário; o que não constitui um problema para o desenrolar do processo desde que não ocorra uma hipertrofia do poder dessa direção no processo, que não ocorra uma hipertrofia do poder dos promotores, que eles não constituam um aparelho repressor de dimensões desmesuradas, desmedidas.

Que esse aparelho diminua e não cresça. Se ele não crescer, não se desenvolver desmesuradamente, estará no seu papel, mas não vamos ignorar que o papel dele é contraditório com o ímpeto do processo revolucionário. Trotsky reduziu isso a uma correspondência imperfeita dos promotores com o processo revolucionário. É muita desculpa para os erros do Partido Bolchevique no processo revolucionário russo. Eles cometeram erros por não corresponderem perfeitamente. Então correspondiam imperfeitamente? Não é isso, eles eram contraditórios. Estou me valendo de Marx para dizer isso.

Trotsky, para não misturar a questão da Revolução Russa, se atenta ao processo da Revolução Francesa, mas não em seu conjunto, e sim aos conflitos interburgueses da Revolução Francesa. No caso da Revolução Russa isso corresponderia – se quisermos fazer uma analogia – aos conflitos interproletários. O que significaria colocar em pé de igualdade os promotores burgueses da França com os promotores proletários da Rússia. Isso não é uma coisa possível em termos marxistas.

O MASSACRE DO CAMPO DE MARTE: O ROMPIMENTO DEFINITIVO DA BURGUESIA CONSTITUCIONALISTA COM O MOVIMENTO POPULAR

A burguesia francesa se cindiu com o massacre do Campo de Marte?[1]

Isso correspondeu às linhas de clivagem do Terceiro Estado, da burguesia em particular. A maioria absoluta da Assembleia Constituinte era constitucionalista e queria ter uma monarquia constitucional. Uma parte dessa corrente queria ter um rei como dirigente, com poderes dessa monarquia constitucional, e outra parte, que era uma parte majoritária da Revolução Francesa, queria que o rei fosse submetido à nação, o que significava que ele não deveria ter poderes que lhe permitissem barrar a vontade da representação da nação.

Era uma ideia semelhante à da Inglaterra. Essa corrente que queria submeter o rei à representação da nação era uma corrente mais contínua com a experiência histórica já ocorrida na Inglaterra. A outra queria ficar aquém das conquistas políticas da Revolução Inglesa. Isso se misturou no massacre do Campo de Marte.

O conflito na burguesia surgiu no momento em que o rei foi preso e tratava-se de saber o que fazer com ele. Um rei que prepara uma guerra contra

---

[1] Em 17 de julho de 1791, o Clube dos Cordeliers e outras sociedades revolucionárias convocaram o povo para uma manifestação no Campo de Marte, contra a recondução de Luís XVI à chefia do Estado. O protesto reuniu cerca de 5 mil pessoas e a Assembleia Nacional ordenou sua dissolução. Bailly, prefeito de Paris, mandou o comandante da Guarda Nacional, La Fayette, cumprir a ordem. Em vez de apenas dispersá-los, a Guarda Nacional acabou atirando nos manifestantes, matando cerca de 50 pessoas.

o povo francês é um rei que não tem legitimidade para assumir as funções de monarca constitucional. Como permitir que esse rei seja o monarca da França se é um rei que está com intenções de preparar a guerra contra a França revolucionária se servindo de tropas estrangeiras? É evidente que ele se tornara incapaz de exercer a função. Poder-se-ia reivindicar que outra pessoa o fizesse. Por exemplo, fazê-lo abdicar em nome do filho e nomear um regente, isso era uma prática comum nas monarquias europeias. Seria possível cogitar isso? Não. A facção real da corrente constitucionalista se apegou ao rei Luís XVI, o que na realidade foi um apego suicida, que estava pondo em risco a Revolução Francesa ao entregar na mão do inimigo a direção de uma nação que queria se tornar uma monarquia constitucional. Essa posição não tinha suficiente consistência e de qualquer maneira era minoritária.

O que fazer com o rei? O mínimo era fazê-lo abdicar, mesmo que se aceitasse a declaração que veio depois, de que ele era inviolável e não poderia ser julgado. Tudo bem, que não se julgasse, mas ele perdera a capacidade de ser o rei constitucional da França, isso era inegável. Isso cindiu a burguesia, não teve como soldar as partes do movimento constitucionalista burguês. Só que o povo, evidentemente, queria a punição do rei, queria que houvesse um comportamento mais condizente com a defesa da revolução. Mesmo que não se quisesse aplicar a vontade popular, alguma coisa precisaria ser feita para conciliar, construir uma ponte com a vontade popular, que era legítima naquela circunstância.

No Clube dos Jacobinos, essa discussão provocou uma cisão. Uma parte se retirou do clube. Daí instaurou-se a situação e o Clube dos Jacobinos não tomou nenhuma medida particular, apenas sofreu a cisão das duas facções constitucionalistas. Quem tomou uma medida completa de protesto foi o grupo radical dos hebertistas, os *enragés*,[2] os furiosos. Esses foram fazer uma manifestação no Campo de Marte. Não eram muitos, poderiam ser facilmente dispersados pela tropa que foi reprimir a manifestação, pois esta era maior. Mas em vez de

---

2   *Enragés* (enraivecidos em português) foi uma expressão utilizada durante a Revolução Francesa para designar os revolucionários radicais que defendiam a igualdade civil, política e social, incluindo a taxação dos ricos. Situados politicamente à esquerda dos montanheses, foram combatidos por Robespierre, Danton e Marat. As ideias políticas dessa corrente seriam posteriormente desenvolvidas por Babeuf.

simplesmente reprimir de uma maneira mais condizente com sua legitimidade, a tropa atirou e fez 50 mortos. Esse foi o fato, chamado de massacre do Campo de Marte, lugar que hoje fica ao lado da Torre Eiffel. Evidente que isso criou uma comoção que cindiu definitivamente o movimento revolucionário, uma parte dos republicanos se separou dos constitucionalistas. Uma segunda cisão entre os constitucionalistas do rei e os constitucionalistas da nação, como eles se consideravam. Ou seja, foi a cisão entre os constitucionalistas e os republicanos. Mas o marco divisório que rachou pela metade o processo revolucionário é o antes e o depois do massacre do Campo de Marte, porque aqui a burguesia, através do massacre, acabou de fazer a demarcação entre os interesses dela e os interesses do povo. O massacre dividiu ao meio o processo revolucionário. Foi o antes e o depois. Antes estavam todos, aparente e inconsistentemente, dentro de um ideal revolucionário. Depois não era mais possível. O massacre de Nancy foi o início de um processo que culminou com o massacre do Campo de Marte, que ocorreu em 17 de julho de 1791. Essa foi a data em que se dividiu ao meio a Revolução Francesa.

De 14 de julho de 1789 a 17 de julho de 1791, quer dizer, em dois anos, se rachou ao meio o processo revolucionário. Veio o conflito entre os revolucionários e antes dessa data era uma aparente união, um movimento conjunto dos revolucionários.

Qual a diferença entre violência revolucionária e violência que instaura o poder?

Se tomarmos essas palavras no sentido mais fundamental, a violência revolucionária seria a violência de uma revolução social profunda de grande envergadura. Essa violência revolucionária é uma violência geral, em que parte da sociedade em sua profundidade se levanta num processo revolucionário real contra a dominação de uma classe exploradora e opressora. Essa é uma violência que não pode ser julgada, isto é, não se pode dizer que é uma violência que tem o direito ou não tem o direito de fazer aquilo, que agiu corretamente ou incorretamente. Ninguém tem o direito de julgar o povo inteiro. Todo o povo se move conjuntamente para transformar a sociedade e cria uma nova organização social. Não dá para dizer se a Revolução Francesa foi certa ou errada. Qual intelectual tem autoridade, legitimidade para dizer que o povo francês errou ou acertou? É um fato da história.

De certa maneira equivale, *mutatis, mutandis*, a um fenômeno natural, não há como condenar ou aprovar. Quem gosta de revolução aprova, quem não gosta, desaprova, mas na verdade não passam de comentários, insuficientes para serem colocados acima dos fatos.

Já a violência que instaura o poder – supõe-se, na medida em que as duas violências estão separadas, que se trata de uma violência organizada, que tem um comando, que se trata de um aparelho militar que instaura um novo poder. Isso pode ser julgado. Pode ser julgado, examinando se porventura corresponde à vontade de todo o povo em nome do qual esse poder se está instalando. Isso pode ser examinado e estudado pelos historiadores, se esse poder está sendo instaurado em nome do comandante e da tropa ou da nação, ou falsamente em nome da nação pelo comandante e pela tropa. E daí tirar uma conclusão, se é um fato aceitável ou inaceitável em nome da ética ou dos direitos da humanidade, dos fundamentos da liberdade do homem e coisa que o valha. Isso pode ser julgado porque está pressuposto na pergunta que se trata de uma instauração, de uma força que não é exatamente o povo, é uma força armada que instaura o poder. E, a partir desse exame, fazer um julgamento ou ter uma opinião baseada numa certa filosofia da história ou filosofia moral. Essa é a diferença entre as duas coisas.

Até que ponto um projeto que visa à liberdade tende a cair no seu contrário?

Essa discussão é muito velha, já aparece na *Política*[3] de Aristóteles, que levanta que a democracia degenera em tirania. Aristóteles não era um comentarista de fatos que estavam debaixo de seus olhos, mas fazia uma reflexão teórica de fatos anteriores. Ele se referia à democracia ateniense, mas

---

3   Em *A Política* (Editora Edipro, 2008), o filósofo grego Aristóteles (384 a.C.-322 a.C.) faz uma síntese de seu pensamento. O livro abrange temas fundamentais da realidade ateniense e investiga as formas de governo e as instituições capazes de assegurar uma vida feliz ao cidadão, situando a política na esfera de uma ciência prática, ou seja, que busca o conhecimento como meio para a ação.

não falava no calor dos acontecimentos. Ele não queria aprovar nem reprovar, apenas se referia ao processo evolutivo ocorrido em Atenas. Realmente, ele tinha razão.

O processo ateniense tinha criado a democracia e tinha degenerado. Tinha terminado por se estabilizar em uma espécie de ditadura dos ricos, que manobravam a política ateniense e conduziram a democracia ao desastre da Guerra do Peloponeso. Quem lê Tucídides[4] percebe que os atenienses, nessa guerra, se colocaram em defesa de interesses contrários à democracia em todos os lugares em que intervieram fora de Atenas. Isso causou a ruína da democracia ateniense. Embora dentro de Atenas eles se conciliassem com o povo, fora levaram à ruína todos os aliados que poderiam defender Atenas e impedir a vitória de Esparta. Estou fazendo um resumo muito rápido, mas é o que Tucídides escreve ao longo do livro sobre a Guerra do Peloponeso. Quem quiser discutir a democracia precisa ler esse livro. Por que aconteceu essa degeneração? Evidente que a democracia ateniense era uma democracia de desiguais.

Quando uma democracia está baseada na desigualdade dos seus integrantes, ela se manifesta como uma democracia inconsistente, que emperra e só funciona com base no talento de manobra de um líder, no caso Péricles. A morte de Péricles na grande peste de Atenas fez com que a democracia não tivesse mais um líder.

Mas uma democracia não pode depender de uma personalidade, se a vontade do povo está se manifestando, por que a morte de um líder pode ser tão decisiva para a ruína da democracia? Então alguma coisa não funcionava. As desigualdades, o escravismo, e não só escravismo, mas a diferença entre os atenienses e os estrangeiros que residiam em Atenas e se encarregavam dos negócios, os metecos. Era inevitável a decadência da democracia.

Isso se refere às sociedades que mantêm a desigualdade e pode ser aplicado à Revolução Francesa. Por quê? Porque a desigualdade estava presente na sociedade francesa e, em segundo lugar, a força majoritária da Revolução Francesa não pretendia abolir as desigualdades, não havia nenhum movimento

---

4   O ateniense Tucídides (460 a.C.-400 a.C.) é considerado um dos pais da historiografia graças ao rigor de seu livro *História da Guerra do Peloponeso* (Editora Universidade de Brasília, 2001). Ele foi comandante das forças navais atenienses durante essa guerra com Esparta.

igualitarista. Já discutimos que a própria igualdade, deixando de lado o igualitarismo, não era sincera, pois não incorporava a libertação dos escravos nas colônias e não incorporava a igualdade dos trabalhadores que não eram contribuintes diretos do fisco. Apesar de os trabalhadores serem participantes máximos do processo revolucionário e, portanto, terem o direito legítimo de opinar sobre esse processo. Então, a desigualdade era um fato real no processo revolucionário e pode-se dizer que a Revolução Francesa estava fadada a não realizar a igualdade.

Não vou nem dizer se transformar no seu contrário e instaurar um poder despótico. Napoleão poderia ser chamado de despótico. Assim como em Atenas se poderia chamar de despótico o poder de Pisístrato,[5] que levou a democracia ateniense às últimas consequências e criou as instituições mais democráticas que foram instaladas em Atenas, ao contrário de Napoleão. No entanto, para os historiadores, ele apareceu como um tirano, porque era um ditador e detinha todos os poderes na mão, mas também criou as instituições da democracia. Napoleão destruiu as instituições da democracia francesa.

De qualquer maneira, do ponto de vista da teoria revolucionária, se trata da degeneração da democracia, mas não dá para dizer que se transformou em seu contrário. Napoleão não é o contrário da revolução. Ele aplicou sem nenhuma restrição os princípios da burguesia, que era majoritária no processo revolucionário francês – propriedade burguesa, propriedade privada, criação do Código Civil que foi a base da legislação burguesa em toda a Europa depois. Nesse sentido, não se transformou em seu contrário. Contrário na superfície, contrário em termos de que não existia um mecanismo de decisão em que a massa popular participasse, mas não que os interesses majoritários da massa popular fossem totalmente contrariados. O Código Napoleônico não era contrário à massa popular francesa, pois ele representava as aspirações desta em termos de legislação a ser aplicada na França. Então, não é bem o contrário.

---

5 Pisístrato (607 a.C.-527 a.C.) governou Atenas em 561, 559-556 e de 546 a 528 a.C., com apoio das classes mais baixas, os *hyperakrioi*. Tomou uma série de medidas na agricultura, no comércio e na indústria que levaram Atenas a prosperar. Manteve as leis e formas moderadas da Constituição de Sólon, assegurou o direito dos pequenos agricultores à exploração da terra e reduziu privilégios da aristocracia.

A condenação da Revolução Russa e das revoluções em geral é feita por quem é contra as revoluções, porque as revoluções são perigosas. Cada um com sua opinião, mas em todo caso são contra a revolução. Acham que a única coisa legítima são as reformas e se porventura ocorrer uma revolução, ela pode se transformar em seu contrário. Nós já vimos que, se o processo for levado até as últimas consequências e a vontade da sociedade conseguir se afirmar e se impor de uma maneira cabal, não vai se transformar em seu contrário. Mas de qualquer maneira é assim que eles interpretam. Napoleão e os bolcheviques seriam o contrário. A fatalidade não do contrário, mas do fim do processo de agitação revolucionária. E o processo repressivo dessa agitação é fatal quando a sociedade permanece como uma sociedade desigual. Se não permanecer desigual, não há razão para que seja fatal o surgimento dessa vontade contrária que encerraria a revolução. Não há fundamento social para se manifestar uma vontade contrária se não houver uma parte da sociedade que espelhe um antagonismo, uma parte da sociedade que não queira que esta seja desigual.

O conflito que levou o Partido Bolchevique a se opor à revolução foi a permanência de uma desigualdade na sociedade russa. Mas essa é uma discussão que não vamos fazer agora e quem quisesse provar isso teria que apontar para a desigualdade na sociedade russa. Agora, para quem estuda a Revolução Francesa, a desigualdade estava evidente, uma vez que não foram considerados os escravos das colônias nem os trabalhadores que participaram e não tiveram direito a voto na Constituição de 1791.

Afirmar que uma revolução pode cair em seu contrário significa afirmar que a palavra revolução perdeu sua dimensão positiva, ou seja, de abertura para algo totalmente novo?

Aqui se trata do reconhecimento ou não do sentido profundo da palavra revolução. O sentido profundo da palavra revolução não requer nenhum estudo de teoria política para ser considerado como um acontecimento real. A primeira coisa que deve fazer um historiador ou um estudioso dos fatos políticos é observar o que aconteceu. O que aconteceu a partir de 1789 na França? Uma mobilização que envolveu toda a população francesa, mas evidentemente a envolveu de maneira diversa. Foi um movimento de grande envergadura que envolveu toda a população.

Essa é uma questão que não pode ser colocada em discussão. A não ser que digam que as informações disponíveis são falsas, isto é, alguém tem que dizer que é falso, que não aconteceu. Um grupinho de pessoas fez uma agitação e disse que estava agindo em nome dos franceses. Foi isso? Ou houve uma mobilização de toda a população? Se provarem que não houve a mobilização, podem escrever num livro de história que não houve a revolução. É uma questão de constatar ou não constatar, de apreciar os fatos e afirmar que houve ou não. Se houve, foi uma revolução.

O termo revolução tem sido usado em sentidos mais amplos, por exemplo, na América Latina é um termo corriqueiro para qualquer acidente político de palácio, principalmente na América hispânica. Em termos de estudo da história, usando a expressão de Toynbee,[6] o termo revolução no seu sentido pleno é uma mobilização que atinge a sociedade inteira. Se atinge a sociedade inteira, é evidente que vai abrir para algo novo. A sociedade não vai se mobilizar para fazer uma pequena reforma, não é? É uma coisa fora de lugar. Uma coisa que soa como absurda, destoa dizer que a revolução poderia ser substituída por uma reforma, uma negociação que levasse à reforma. O tempo de negociação passou, se o povo todo está insurgido significa que as reformas perderam seu momento de satisfazer a vontade popular. Já se está em outra etapa do processo histórico, um processo onde as reformas não são mais possíveis. O que há é a possibilidade de lamentar: "Se tivéssemos satisfeito as aspirações das massas e impedido esse tumulto todo..." Mas os que estavam instalados no poder não fizeram. É possível lamentar não ter ocorrido isso, mas o momento histórico foi superado pela marcha da história. Não há o que discutir.

Aí vem o que discutimos antes: aquele movimento em que toda a sociedade está envolvida não pode ser julgado por meia dúzia de historiadores, eles não podem dizer que está certo ou errado. Os certos ou errados foram os que perderam o momento de satisfazer a vontade das massas e poupá-las de se insurgir, de ter que se dar ao trabalho de se insurgir. Estes poderiam ser julgados, não

---

6 Arnold Joseph Toynbee (1889-1975), historiador inglês, serviu na diplomacia britânica durante as duas guerras mundiais e foi professor da Universidade de Londres de 1919 a 1955. Sua obra mais significativa, elaborada entre 1934 e 1961, foi *Um Estudo da História*, cujos 12 volumes são dedicados à análise dos processos de nascimento, crescimento e queda de 26 civilizações numa perspectiva global, colocando num plano secundário o papel do Estado nesses processos. A Editora Martins Fontes publicou em 1987 uma edição resumida da obra.

as massas, que diante da impossibilidade de realizar uma vontade unânime se viram obrigadas a se insurgir, isso não está em julgamento. Trata-se disso. O algo novo é o óbvio, a partir da chegada do momento histórico em que todos se insurgem. Ele só pode abrir para algo novo. As reformas são parte do passado, já foram descartadas. O que vem no lugar das reformas que a marcha da história descartou é algo novo, não é uma reforma.

A OFENSIVA DA BURGUESIA REPUBLICANA CONTRA O MOVIMENTO POPULAR

Em que momento este embate se tornou um confronto entre distintas classes sociais?

O embate que se havia iniciado com a Revolução Francesa entre os estamentos sociais – nobreza, clero e corte e os príncipes de sangue, como se dizia do pessoal mais diretamente ligado à corte, de um lado, e a burguesia, junto com todo o Terceiro Estado, de outro lado – evoluiu para um confronto entre classes a partir do massacre do Campo de Marte. Então houve uma cisão no interior da burguesia e uma parte se uniu ao povo. Aí se tratava realmente da classe burguesa, defensora de seus interesses enquanto classe, com uma proposta nova que ia além daquelas concessões elementares que haviam sido feitas na Revolução Inglesa, que instauraria o regime de propriedade burguesa e uma nova sociedade baseada nos princípios de organização social burgueses. Nesse momento houve uma quebra da solidariedade entre o povo miúdo e a burguesia, pois junto com a cisão da burguesia ocorreu um massacre do povo que queria a condenação do rei, a exclusão daquele rei que se manifestou como inimigo da revolução da chefia da Constituição que estava sendo elaborada.

Que classes sociais eram estas? Evidentemente uma parte da burguesia mais ligada ao rei, que era constitucionalista real, e outra parte dela, que defendia o constitucionalismo burguês, a soberania da nação contra o rei, e a pequena burguesia, baseada no modelo da república romana, mas de qualquer maneira ferreamente republicana. Essa pequena burguesia não era o povo miúdo, mas naquele momento estabeleceu uma solidariedade com o povo miúdo e se separou da burguesia, dominante em termos econômicos. Então naquele momento a burguesia se separou da pequena burguesia, que continuou ligada ao povo miúdo. A burguesia se separou de um conjunto abaixo dela.

Os constitucionalistas do rei foram alijados do processo junto com o rei. E o embate começou a se dar entre a burguesia dominante, de um lado, que ainda era a burguesia constitucionalista que queria colocar a nação acima do rei, e a pequena burguesia e o povo miúdo, de outro. Esse foi o principal embate a partir do massacre do Campo de Marte.

Quais as consequências dessa transformação?

A primeira consequência foi a crise do processo revolucionário, que desembocou no 9 Termidor. Por um lado a burguesia manteve certa coerência, na medida em que tinha interesses de propriedade muito claros a defender, um bloco de interesses muito coeso em torno da propriedade burguesa. Do outro lado havia uma massa confusa de interesses múltiplos, na qual se confundiam os *enragés*, os movimentos radicais dos igualitaristas, os republicanos radicais e os republicanos conciliadores. Ali havia uma mistura heterogênea que entrava constantemente em conflito entre si e desencadeou um longo processo de crise que culminou com o 9 Termidor e o encerramento da Revolução Francesa. As consequências foram esse processo de crise, no qual essas duas forças se contrapuseram. De um lado uma força homogênea e de outro uma força heterogênea, que era poderosa, mas tinha a fraqueza de sua heterogeneidade.

Podemos considerar a apropriação brutal do poder, em junho e julho de 1789, pelos Estados Gerais, transformados em Assembleia Nacional sob a égide do Terceiro Estado, um ato de autoridade revolucionária que constituiu o conceito de soberania popular?

Na questão há algumas coisas que merecem ser esclarecidas. Na apropriação brutal está implícita a ideia de revolução. Bom, mas a soberania tem que ser adjetivada. Soberania de quem? Soberania da nação. Por que soberania da nação? Porque anteriormente pertencia ao rei, não pertencia ao povo. Então quando a nação submete o rei à vontade do povo, exerce um ato de soberania e constitui a nação. Não o conceito de soberania, constitui a nação. A partir daquele momento, a França deixa de ser uma propriedade da casa real e passa a pertencer ao povo. A casa real passa a governar conforme a vontade do povo, como aconteceu na França e com a Inglaterra em 1648 e a Holanda em 1609. A nação se constituiu enquanto território pertencente ao povo que o habitava.

O conceito de soberania é na realidade a ideia que os homens vão fazer disso, mas existe o fato concreto, a realidade histórica, que é a apropriação do seu destino pelo povo de um país. É isso que aconteceu no processo revolucionário. Claro que precisamos colocar algumas intermediações, o Terceiro Estado não representava os interesses do povo integralmente, mas era a representação possível face ao poder real vigente naquele momento.

O que se podia colocar contra o poder real de maneira eficaz era o Terceiro Estado como um todo, representado naquela Assembleia Nacional. Por isso, quando chegou lá, recusou o lugar de Terceiro Estado e se colocou como representação da nação e se autointitulou Assembleia Nacional. O Terceiro Estado não poderia fazer isso sem o respaldo da nação, que vinha até mesmo do povo miúdo, que não estava representado com seus interesses próprios. Mas, enquanto força contraposta ao rei, todos estavam representados, portanto se tratava da constituição da nação francesa. Quer dizer, a vinda da nação francesa à existência enquanto nação soberana e não como propriedade de uma casa real.

Qual seria a diferença entre soberania burguesa e soberania popular?

Eu confesso que não sei o que é soberania popular. Digamos, não sei o que se costuma entender quando se fala em soberania popular, porque o termo povo significa os cidadãos politicamente ativos, no seu conceito, no seu significado original. Então, o lema de Roma SPQR – *Senatus Populusque Romanus* – dizia quem era o detentor do poder em Roma: o Senado e o povo romano. Mas nem todos eram *populus*, os escravos não eram. A plebe não era *populus*, tinha direito à representação a partir dos tribunos da plebe, mas não era *populus*. Os plebeus foram integrados como estrangeiros, mas como trabalhavam e eram necessários, revoltaram-se e lhes foi concedida representação, mas representação exterior ao povo.

Eu não tenho outra definição de povo que não essa. Povo é a parte da nação politicamente ativa, que participa do governo da nação. O que é poder popular? É o poder dos que fazem parte do povo de uma nação. No processo revolucionário frequentemente acontece que o povo se contrapõe aos que querem impedir que tenha acesso ao poder. Então, ocorre essa contraposição: o verdadeiro povo é este e não aquele. Mas essa é uma definição de propaganda de direito do povo. Se o povo não está participando da vida política, está reivindicando e ainda não conseguiu se incluir, ele ainda não ascendeu ao lugar de povo.

Diga-se de passagem, é isso que dizia o Partido Comunista no Brasil. Que o povo eram os explorados, os trabalhadores. Eu recebi panfletos que falavam isso antes de 1964. O PC fazia propaganda dentro de uma legalidade que foi abolida com o golpe de 1964. Uma discussão que na verdade era um sofisma. Quem era povo recebia um caderninho: povo são os trabalhadores, povo são os trabalhadores de fábrica, os trabalhadores rurais. Eles estavam nomeando justamente os que não eram povo no Brasil. Não eram porque não tinham acesso ao poder. O que eles estavam fazendo era reivindicar. Esse seria o povo que poderia constituir a nação brasileira, mas foi impedido e os donos do poder não têm interesse em constituir a nação brasileira. Eles, o PC, poderiam falar isso. Corresponderia a um fato histórico. Os que constituíam o poder não constituíram e não pretendiam construir a nação brasileira face ao imperialismo, em particular. Os escravizadores eram os que dominavam o Brasil.

Então, poder popular ou é uma redundância, no sentido de que os que detêm o poder são o povo, ou é uma aspiração. Que povo é esse? A maioria da nação que trabalha e faz a nação viver e não os ociosos que se locupletam com a riqueza da nação.

Trata-se disso. Mas atenção, reivindicar o poder popular significa reivindicar a nação, que é o projeto de constituição de uma nação burguesa. Não é o projeto de constituição da soberania dos proletários, que passa ao lado da constituição de uma nação. Na época avançada em que vivemos, de desenvolvimento capitalista, a luta pela constituição de nações já é um objetivo superado. O poder popular se refere a isso, não há como fugir. Por quê? Por causa do significado de povo e popular. Trata-se de constituir a nação brasileira. Quem afirma o poder popular está afirmando a necessidade de constituir a nação brasileira. Mas será que é esse o entendimento de quem reivindica o poder popular? É o caso de perguntar; em geral não sabem explicar. Na época da Revolução Francesa era óbvio e a questão estava posta pelo Terceiro Estado, no qual estavam fundidos todos os interesses dos que trabalhavam, dos explorados e não explorados, todos solidários em impor a nação ao rei e às outras nações. Era uma tarefa do momento, urgente e necessária. Na época atual, isso já não se coloca da mesma maneira. Hoje, trata-se de ver o que fazer no caso em que isso apareça como reivindicação atual.

Soberania da burguesia não existe enquanto soberania nacional e ela não pode se apresentar como soberania burguesa. Por isso ela não tem como não exercer a soberania de fato, a não ser em nome do povo inteiro, senão não é soberania, é uma oligarquia, uma classe minoritária exercendo o poder soberano – isso não é soberania da nação, mas de uma minoria. Uma se opõe à outra como soberania do povo, da nação e, nesse sentido, de uma nação nos marcos do capitalismo e dentro dos marcos da sociedade possível sob o poder econômico da burguesia, sob a dominação econômica da burguesia. Uma soberania de uma parte de uma nação sobre outra, na verdade uma oligarquia, sendo essa parte minoritária.

Apenas um comentário sobre o que eu acabei de dizer: esta é uma discussão obscurecida, em geral, quando se fala em soberania popular nos debates políticos.

O DESENVOLVIMENTO DA DINÂMICA PRÓPRIA DO POVO MIÚDO

Quer dizer que em 1871, com a Comuna de Paris, caiu na mão do proletariado francês a universalização dos direitos republicanos. Ir além era a reivindicação dos produtores livremente associados, era ir além da selvageria capitalista?

Bem, a primeira parte não é uma questão, simplesmente afirma o que se passou na dinâmica própria do povo miúdo entre 1789 e 1871, ou seja, que em 1871 caiu na mão do proletariado francês a universalização dos direitos republicanos. Em 1871, na realidade, Paris ainda era o povo miúdo, não dá para dizer que tínhamos uma maioria de proletários de empresas capitalistas na Comuna de Paris. No levantamento estatístico dos participantes conhecidos da Comuna de Paris, a maioria não era de trabalhadores de fábrica, era uma mistura. Ainda era o povo miúdo abundante nas cidades europeias – artesãos, pequenos comerciantes. Trabalhadores de fábrica já existiam em quantidade significativa, mas não eram a maioria.

Vamos aceitar a formulação de Marx: proletariado francês, se referindo aos insurretos da comuna. Por que Marx disse que era o proletariado francês? Porque eles se comportaram como proletariado, assumiram tarefas e apresentaram aspirações do mesmo. Então, era o proletariado francês por cima das estatísticas que vários historiadores mostraram para provar que não seria. Era o proletariado corroborando Marx.

Sobre a afirmação de que o que caiu na mão deles era a universalização dos direitos republicanos: o que significa isso? A universalização dos direitos de 1789 a 1792 que significava a democracia radical. Quando aconteceu a democracia radical na Revolução Francesa? Na Comuna Insurrecional de agosto de 1792, que assaltou o Palácio das Tulherias e prendeu o rei. E realizou finalmente a democracia radical. Isso é o que foi interrompido em 1792, porque o poder foi açambarcado pelo Clube dos Jacobinos, que dirigiu o processo e depois o levou à ruína. Repetiu-se em 1871, mas agora nas mãos do proletariado francês.

O proletariado efetivou o quê? Efetivou a democracia radical. As assembleias de cidadãos, o conselho da comuna, a revogabilidade dos mandatos e todas aquelas conquistas que Marx citou nos dois manifestos da Comuna de Paris. Cair nas mãos significa cair na mão do proletariado o que antes caíra na mão do povo miúdo, na Comuna Insurrecional de 1792. Trata-se de um pedido de explicação do cair nas mãos.

Aí vem a pergunta que decorre, quem fez a pergunta parece que já sabia, mas eu preferi explicitar o conteúdo da pergunta. "Ir além...." Ir além não era no sentido de fato presente. Não estava colocada a reivindicação dos produtores livremente associados em oposição à selvageria do mundo capitalista. Marx comentou isso: a comuna parou nas portas do Banco da França. Não expropriou o capital. Ir além teria que ser colocado no condicional, mas está colocado como questão. Será que seria? Está colocado assim. Será que seria uma república dos produtores livremente associados? Isso está n'*O Capital*, mas não foi levantado na Comuna de Paris.

Então a pergunta não pode ser respondida. Se ela fosse além, iria além da Comuna Insurrecional, da Comuna de 1792, mas não podemos presumir aquilo que está indicado no terceiro volume do livro 3 d'*O Capital*, quinta seção. Poderia ter sido ou não. Uma questão aberta. Mas não foi colocado na comuna, e antes de ser colocado ela foi derrotada. O que se sabe é que foi derrotada pelo poder do capital, então a comuna não se contrapôs como poder anticapital, pela derrubada imediata das relações sociais que regiam a produção em Paris. Os comunardos não colocaram o projeto de expropriação dos fabricantes de Paris e a entrega das fábricas aos trabalhadores. Isso se expressou na não expropriação do Banco da França. Claro que se expropriassem as fábricas, a expropriação do

Banco da França seria uma necessidade absoluta e incontornável, porque as fábricas funcionavam com capital e este estava no Banco da França.

Como não foi colocado, não se pode dizer que ir além seria ou não seria aquilo. Só a história, só o processo histórico poderia dizer até onde iria. Não podemos presumir essas coisas. Marx levantou que há um modo possível de substituir a dominação burguesa, instituir a república dos livres produtores, mas ele disse isso n'*O Capital*, não no panfleto político. Ele disse num trecho escondido d'*O Capital* que pouca gente lê, que é a quinta seção do livro 3, que é um livro póstumo.

A aspiração burguesa da nação não era a reivindicação do proletariado, a rigor a nação do proletariado é o planeta. Só em Paris apareceram as reivindicações proletárias conforme se concretizaram as medidas socializantes. Isso quer dizer que o socialismo coloca de uma maneira torta a república dos produtores livres associados?

Primeira parte: A aspiração burguesa da nação não era a reivindicação do proletariado, a rigor a nação do proletariado é o planeta. Na realidade está subentendido aqui: a aspiração burguesa da nação não era a reivindicação do proletariado de 1871. Continua uma interrogação que vem sendo feita sobre a Comuna de Paris de 1871. Por quê? Porque a nação do proletariado é o planeta. Essa primeira parte da questão na realidade é uma introdução, e essa introdução recoloca a questão da Comuna de Paris de 1871 e afirma que a nação do proletariado é o planeta, portanto afirma que a única nação possível é a nação burguesa, porque a nação proletária não é a nação particular, a nação do proletariado é o universo, é toda a humanidade fraternalmente associada. Está afirmado isso. Referência que estamos fazendo sobre o poder popular.

"Só em Paris apareceram as reivindicações proletárias conforme se concretizaram as medidas socializantes." Segundo elemento da introdução. Essa segunda parte diz respeito àquilo que não se viu antes, só em 1871. É que finalmente alguém assumiu a democracia radical, naquela questão em que se constatou que em 1871 caiu nas mãos do proletariado a realização da democracia radical, momentaneamente realizada na comuna de 1792. Aqui simplesmente se retoma aquilo.

Vou colocar assim: em agosto de 1792 e em 1871 caíram na mão do proletariado. No fim da pergunta diz: medidas socializantes. A comuna insurrecional colocou a democracia radical, o que foi feito em 1871 com a tomada do poder, a democracia radical da maneira mais completa, mais adequada, a maior pureza do movimento em termos dos interesses que o realizaram. Por quê? Porque em 1871 eles correspondiam ao movimento do proletariado francês, mas esses interesses se realizaram objetivamente na democracia radical de 1792.

Bom, isso colocava ou não medidas socializantes? O problema aqui está na palavra concretizaram. Como concretizaram? Não concretizaram! Vimos que a Comuna de Paris parou nas portas do Banco da França. O que ela concretizou foi uma democracia radical, que apontava para medidas socializantes se perdurasse. Por quê? Porque caiu nas mãos do proletariado. O conteúdo já era proletário, não era o conteúdo do povo miúdo, como era em agosto de 1792. A única crítica que Marx fez, porque ele aprovou e defendeu todas as medidas que a comuna tomou, é que ela parou nas portas do Banco da França. A comuna estava errada? Não. Era o que ela podia fazer no momento. Não era uma aspiração tomar o banco. Marx disse que foi um erro, tudo bem, poderia ter tomado, e aí? Os comunardos tomariam o banco e ficariam isolados e sem o apoio das outras cidades da França? Seria uma tomada sem possibilidades de efetivação dos efeitos necessários, mas seria correto tomar, nesse ponto Marx não errou, porque era o proletariado e não havia outra saída, já que o proletariado tomou o poder na França.

Aí vem a questão. O socialismo coloca na ordem do dia de maneira torta a república dos produtores livremente associados? Não coloca de maneira torta. Os comentários anteriores falam em proletariado e aqui em socialismo. O socialismo já seria a república dos produtores livremente associados. Quem a instituiria seriam os agentes, o proletariado. O termo socialismo está mal colocado, ao tomar o poder coloca de maneira torta, não torta, mas simplesmente incompleta. Os proletários tomam o poder e esse poder não traz necessariamente consigo a república dos produtores livremente associados, a não ser que o proletariado consiga levar até o fim o processo revolucionário que ele desencadeia. Ele abre a possibilidade da república dos livres produtores e assim coloca de maneira incompleta, pois só pode abrir, não pode decretar, nem de maneira torta nem de maneira certa.

Marx supunha que o movimento teria que levar a algo que se poderia intitular assim, república dos livres produtores associados. O processo teria outro nome e um conteúdo dado pelo movimento que o realizasse. A comuna, na medida em que não estava plenamente desenvolvida, se colocava de maneira incompleta. O termo torto significa que por confusão mental os trabalhadores assaltaram o poder, ou por falta de clareza. Isso não cabe, se estão assaltando o poder, eles têm toda a clareza necessária e suficiente para seu objetivo, que é tomar o poder. Não há nada a dizer se essa colocação foi torta ou certa. Depois pode haver desvios de caminho e retrocessos, erros e oscilações do processo. Mas os elementos tortos do processo vão se apresentar depois, com o desenvolvimento do processo revolucionário. Se a luta pelo poder é eficaz e os que lutam pelo poder são os proletários, está colocada a abertura do processo que leva ao socialismo.

A PENA DE MORTE CONTRA OS *PARTAGEUX*

E sobre a pena de morte contra os *partageux*?

Os *partageux* eram uma corrente da Revolução Francesa que exigia a igualdade da partilha da terra, ou seja, todos os camponeses que cultivassem a terra deveriam receber uma porção igual dela; portanto seria necessário modificar todos os limites existentes das propriedades reconhecidas na França após a tomada das terras na revolução. O que seria uma tarefa que a rigor afundaria a revolução no caos; estou fazendo um comentário até desnecessário, não sei se afundaria a revolução no caos, mas mexeria com todas as relações sociais no campo.

Era um movimento igualitarista que expressava uma reivindicação do campo, uma corrente que a rigor não era particular da Revolução Francesa; o igualitarismo vem da Idade Média, apareceu no movimento de Thomas Müntzer na Guerra Camponesa na Alemanha e em vários outros movimentos na Europa. Se a gente for ainda mais longe, já ocorreu no Irã em 570 d.C. É um movimento recorrente entre os pobres, por exemplo, em todos os movimentos taoistas que inspiraram a Rebelião Taiping[1] de 1850 na China, é uma característica

---

1   Em 1849, Hong Xiuquan (1814-1864) criou a Sociedade dos Adoradores de Deus. A repressão do governo imperial chinês levou a seita à rebelião, que começou oficialmente em 1851, quando Hong tomou a cidade de Jintian e fundou o Reino Celestial da Grande Paz, de onde deriva o nome da revolta: Taiping (Grande Paz). Seu programa era típico dos camponeses da China tradicional: igualitarismo (propriedade comum da terra) e feminismo (direitos

permanente dos movimentos taoistas camponeses. Então não é nada particular à Revolução Francesa, é um movimento que expressa um igualitarismo dos extremamente pobres, dos que são o fundo mais oprimido, mas não necessariamente o mais explorado, que hoje seriam os mais excluídos. Um tipo de gente que tem uma identidade própria, que se sente extremamente oprimida e não se sente contemplada pelas reivindicações sequer dos movimentos proletários que se encontram na superfície dos movimentos revolucionários, como na Guerra Camponesa na Alemanha, de 1524 e 1525.

Tinha alguma importância no campo francês? Não, não era uma reivindicação que tivesse importância, pois não dá para dizer que o movimento tinha algum camponês simpatizante, talvez até tivesse, mas não era um movimento que poderia pôr em risco o equilíbrio, a estabilidade das relações sociais do campo francês no período revolucionário em que já haviam sido tomadas as terras da nobreza e dos inimigos da revolução. Então, a Convenção poderia perfeitamente ter ignorado os *partageux*, eles não constituíam um problema, não tinham força para aplicar seu ideal igualitarista. Mesmo em 1524 e 1525 o movimento de Müntzer só poderia aplicar muito localmente o igualitarismo, não poderia estender muito a partilha igualitária das terras. O movimento anabatista, depois da morte de Thomas Müntzer, sempre foi minoritário no campo alemão. Na França, num momento mais avançado das forças produtivas, evidentemente suas forças eram bem menores, não aconteceu nenhum movimento da envergadura do de Müntzer. Isso não aconteceu e podia perfeitamente ser ignorada a reivindicação dos *partageux*.

---

iguais para as mulheres). A rebelião atraiu vasta rede urbana de artesãos e pequenos comerciantes e em seu ápice, em 1860, chegou a ter 3 milhões de soldados. Em 1853, Hong tomou Nanjing, que se tornou seu centro político. Nos anos seguintes, seu exército ocupou boa parte do sul da China e avançou para o norte, onde tentou atacar Beijing, sem sucesso. Em 1860, vitoriosos na 2ª Guerra do Ópio, Reino Unido, França e Rússia arrancaram concessões da dinastia Qing e passaram a emprestar oficiais ao seu exército. Isso mudou o rumo do conflito. A rebelião sofreu uma derrota em 1862, ao atacar Xangai, e em 1864 as tropas imperiais tomaram Nanjing, onde Hong morreu. Foi o fim do Reino Celestial, mas grupos de milhares de rebeldes continuaram a luta em outras regiões e apenas em 1871 o último foi aniquilado pelas forças imperiais. A Rebelião Taiping foi um dos conflitos mais sangrentos da história, com estimativa de 20 milhões de mortos, entre soldados e civis.

No entanto, a Convenção quis aprovar o decreto para apontar para as facções presentes no processo revolucionário os limites que não poderiam ser transgredidos. A propriedade burguesa não poderia ser questionada e a partilha igualitária das terras estava excluída e devia ser colocada como algo nocivo, contrário aos interesses da nação francesa e, portanto, digno da pena de morte. Do que se sabe até hoje do processo revolucionário francês, não há notícias de mortandade de *partageux* na França. O que existia era um movimento de propagandistas do igualitarismo, não um movimento camponês que exigisse uma repressão para evitar que realizasse seus objetivos. A data desse decreto é março de 1793, no momento em que a burguesia republicana já tinha realizado a Convenção e já tinha expulsado a burguesia constitucionalista do poder, só tinha ficado a corrente republicana no poder. A Convenção de 1792 colocou na ordem do dia a organização da república democrática, mais que a mera república.

Na realidade, a república democrática estava colocando na ordem do dia o limite e não permitiria que fosse transgredido. A república democrática desejada pelos republicanos radicais da revolução não incluía a repartição igualitária das terras.

A repressão da ala radical da revolução abriu um processo de isolamento crescente da ditadura jacobina. Em *Fenomenologia do Espírito*, Hegel[2] disse que o terror se tornou aí um princípio de governo, pois os jacobinos passaram a governar contra a multidão e todos que se opunham ao governo. Para Hegel ainda, a morte através da guilhotina não tinha

---

2 Georg Wilhelm Friedrich Hegel (1770-1831) foi um dos mais destacados filósofos do idealismo alemão. Propunha um sistema em que o mundo, como espírito, se encontraria em um processo histórico contínuo de racionalidade e perfeição cada vez maiores e o Estado representaria o último estágio de desenvolvimento desse espírito. Hegel viveu numa Alemanha dividida em territórios independentes, cada qual com seu aparato jurídico e militar, o que pode explicar a importância que dava ao Estado, em sua visão a mais alta realização do espírito absoluto, o corpo social perfeito da "Ideia" que, em seu curso pelas vicissitudes da história, passaria através do que chamou de "dialética da história". Ele influenciou decisivamente o pensamento político e social alemão e os jovens filósofos de seu tempo, incluindo Marx. Entre suas obras destacam-se *Fenomenologia do Espírito* (Editora Vozes, 2011), de 1807, *Princípios da Filosofia do Direito* (Martins Fontes - selo Martins, 2003), de 1821, e *Cursos de Estética* (Coleção Clássicos, Edusp, 4 volumes, 2001-2014), publicado postumamente, em 1835.

alcance interno e preenchimento algum. É possível extrapolar o diagnóstico hegeliano e aproximá-lo das discussões contemporâneas sobre o biopoder?

Existe o poder extremo, que inclui o uso da violência extrema. Isso retoma aquela discussão. Naquele momento em que se colocou a questão sobre o exercício do poder de modo total, inclusive com o uso da violência extrema contra os inimigos da revolução, nós fizemos uma distinção: quando essa violência é exercida pelo movimento geral do povo insurreto, a discussão sobre a legitimidade ou não é ociosa. Ninguém tem o direito – nenhum partido ou corrente minoritária de opinião – de fazer julgamento sobre o povo inteiro insurreto. Então, nesses momentos em que o direito de matar os adversários se apresenta como uma tarefa, o importante é saber a quem ele se apresenta. Apresenta-se ao povo insurreto e o povo, na continuidade de seu movimento de realização, de avanço do processo revolucionário, elimina os adversários, não há o que julgar. O julgamento se torna possível quando um aparelho de Estado se dá essa tarefa de julgar o que é favorável e o que não é favorável à revolução.

O que é a favor e o que é contra a nação? Determinar isso, sem que o povo esteja em estado insurrecional, a partir de um aparelho de Estado que toma essa decisão no exercício de seu poder enquanto Estado constituído? Nesse caso sim, se pode fazer essa afirmação de que se trata de uma extrapolação. Aqui não se trata de julgar se é justa ou injusta a pena de morte, a pena de morte é sempre uma extrapolação. Será que o poder de Estado tem direito de decidir quem deve viver ou não? Mesmo com leis aprovadas em votação majoritária dos órgãos representativos do povo, será que o Estado tem esse direito? Acho que é uma extrapolação do exercício dos direitos da maioria. Nesse sentido, acho que a crítica colocada na questão é válida. Por quê? Porque a verdadeira democracia radical não pode excluir o respeito às opiniões minoritárias. Mesmo que essas opiniões minoritárias sejam desfavoráveis à revolução. Evidente que se a minoria se revolta e põe em risco a segurança dos cidadãos na luta civil, aí se trata da deflagração de uma guerra civil. Pode-se até considerar que se trata de escolher entre ser exterminado ou exterminar os que querem derrubar o poder vigente. Então a maioria que detém o poder vigente poderia se conceder o direito de se defender.

Agora, não ocorrendo a insurreição e a colocação em risco da vida da maioria, é uma extrapolação dos direitos do Estado e o Estado realmente se coloca diante do homem nu. O homem que diante do Estado não tem outra coisa a não ser a sua pessoa, a sua opinião contra a vontade enorme e irrefreável do Estado. Acho perfeitamente pertinente a pergunta, responderia que sim, que corresponde a um biopoder.

Sim, se pode assimilar com as discussões sobre o biopoder. Por quê? Porque é uma extrapolação, mas aí se trata do exercício do poder por um Estado constituído. Não se pode igualar o poder de um Estado constituído com o poder desencadeado por um processo revolucionário que envolve a sociedade inteira. Isso não é o exercício do biopoder, é a história se manifestando num movimento de envergadura total, que abrange todos os membros da sociedade.

O COMITÊ DE SALVAÇÃO PÚBLICA

O que significou o Comitê de Salvação Pública?

O Comitê de Salvação Pública se deu durante o período da Convenção. Nesse período estava em andamento a guerra contra os exércitos invasores que pretendiam restaurar a monarquia na França. Um exército das potências europeias coligadas contra a França. O que aconteceu nesse preciso momento? Aconteceu uma batalha importante em 18 de março de 1793. Foi uma derrota grave dos exércitos da Convenção. A importância dessa derrota sublevou o povo de Paris, que achou que a derrota ocorreu por causa da abundância de traidores no interior da nação. Então, havia gente conspirando contra a revolução dentro da nação francesa e dificultando a defesa eficaz contra a agressão externa. Aí se criaram espontaneamente comitês de vigilância revolucionários, que foram legalizados em 21 de março pela Convenção. Então, atenção, foi um movimento espontâneo pela indignação da derrota e foi legalizado *a posteriori*.

Nesse contexto é que aconteceu a pena de morte contra os *partageux*, que foram assimilados pelo movimento que estava atrapalhando a revolução. Esse movimento é que organizou na região da Vendeia o exército católico e real. Então as ameaças vinham de dentro e de fora. E a partir daí começou uma espécie de fervor revolucionário contra os inimigos da revolução, que naquele momento pareciam estar numa ofensiva vitoriosa, com a criação do exército da Vendeia e com as vitórias na fronteira. Ainda por cima, em 5 de abril aconteceu a deserção de Dumouriez,[1] um general importante, o que colocou em perigo ainda maior a defesa da Revolução Francesa. Tivemos um crescendo do fervor revolucionário diante de uma agressão extremamente perigosa. Em 6 de abril foi criado o Comitê de Salvação Pública, que evidentemente era um órgão ditatorial. A Convenção era uma assembleia eleita pelo sufrágio universal, e o Comitê de Salvação Pública foi um comitê de nove membros que representava, a rigor, o Clube dos Jacobinos.

Então, o fato de, naquele momento de perigo, o comitê representar o desejo de criar um poder forte, o desejo popular de criar um poder forte contra a agressão interna e externa, não quer dizer que se possa retirar do Comitê de Salvação Pública a definição de órgão de poder ditatorial, mas evidentemente lhe deve dar também o caráter de ditadura emergencial. Ditadura condizente com a aspiração do povo de que alguém assumisse a defesa da revolução com toda a dureza necessária. Era uma ditadura que não se chocava com o movimento popular que havia criado os comitês de vigilância revolucionários, que tinham sido espontâneos. Então, para entender o Comitê de Salvação Pública é preciso colocá-lo nesse contexto, sem deixar de dizer que foi uma ditadura, mas não uma ditadura instaurada contra o povo, mas instaurada dentro do momento de agressão externa, e o povo – a parte mais tomada de fervor no movimento de defesa da revolução – queria que o comando fosse assumido por uma direção que empregasse todo o rigor necessário para que essa defesa fosse eficaz.

---

1   O general Charles-François du Périer Dumouriez (1739-1823) juntou-se aos revolucionários ainda em 1789 e foi responsável por várias vitórias na guerra contra a Áustria nos Países Baixos. Chegou a ser ministro de Relações Exteriores por três meses em 1792, mas voltou ao comando militar e no fim do ano garantiu a conquista da Bélgica. No início de 1793, voltou a Paris e se envolveu nas tentativas de evitar a execução do rei Luís XVI. Isso e sua condução antiquada da guerra lhe valeram a animosidade dos jacobinos mais radicais. Em março, depois de sua fragorosa derrota em Neerwinden (hoje na Bélgica), a Convenção enviou representantes para investigá-lo. Dumouriez preferiu evitar o risco de ser preso: aliou-se à Áustria e tentou convencer suas tropas a marchar sobre Paris para derrubar o governo e instaurar uma monarquia constitucional. Sem êxito, abandonado por seus soldados, fugiu para o campo austríaco. Posteriormente, exilou-se na Inglaterra, onde morreu.

É possível relacionar a existência do Comitê de Salvação Pública com o problema da vanguarda revolucionária?

Acho que não. A criação do Comitê de Salvação Pública correspondeu à criação de um poder emergencial, posto por circunstâncias que a Convenção não tinha previsto, e no qual estava colocada a aspiração de uma defesa coesa e forte pelos comitês de vigilância revolucionários espontâneos.

Se alguém quiser procurar uma vanguarda, teria que procurar nos comitês, porque a Convenção em primeiro lugar legalizou os comitês e depois, em 6 de abril, criou o Comitê de Salvação Pública. Vanguarda significaria eles estarem à frente desse movimento de defesa intransigente da revolução. Em termos de clareza do que estava acontecendo não teve nada demais. Os fatos se apresentaram como inexoráveis, o povo criou os comitês de vigilância revolucionários e o Comitê de Salvação Pública fez eco a esse movimento.

Não sei onde se poderia colocar essa vanguarda. Se pudesse, colocaria nos comitês de vigilância, que foram espontâneos. A vanguarda pode ser alguma coisa espontânea? Não sei. Pelo menos a teoria leninista de vanguarda não contempla uma vanguarda espontânea. Talvez eu esteja falando bobagens, mas acho que não, só digo isso.

A CONSTITUIÇÃO DE 1793

O que significou a Constituição de 1793?

A Constituição de 1793 é a expressão, em termos de um corpo de leis fundamentais, da democracia radical. E significa, em primeiro lugar, o fim do voto censitário e a adoção do voto universal, o sufrágio universal. Significa a revogabilidade dos mandatos. Significa a ratificação das leis – as leis não poderiam entrar em vigor antes que a assembleia do povo as sancionasse. O povo francês estava dividido em assembleias primárias, que elegiam os deputados da Convenção, e essas assembleias tinham que se reunir para ratificar qualquer lei que fosse votada na Convenção; se a maioria das assembleias não ratificasse, as leis não entravam em vigor. Se no decorrer de determinado prazo a nação não se reunisse para votar, ficaria subentendido o consenso de ratificar. O poder permaneceria na mão das assembleias do povo. Então a sede do poder seria o povo reunido ou, em outros termos, a democracia direta: qualquer lei votada teria que ser apoiada pelos que representavam o poder da nação, que eram o povo reunido nas suas assembleias. Qualquer grupo de 200 franceses poderia se declarar assembleia popular com direito a julgar as decisões da Convenção. Qualquer grupo de 200 pessoas – registravam-se os nomes dos participantes e estava automaticamente criada uma instituição representativa do povo. O povo que espontaneamente resolveu criar uma expressão de sua vontade em uma assembleia, um órgão de sua expressão.

O que significa que o poder permanecia nas mãos do povo que quisesse se reunir para exercer seu poder. Isso significa a democracia radical, significa o abandono daquele ideal da república romana, que tinha toda uma série de mecanismos que mantinham a autoridade do Estado romano sobre o povo. Isso significa também o exercício da democracia direta que já estava em Rousseau.[1] Problema: o próprio Rousseau reconheceu que isso só seria viável se o grau de riqueza dos cidadãos fosse mais ou menos semelhante. Ele não era igualitarista, mas considerava que não era viável a prática desse regime de democracia direta se houvesse muita disparidade na riqueza dos cidadãos. Que os cidadãos fossem mais ou menos iguais de fato e não apenas de direito, razão pela qual ele concluiu que a democracia direta só poderia ser realizada em pequenas comunidades e não no nível de uma grande nação, com toda a sua diversidade. Rousseau renunciou à democracia direta, mas, pelo menos, colocou os princípios da democracia direta.

A democracia em termos gerais, enquanto democracia radical, é um poder revolucionário. Ela só funcionou como democracia direta e radical em momentos em que a revolução estava em forte movimento. Povo em agitação forte. Quando o povo deixa de se agitar, ela perde substância e vira uma falsa democracia, como se viu na democracia ateniense e como se viu na democracia radical da Revolução Francesa. Na prática ficou sendo só um princípio, por causa da desigualdade do povo francês, já que ela foi implantada sobre o

---

[1] Jean-Jacques Rousseau (1712-1778), filósofo, teórico político e escritor suíço, um dos principais pensadores do Iluminismo e precursor do Romantismo. Suas obras tiveram profunda influência na Revolução Francesa, principalmente pela tese de que o homem é bom por natureza, mas está submetido à influência corruptora da sociedade, alimentada pela desigualdade social, que deve ser suprimida para devolver aos indivíduos sua liberdade, qualidade que define o próprio gênero humano. Entre suas obras mais importantes estão *Discurso sobre a Origem e os Fundamentos da Desigualdade entre os Homens* (Edipro, 2015), de 1754, disponível em <www.ebooksbrasil.org/adobeebook/desigualdade.pdf>, *Do Contrato Social* (Editora Revista dos Tribunais, 2014), sua obra fundamental, de 1762, e *Emílio, ou da Educação* (Martins Fontes - selo Martins, 2014), também de 1762. Por suas críticas severas à sociedade da época, teve a prisão decretada em 1762 e seus livros foram queimados em praça pública em Paris e Genebra. Rousseau fugiu da França e exilou-se na Suíça e depois na Inglaterra. Só conseguiu autorização para voltar a Paris em 1770, com a condição de que não publicasse mais nada – por isso, a produção de seus últimos anos só foi publicada postumamente, incluindo *Ensaio sobre a Origem das Línguas* (Editora da Unicamp, 2008), em 1781, e *Confissões* (Edipro, 2007) em 1782.

direito de propriedade burguesa e os desníveis de riqueza da sociedade francesa. É que se pode dizer da Constituição. Ela representou isso e teve esses problemas de aplicação.

Em que medida o direito à insurreição constituiu o ápice da Constituição de 1793?

Direito à insurreição é uma expressão extrema de que o poder permanece nas mãos do povo e não no órgão criado pela Constituição. O povo tem o direito de se insurgir. É a expressão acabada desse princípio de que é o povo que detém o poder, não é o órgão estatal criado pela Constituição. Se houver um choque de interesses forte, a insurreição é legítima. Por quê? Porque o povo não pode ser furtado do direito que tem de exercer o poder. E se o povo entende que esse direito está sendo surrupiado por alguma manobra sórdida do Parlamento, ou mesmo não sórdida, ou por algum jogo de facções, dentro ou fora do Parlamento, se ele se considerar roubado da sua condição de única sede legítima do poder, ele tem o direito de se insurgir. É a expressão acabada desse princípio o direito de insurreição. Jamais foi repetido em nenhuma outra Constituição.

A Constituição de 1793 expressou a pressão do povo miúdo?

A Constituição de 1793 expressou a insurreição do povo miúdo. A insurreição da comuna e a tomada do Palácio das Tulherias em 10 de agosto e a prisão do rei. Mas não foi meramente a pressão do povo miúdo, a pressão dele ao longo dos anos de 1791 e 1792. Em agosto de 1792, diante da paralisia do processo revolucionário, em função do bloqueio que foi se constituindo no interior da Assembleia Nacional, que era o poder em vigor naquele momento, e diante da paralisia que se deu porque a Assembleia Nacional pretendia governar a França e estava sendo agredida pelas forças estrangeiras. A Constituição de 1791 tinha dado poder de veto absoluto ao rei, o veto não poderia ser derrubado e o rei passou a vetar todas as leis importantes da Assembleia Nacional. Isso paralisou o governo, o exercício do poder revolucionário. E não havia solução. Porque em função de vacilações e negociações diversas no interior da Constituinte tinha se aprovado uma Constituição assim. Não havia nenhum organismo legal que bloqueasse o veto do rei. Como o rei não gostava da revolução, ele paralisou o governo. O impasse chegou a tal ponto que em agosto se criou a Comuna Insurrecional, que tomou de assalto o Palácio das Tulherias e prendeu o rei.

Evidentemente, foi necessária uma nova Assembleia Constituinte, que foi a Convenção. Aquela era uma Constituição que não tinha funcionalidade. Já se tinha visto que o rei era um fujão, que pretendia trazer exércitos estrangeiros para acabar com a revolução, e a ele foi entregue o poder de veto absoluto. Não tinha como derrubar esse absurdo a não ser se insurgindo. O povo de Paris entendeu isso e criou a Comuna Insurrecional. Não foi a pressão, mas a revolta do povo miúdo diante do impasse criado pela burguesia francesa numa negociação suja com os que não queriam abrir mão da interferência do rei, do poder daquele rei que já tinha provado que era inimigo da revolução. Na verdade, os burgueses queriam um baluarte forte contra os excessos da turba, do povo, da agitação, essas coisas que passavam pelas suas cabeças. Para não ter que assumir uma posição contra a turba, deixaram na mão do rei e lhe deram poder de veto. Criaram a inviabilidade do exercício do poder da Assembleia Nacional, que era o poder criado pela Constituição de 1791. Não foi a mera pressão do povo miúdo, foi a insurreição de agosto e a tomada das Tulherias. Que foi uma mortandade grande! O povo enfrentou a Guarda Suíça e tal.

De que forma a não aplicação da Constituição de 1793 frustrou o movimento do povo miúdo?

Sem dúvida frustrou. Mas não exatamente o movimento do povo miúdo, havia uma corrente que ia um pouco além do povo miúdo, que achava viável a democracia radical. Já vimos que essa democracia radical era inviável por causa das desigualdades. Então se pode dizer o seguinte sobre essa pergunta: sim, frustrou a aspiração de democracia radical, que era de fato irrealizável por causa do direito burguês que garantia as desigualdades e a democracia radical não funciona entre desiguais. Não funciona como governo de povos com direitos falseados pela diversidade de condição social e de acesso à riqueza. Frustrou o povo miúdo, mas também se deve dizer que frustrou uma reivindicação inviável.

Como a maioria da Convenção era de burgueses, eles não tiveram a coragem de pôr em vigor a Constituição. Como já tinha sido aprovada a criação do

Comitê de Salvação Pública, fingiu-se que o comitê ainda era necessário para salvar a revolução diante da situação de agressão interna e externa. Uma vez vencidas as agressões, o comitê cederia o poder a um poder constituído segundo essa Constituição, que instauraria uma democracia radical. Claro, isso foi uma frustração para quem achava que a democracia seria instaurada logo depois da aprovação da Constituição redigida em 1793.

Que aspirações estão sintetizadas na consigna da liberdade?

A aspiração de liberdade formulada pela burguesia implica liberdade de homens que têm acesso à propriedade da terra. Está implícito em Locke e é um fundamento do princípio da liberdade burguesa. De certa maneira, podemos dizer que não se pode conceber liberdade numa sociedade que baseia suas relações sociais na propriedade privada, que a legalidade possa ser inteiramente separada do acesso à propriedade. Uma pessoa que não tem acesso à propriedade, à terra, não está qualificada para fazer parte da sociedade de homens livres. Essa é a humanidade de fato da sociedade burguesa.

A Constituição de um país implica a liberação da terra dos entraves da propriedade feudal, que impedem o acesso à terra de uma parte enorme da população, ou prendem o homem à terra, no caso dos servos. Então esse é o conteúdo. Essa liberdade, portanto, aparece como liberdade individual negativa, isso é encontrado em Hegel. O homem é livre para fazer o que não prejudica os outros, ponto. Isso é uma redução muito grande da palavra liberdade. Só levanta o lado negativo, além de ser uma redução. Na realidade, liberdade negativa implica a liberdade positiva de explorar outros homens. Pelo fato de estar ligada à apropriação, ao acesso à propriedade da terra, a liberdade negativa na realidade abrange e oculta a liberdade positiva.

A liberdade negativa abrange e oculta uma liberdade positiva de explorar aqueles que são postos numa situação de privação do acesso à propriedade da terra, que corresponde à liberdade de fato realizada no modo de produção capitalista, que se ergueu sobre a expropriação de uma parte dos cultivadores da terra, que se tornaram assalariados agrícolas e, posteriormente, assalariados industriais.

Na França a quantidade de assalariados agrícolas no campo já era importante no fim do século 18, o capitalismo no campo se desenvolveu porque lá os senhores compraram terras de nobres que foram parar na corte, e a eles não interessava explorar a terra à maneira feudal. Então usaram aquela servidão que estava ali para explorar, para fazer render as terras que arrendaram, porém sem nenhum compromisso com os camponeses, diferente do que era a obrigação feudal, de garantir a sobrevivência dos servos da gleba. A burguesia não queria terras com essa obrigação, mas interessava transformar os servos em assalariados e foi o que fez. Esses assalariados compuseram o vasto proletariado agrícola que moveu o capitalismo francês, que naquela época era um país exportador de trigo. Então essa liberdade negativa carrega consigo uma positiva oculta, que é a liberdade de explorar.

Uma vez, numa conversa com um burguês, se comentou sobre os encargos sociais que os patrões aqui no Brasil devem pagar em contratos de assalariamento formal. Ele se manifestou indignado com as leis brasileiras, que são muito pesadas em termos de tributação, de encargos sociais para o salário formal. E a reclamação que ele fazia era a seguinte: "Aqui no Brasil não se deixa as pessoas trabalharem! Deem para a gente a liberdade de trabalhar." A liberdade que ele queria era a liberdade de explorar à sua maneira e não segundo determinadas regras. A liberdade negativa do princípio burguês tem oculto isso. Liberdade de explorar sem ser atrapalhado, sem obstáculos para isso. É o que está no fundo.

Que aspirações estão sintetizadas na consigna da igualdade?

Evidentemente que a igualdade aqui adquire um conteúdo falso em função do conteúdo que tem a consigna da liberdade. Na realidade, é igualdade jurídica perante a lei, igualdade formal, mas que necessariamente tem desigualdades embutidas. A manifestação mais espetacular disso é a igualdade que inclui como iguais patrões e assalariados. Evidentemente que é uma igualdade que não funciona dentro da fábrica.

Na época da Revolução Francesa existia a escravatura nas colônias, cuja abolição a burguesia não tinha colocado no seu projeto. Na própria França havia trabalhadores agrícolas que deviam algumas obrigações, que foram mantidas pelos burgueses ao comprarem as terras em que eles trabalhavam. Compraram as casas com os servidores da nobreza dentro. Para muitos burgueses convinha manter esses antigos servos dentro da propriedade que haviam comprado, porque era muito cômodo ter alguém que cuidasse das casas deles, das terras, do bosque que vinha junto com a propriedade, e cobrar dessas pessoas que moravam nessa terra que continuassem prestando os serviços que prestavam ao antigo senhor. Isso valorizava a terra. A terra já vinha com o caseiro, com o jardineiro, aos quais não se precisava pagar. Pelos assalariados que faziam a plantação de trigo funcionar, eles não queriam se responsabilizar, mas lhes interessava manter as casas dos que prestavam esse tipo de serviço que era conveniente, desde que continuassem prestando os serviços que prestavam aos antigos senhores feudais. Às vezes eram serviços pesados de manutenção. Esses camponeses achavam que a Revolução Francesa eliminaria essa situação, que eles estavam ali e ficariam com a terra que estavam ocupando e se livrariam das obrigações.

A Revolução Francesa levantou essa hipótese para todos os camponeses e a burguesia se opôs, porque para ela era conveniente ter essa mão de obra. Algumas propriedades tinham canais e a limpeza de canais é um serviço pesado e a burguesia cobrava isso. Então a abolição da servidão foi um processo difícil na Revolução Francesa, demandou lutas pesadas, foi violenta em sua versão camponesa, que obrigou a burguesia a abolir os direitos feudais, abolir de fato, depois de um processo de lutas dentro e fora da Assembleia Nacional. Essa igualdade era uma igualdade que não estava no projeto da burguesia de maneira integral, para não falar da liberdade de participação na vida política, que era diminuída pelo voto censitário.

Que aspirações estão sintetizadas na consigna da fraternidade?

Primeira coisa, fraternidade não se colocou na Revolução Francesa como aspiração. A rigor ela se coloca em toda revolução e, portanto, na Revolução Francesa. Porque a luta revolucionária conjunta, que abrange a sociedade em profundidade, irmana a população toda e levanta a ideia de fraternidade universal quase que automaticamente. Na Revolução Francesa, levantou a necessidade de abolição da escravatura, embora ninguém tivesse escravos na França. Havia alguns nobres que por capricho tinham trazido escravos da colônia do Haiti para serem seus servidores domésticos, mas esse pequeno número de escravos não tinha a mínima importância social. Aliás, não trabalhavam muito, eram mais um objeto decorativo de nobres que tinham negócios com as colônias.

O próprio fato de a Revolução Francesa, na França, levantar a abolição da escravatura nas colônias, é um sentimento que espontaneamente se manifestou no momento em que toda a população se irmanou pela derrubada da opressão. Poderíamos comentar que, de certa maneira, a fraternidade sempre se coloca em toda revolução, mas não se coloca como uma reivindicação concreta. Ao contrário da liberdade, que na revolução implicou a substituição da forma de propriedade feudal pela propriedade burguesa. Essa foi uma aspiração concreta. Ou como a aspiração da igualdade, que colocava concretamente a igualdade de todos que tinham propriedades. Era uma aspiração concreta que tinha esse fundo real de se referir apenas aos que tinham acesso à propriedade. A fraternidade não se manifestava como uma aspiração concreta de exigência da realização de certos atos determinados que a manifestassem, ninguém era obrigado a sair beijando todo mundo na rua. Ela se colocava de maneira difusa, de maneira vaga, como sentimento geral de confraternização, de ampliação da humanidade, de todas as pessoas que se sentiam maiores. Elas não cabiam dentro da própria individualidade, precisavam expandir sua individualidade a um campo de ação maior que o do seu mundinho individual, universo pequeno. Foi assim que se manifestou, como um sentimento coletivo forte, sem nenhuma objetivação concreta, mas que apresentou aspirações concretas quando elas causaram algum choque, no caso, a abolição da escravatura; foi um sentimento que atingiu o povo miúdo da França, por que não libertar os escravos do Haiti? Atingiu! E apareceu na Assembleia Nacional uma corrente pela abolição da escravatura, os republicanos radicais.

Segunda coisa. Arnold Toynbee era um helenista e qualificava o culto dionisíaco da Grécia antiga como sendo um resíduo da religião minoica, da religião da sociedade civilizada que precedeu os helenos, a sociedade civilizada mercantil e marítima que tinha como sede principal a ilha de Creta. Segundo Toynbee, o culto ao deus Dionísio, que depois se tornou uma divindade helênica, tinha rituais secretos e cerimônias um pouco selvagens. O deus de uma sociedade anterior e submetida aparece como um demônio. Isso é Toynbee.

O socialismo é uma alma penada que viveu no passado? O socialismo da sociedade burguesa do século 19, quando a burguesia já estava em luta contra o proletariado ascendente, tinha no seu interior a alma penada de Babeuf, que foi um socialista da época da Revolução Francesa. Na realidade, acho que ele era mais um igualitarista que se tornou conspirador durante o Diretório de 1794-1799. Babeuf se tornou o símbolo do socialismo posterior, foi considerado um dos precursores do socialismo proletário moderno. E apareceu como um demônio da sociedade burguesa.

Acho falsa essa comparação. Mais uma vez: o socialismo não era uma realidade na Revolução Francesa. O que havia era um resquício do feudalismo, Babeuf estava na linha de continuidade do milenarismo medieval de conteúdo igualitarista. Esse igualitarismo existiu por um período muito longo da história da humanidade, existiu no Irã, na China, e, portanto, na realidade, é uma característica de uma parte da sociedade que é excessivamente pobre e exterior à vida social da sociedade civilizada. Excessivamente excluída do acesso à riqueza. E que, diante de uma impotência definitiva de ter acesso a qualquer riqueza significativa, sonha com uma sociedade em que todos são iguais de maneira perfeita. Aliás, se manifesta entre a intelectualidade nas utopias onde todos são iguais. Na utopia de Thomas Morus[2] todos são iguais. Na utopia de Campanella[3] há algumas

---

2   Thomas Morus ou Thomas More (1478-1535), jurista, político e escritor, ocupou vários cargos públicos, incluindo o de Lorde Chanceler do rei Henrique VIII, entre 1529 e 1532, onde se distinguiu pela perseguição aos reformistas, que considerava hereges, com prisões, torturas e mortes em praça pública, fato que não ocorria na Inglaterra desde 1521. Sua oposição ao divórcio de Henrique VIII e Catarina de Aragão o levou a abandonar o cargo. Em 1534, recusou-se a fazer o juramento do Ato de Supremacia, que estabelecia ser o rei o chefe supremo da Igreja Anglicana. Preso e decapitado, foi canonizado em 1935 pela Igreja Católica. Sua grande obra, escrita em 1516, foi *Utopia* (WMF Martins Fontes, 2009, também disponível em <www.dominiopublico.gov.br>). Nela, descreve a ilha imaginária Utopia (utopus, que significa lugar nenhum em grego), onde prospera uma sociedade ideal, republicana, sem propriedade privada, com uma jornada de trabalho de seis horas, com duas horas de descanso, para todos os cidadãos e onde o Estado é o regulador da distribuição dos bens e serviços produzidos pela sociedade. O título da obra foi incorporado ao vocabulário universal e corresponde ao sonho generoso de renovação social.

3   Giovani Domenico Campanella (1568-1639), teólogo dominicano e filósofo italiano. Autor de vasta obra em que buscava conciliar os dogmas cristãos com as novas concepções científicas, foi preso pela Inquisição mais de uma vez. Em 1597, apoiou uma rebelião contra o domínio espanhol na Calábria e foi condenado por conspiração e heresia, passando 27 anos na prisão (de 1599 a 1626). Solto, voltou a sofrer perseguições e fugiu em 1634 para a França. Sua obra mais popular, de 1602, é *Cidade do Sol* (Editora Vozes, 2014, também disponível em <www.dominiopublico.gov.br>). Nela, desenha uma sociedade na qual a ordem

hierarquias sociais, mas na de Morus não existe mais que um conselho de anciãos que têm condição social igual à dos demais membros da utopia que ele imaginou. Ele se justificava assim: se todos, todos sem exceção, trabalhassem seis horas por dia, não se precisaria trabalhar mais. Então em 1516, quando Morus escreveu *Utopia*, se imaginou uma jornada de seis horas. Ele afirmava isso em relação à sociedade inglesa de sua época, época dos Tudors, e com aquele desenvolvimento das forças produtivas. Se todos trabalhassem seis horas por dia, ninguém precisaria trabalhar mais e haveria possibilidade de ócio para todos. Essa ideia foi parcialmente realizada pela burguesia só no século 20. A jornada de oito horas foi uma conquista social do século 20, na sociedade burguesa.

Na Revolução Francesa, a fraternidade tinha esse conteúdo, todos com acesso àquilo que era considerado o bem-estar, o lazer, o conforto. Por que não todos? Pela primeira vez os pobres eram vistos como um escândalo. Por exemplo, o livro *As Metamorfoses da Questão Social*, de Castel,[4] conta que no período da Convenção uma velha pobre passou a receber ajuda do Estado e lhe foi entregue a primeira prestação dessa ajuda em público, explicando a ela que não estava recebendo uma esmola, mas sendo contemplada com o direito de ser assistida pelo fato de não poder se sustentar por alguma situação considerada válida pela sociedade. Então o escândalo: existiam pessoas pobres que não eram assistidas, não tinham onde morar, que passavam fome, como é que podia? Não se podia admitir mais. Era uma expressão desse sentimento de confraternização, espontâneo na revolução, mas não estava presente em nenhuma

---

e a hierarquia, inspiradas na astrologia, servem para a harmonia e o êxito na produção coletiva, assegurando a redução do esforço físico na organização da sobrevivência. A produção e a distribuição dos bens são geridas pelas autoridades e a jornada de trabalho deve ser de quatro horas diárias.

[4] Robert Castel (1933-2013), sociólogo francês e pesquisador da Escola de Altos Estudos em Ciências Sociais. Autor, entre outras obras, de *A Insegurança Social* (Vozes, 2005), *A Discriminação Negativa – Cidadãos ou Autóctones?* (Editora Vozes, 2008), em que discute a situação dos imigrantes na França, e *As Metamorfoses da Questão Social – uma Crônica do Salário* (Vozes, 2008), na qual introduz o conceito de "desfiliação social" no lugar de "exclusão", por considerar que este último termo não é mais capaz de explicar as diversas faces da insegurança dos assalariados e sua passagem de uma condição social integrada para a mais extrema vulnerabilidade, bem como as formas de organização de desempregados e trabalhadores precarizados.

reivindicação ou lei concreta. Esse episódio narrado por Robert Castel foi um momento da Convenção, apareceu e não se viu mais. É isso.

É certo dizer que a burguesia naquele momento não tinha clara a ideia do capitalismo? Que negava a sociedade feudal, mas ainda não era capaz de colocar o capitalismo como programa?

Sim, é certo. A burguesia, no momento em que se alçou contra o modo de produção feudal ocidental, só tinha um programa, que era a instalação da forma de propriedade burguesa, a forma de apropriação do solo e a generalização da forma de propriedade mercantil em termos de *laissez faire, laissez passer*, que na propriedade mobiliária – a propriedade de mercadorias – já existia. Estava em vigor a forma de apropriação burguesa, mas não existia o liberalismo, a forma liberal de uso da propriedade mobiliária. Na terra existia a forma de apropriação burguesa e a propriedade burguesa, que era o programa concreto da burguesia, mas isso não implicava ter na cabeça o modo de produção capitalista. As ideias que a burguesia fazia do modo de produção que sairia da revolução eram muito misturadas com resquícios da sociedade feudal, de direitos feudais.

Vimos que na terra a burguesia achava natural manter servos que deviam obrigações de serviços; ainda que aceitasse o assalariamento no campo, achava que, como os servos eram úteis, não havia obstáculos para que eles fossem mantidos. Isso significava uma atenuação da própria forma de propriedade burguesa, mostrando que a burguesia não tinha muito claro como seria o modo de produção posterior. Nas colônias, a burguesia francesa ainda era a favor da manutenção da escravatura. Por quê? Porque ela auferia grandes rendimentos nas colônias e não tinha em mente nenhuma solução sem a mão de obra escrava. Ela não imaginava levar proletários franceses para ser mão de obra no Haiti. Os trabalhadores pós-revolucionários, mesmo não tendo acesso à igualdade plena, não quereriam ir para o Haiti trabalhar nas plantações de cana, pimenta e assim por diante. A burguesia não tinha solução para o problema e não via inconveniente em manter um modo de produção dual, em alguns lugares, com as relações de assalariamento. Ela não tinha uma visão de conjunto do sistema.

Pode-se dizer, portanto, que o capitalismo é um modo de produção que nasceu do desenvolvimento das relações sociais. Na medida em que foi derrubado o feudalismo, as classes sociais entraram em movimento de uma nova forma e foram constituindo as relações de produção capitalistas de maneira cada vez mais completa. Sem que ninguém planejasse. Acho que é muito importante ter conhecimento disso, para não falar bobagem demais quando se fala de socialismo.

Supõe-se que socialismo só é possível se houver previamente um projeto socialista. Marx não tinha um projeto socialista e não achava necessário ter. Ele teria que se dedicar a elaborar e não quis se confundir com os socialistas utópicos, perdendo tempo em elaborar um projeto socialista. Mudando as relações de força e os trabalhadores estando no comando da produção, as relações sociais iriam se transformar num sentido que não era necessário prever com exatidão, aliás, não pode ser previsto com exatidão, assim como a burguesia não previu com exatidão todas as decorrências da instalação de seu poder e seu sistema de produção. O proletariado que se libera da exploração não tem necessidade de prever nos mínimos detalhes como será a sociedade em que essa exploração não exista mais. E ele, trabalhador, expropriados os meios de produção da burguesia, passa a assumir o comando dos usos dos meios de produção. É importante ter isso na cabeça para não sair falando bobagem e fazer planos mirabolantes, isso atrapalha a luta revolucionária. Incentiva e cria o sectarismo. É isso.

A CRISE DA BURGUESIA REPUBLICANA

Qual a diferença de falar em aspirações modernas de ordem geral da sociedade e do programa da modernidade?

Isso merece um comentário rápido só pelo sentido do termo modernidade. Modernidade é um termo vago, que começou a ser utilizado na época da Revolução Francesa e era entendido como o tempo que se abria com essa revolução. Ou seja, o tempo da sociedade burguesa. Então, nesse sentido, a modernidade começou nessa época e continua até hoje.

No sentido mais atual, modernidade tem apenas o sentido de mudança, de aspiração a mudanças que podem ser muito variadas, conforme o momento histórico. Mas o importante aqui é o seguinte: não existem aspirações modernas de ordem geral da sociedade, digamos assim, a aspiração por mudanças não é natural. A aspiração por mudanças implica o interesse ferido, a vontade de impor algum interesse novo, mudança não é uma necessidade. Pelo contrário, a necessidade é a estabilidade. Quem está bem não quer mudar, então aspirações modernas de ordem geral seriam aspirações por mudanças. Mas isso, na realidade, são expressões de conflitos. Agora, a aspiração moderna da época da Revolução Francesa era pela derrubada do feudalismo, aliás Hegel indicava isso e tinha esse sentido mesmo: aspiração de uma nova sociedade livre dos entraves das relações feudais.

O termo modernidade era usado de maneira um pouco imprecisa pelos filósofos da época, pelos escritores, mas não é tão impreciso assim. Refere-se a acontecimentos concretos e aos resultados desses acontecimentos, que seriam a liberação da sociedade europeia das relações feudais. Posteriormente ele se manteve, mas a cada vez representando aspirações mais particulares e de momento. E aí revelou conflitos de momento. Conflitos determinados e não uma vontade natural por mudanças, que é inexistente na espécie humana ou em qualquer espécie que se possa imaginar. Nenhuma pessoa ou espécie zoológica quer mudar se estiver vivendo em boas condições. Esse é o comentário, não sei se esclareceu, mas é isso que eu tenho a dizer. Acho importante para clarificar certos usos do termo modernidade que são um pouco confusos.

Alguma variante próxima do princípio marxista de igualdade "de cada qual segundo sua capacidade, a cada qual segundo sua necessidade" esteve presente em algum momento da Revolução Francesa, como, por exemplo, na Constituição promulgada em 1793?

Aqui o princípio de igualdade é um princípio de direitos humanos. Todas as pessoas têm direito de participar da vida social, portanto, de alguma atividade vital, em termos bem gerais. E se integrar na sociedade através dessa atividade vital produtiva, e têm direito, seja lá qual for a atividade que exerçam, a viver confortavelmente ou viver dentro do conforto possível que seja compatível com a capacidade de produção da sociedade. Na verdade é um princípio não só de igualdade, mas de direitos humanos, de ser um indivíduo pleno na sociedade e de viver em condições razoáveis de vida.

Evidentemente isso era uma coisa completamente ausente das aspirações da burguesia, o que havia era uma coisa vaga chamada fraternidade, como já se viu. Quer dizer, não se podia permitir que um miserável passasse fome pelo simples fato de não ter uma renda, então se tratava de socorrer as pessoas em situação de desgraça. Daí a obrigação de socorro e coisas assim, e não uma integração plena, enquanto direito humano de integração das atividades produtivas e nível de vida razoável, isso não era parte das reivindicações da Revolução Francesa, essas aspirações não estavam integradas nela.

A DIÁSPORA DAS IDEIAS REVOLUCIONÁRIAS PELA EUROPA

Como ocorreu o espraiamento da revolução para a Europa absolutista?

Esse é o lado descritivo da coisa. Na realidade, ocorreu de maneira informal e em parte clandestina, via o espalhamento das notícias, dos rumores do que se passava na França. Mas acho que o fundo desse processo de espraiamento das ideias da Revolução Francesa já estava no fato de estarem consolidadas as ideias do Iluminismo entre grande parte da intelectualidade europeia. Cito Kant, que era um homem do Iluminismo. Ele não foi um homem da Revolução Francesa, mas era um homem do Iluminismo e quando estourou a revolução, ele se posicionou de maneira muito clara a favor, sua simpatia era muito forte. Era um homem pacato, de um lugar que era na realidade periférico em relação ao desenvolvimento cultural da Europa. Era de Königsberg, na Prússia oriental. Ou seja, esse espraiamento se deu num terreno fértil, que havia sido plantado pelo Iluminismo; aliás, o próprio Voltaire tinha plantado essas ideias em Berlim, tinha gozado da simpatia da corte de Berlim e da corte austríaca, sem dúvida. A corte austríaca era mais conservadora, era católica, e se acumulava ali, além da reação anti-iluminista, uma reação católica, mas também lá se espraiou. Para não falar do norte da Itália, onde foi muito forte a influência da experiência da França. Foi dessa maneira.

Quais as principais consequências da diáspora das ideias revolucionárias?

Diáspora é uma dispersão. Significou o fortalecimento. Diga-se de passagem, esse fortalecimento veio do fato de que a Inglaterra já existia como modelo. A principal consequência foi fortalecer o modelo inglês como paradigma possível. Há uma questão ligada a isso, os monarcas absolutistas foram modernizadores autoritários, mesmo na Rússia, mas com seus aspectos particulares. Todos eles pretenderam ser grandes organizadores da sociedade, só que dentro de um padrão autoritário. O enciclopedismo, a propaganda de Voltaire, o deísmo e certas ideias filosóficas, aquele tipo de concepção de mundo que questionava o clero, a autoridade clerical – não a religião em si, mas a autoridade clerical, que era forte tanto do lado protestante como do católico –, isso era uma coisa presente e, com o desenrolar do absolutismo, esse movimento reformista de cunho autoritário incluía os monarcas, os monarcas pretendendo ser reformistas.

Havia um crescimento da simpatia pelo modelo inglês. O modelo inglês não excluía o rei em teoria, excluía na prática, porque o pensamento de Locke, que foi quem colocou em termos teóricos a ideia da Revolução Inglesa, não colocou a figura do rei como fundamental. O rei detinha o Poder Federativo e Locke o separava do Poder Executivo, o poder de fazer a guerra. Isso no século 18, em que havia sempre alguém em guerra com alguém. Guerra por hegemonia. Então os próprios monarcas viam a possibilidade de repassar para os ministros uma parte de seu poder, uma espécie de poder de última instância, a pretexto da manutenção do Poder Federativo. Aceitando as ideias de Locke, mas ampliando o Poder Federativo do rei. Isso era moeda corrente. Até o aparelho judiciário era a favor das reformas. É preciso levar isso em conta.

A disseminação das ideias da Revolução Francesa brotava da própria ideologia reformista das monarquias absolutistas. E se a gente pensar bem – aliás, é uma controvérsia com Perry Anderson –,[1] as reformas eram uma necessidade absoluta, porque as relações feudais não funcionavam mais materialmente. Em termos

---

1 Perry Anderson (1938-), historiador marxista britânico, professor da Universidade da Califórnia, e membro do comitê editorial da revista *New Left Review*, uma das principais publicações da esquerda de língua inglesa. É autor, entre outras obras, de *Considerações sobre o Marxismo Ocidental/ Nas Trilhas do Materialismo Histórico* e *Espectro: da Direita à Esquerda*

de funcionalidades administrativas, estavam mais atrapalhando do que ajudando. Os reis precisavam preservar as relações feudais, a autoridade da nobreza, mas queriam uma nobreza que não incomodasse, que fosse apenas um ornamento da monarquia. Isso fez com que Engels dissesse que o feudalismo tinha acabado na véspera. Um feudalismo no qual os senhores feudais são ornamento da corte, do monarca absolutista, é um feudalismo que não funciona.

O que funcionava era um capitalismo mercantil, com os bancos dominando a corte via os empréstimos que a subsidiavam e eram caríssimos. A corte vivia de empréstimos permanentes, sendo que os impostos eram cobrados por empresas mercantis. Em todos os reinos cobrar impostos era uma atividade empresarial. Cobrar impostos não era mais atribuição da nobreza, mas de uma empresa cobradora de impostos, de funcionários. Perry Anderson disse que Engels estava errado, porque as relações feudais estavam intactas, já que os camponeses ainda pagavam corveia. Mas as corveias eram estatais, e eram o que mais incomodava os camponeses, eles tinham que consertar estradas, pontes, era a corveia estatal. Era uma coisa diferente do feudalismo. Eles prestavam serviço para o Estado de graça. Não precisa de feudalismo para que isso ocorra, basta ter uma monarquia autoritária. Esse era o clima que vicejava. Um clima de capitalismo mercantil, predominante, onde as ideias da Revolução Inglesa se impunham como a forma de organização natural desse sistema que já tinha esgotado o sistema feudal, que era o sistema capitalista mercantil.

no Mundo das Ideias, publicadas pela Boitempo Editorial em 2004 e 2012, respectivamente, e *Linhagens do Estado Absolutista* (Editora Brasiliense, 2004).

O IMPACTO DA REVOLUÇÃO FRANCESA NA AMÉRICA

Como as aspirações de liberdade e de igualdade na Revolução Francesa ressoaram na América Latina?

A rigor, ressoaram indiretamente. Não havia um verdadeiro movimento significativo de características sociais nitidamente iluministas. Hoje estamos no dia de Tiradentes,[1] vamos comentar o que houve. Uma parte da elite colonial da região das minas de ouro pretendeu fazer uma reação à derrama que estava prometida. A arrecadação do tributo sobre o quinto, sobre o ouro, estava entregue novamente a uma empresa monopolista de arrecadação de impostos, que tinha de entregar ao rei uma quantia determinada em adiantamento. Funcionava como um banco, e era o ouro físico que estava em jogo, não tinha papel-moeda. O rei podia depreciar a moeda, mas a empresa não, ela tinha que entregar o ouro físico, o quinto previsto, não o quinto real. Também tinha a faculdade de representar o rei na derrama, então, além do tributo do quinto, vinha mais uma fração do que sobrava para completar o que a empresa entregara para o rei. E era voz corrente que as minas já estavam em declínio no século 18.

A derrama se tornava mais frequente justamente no alvoroço da Revolução Francesa. Os principais líderes eram advogados, intelectuais formados em Coimbra, menos Tiradentes, que era um alferes. Aquelas casas ricas da mineração do ouro resolveram protestar, o protesto seria uma reivindicação por liberdade,

---

1   Esta parte da entrevista com Vito Letizia foi realizada em 21 de abril de 2011.

uma imitação da Revolução Francesa muito restrita. Não havia um verdadeiro movimento independentista. Era mais um pedido de respeito aos direitos coloniais delas do que um movimento independentista. Não havia sinais de movimento independentista brasileiro naquela época. A Inconfidência Mineira foi menos que isso. Em Minas, escolheram um bode expiatório e resolveram o assunto. Um foi degredado para a África e o resto ficou em Minas mesmo. A repercussão se deu assim, nessa pequena elite, em função de acidentes, de abusos da administração metropolitana e isso numa colônia atrasada como o Brasil.

Os Estados Unidos também eram atrasados, sendo que não tinham nenhuma vontade de independência no início dos acontecimentos. Foi o fato de a Inglaterra ter adquirido hegemonia na Índia, que passou a ser exportadora de chá, que fez com que se criasse o imposto do chá nas colônias americanas e isso criou o antagonismo. No começo foi o imposto do chá. Aliás, havia uma reivindicação muito forte nos Estados Unidos de participação no Parlamento inglês. Ia até aí a reivindicação deles, não ia até a independência. Como essa participação foi negada, quando estourou o conflito em torno do imposto do chá, resolveram a questão em termos de colônia e aí a independência se colocou como tarefa inescapável. Aliás, eles não queriam ser chamados de americanos, eles chamavam os índios de americanos. Houve uma verdadeira celeuma para saber que nome eles se dariam, pois se consideravam ingleses. Depois, quando a tarefa da independência se tornou real, se deram o nome de Estados Unidos da América, se referindo ao continente americano. Eles não se consideravam americanos.

Ou seja, a repercussão da Revolução Francesa se deu de maneira indireta, via os conflitos que surgiram com as metrópoles, mas não porque tivessem uma reivindicação de independência e de abolição das relações sociais vigentes. Por exemplo, não eram a favor da escravatura, mas nem nos Estados Unidos houve um movimento pela abolição da escravatura. Não havia nenhuma reivindicação social que expressasse as aspirações da revolução, só no Haiti, mas o Haiti era exceção. O Haiti era a França.

Vamos considerar o Haiti como província francesa que repercute as ideias da capital. Aliás, o principal promotor do processo foi um enviado da França, que até comprou um conflito contra os nativos dominantes, os senhores de escravos nativos. Tem um livro do Robin Blackburn[2] que conta em detalhes o processo de independência das Américas. Um grande historiador da história da América. Um dos melhores livros que eu li, além daquele *Os Jacobinos Negros* daquele trinitino.[3] Eu recomendo.

Não havia um movimento social comparável ao da Revolução Francesa. Na América hispânica foi um vexame, fizeram um movimento contra a revolução, mas esse movimento bagunçou tanto a sociedade que acabou surgindo um movimento independentista. Assim, quem acabou fazendo a revolução foi Fernando VII, que era o maior reacionário de todos, era o cume da reação, mas se levantou contra Napoleão, que invadiu seu país. Se Napoleão não tivesse invadido e colocado seu irmão como monarca da Espanha, teria tudo passado em branco. Napoleão estava pouco ligando para a revolução nas Américas.

---

2   Robin Blackburn (1940-), historiador marxista britânico, professor de sociologia e estudos históricos da Universidade de Essex, foi editor da revista *New Left Review* entre 1981 e 1999. É autor de vários livros e ensaios sobre Marx e o socialismo, políticas sociais e a história da escravidão, incluindo *A Queda do Escravismo Colonial – 1776-1848* (Record, 2002) e *A Construção do Escravismo no Novo Mundo* (Record, 2003).

3   Cyril Lionel Robert James (1901-1989), historiador, jornalista, teórico marxista e pesquisador autodidata, nascido em Trinidad e Tobago. Mais conhecido como C.L.R. James, às vezes escrevia sob o pseudônimo de J.R. Johnson. Militante trotskista, participou de vários movimentos anticolonialistas e pan-africanos. Foi dirigente do Comitê Executivo da 4ª Internacional, com Mário Pedrosa, Max Schachtman e Nathan Gould, e com eles compartilhava uma posição contrária à defesa incondicional da União Soviética no caso de um ataque imperialista, como formulada por Trotsky. Sua história da revolução haitiana, *Os Jacobinos Negros* (Boitempo Editorial, 2000), escrita em 1938, é considerada essencial para o entendimento da diáspora africana na América.

A REPRESENTAÇÃO POLÍTICA

Poderíamos afirmar que a atual legitimidade da representação política – apesar de já fortemente deteriorada aos olhos do povo – se baseia num resíduo da antiga aspiração popular de ter um governo republicano nascido das transformações da sociedade europeia que impulsionaram a Revolução Francesa?

Você está trazendo o futuro para o presente, como diz o pessoal da finança, ao se referir ao que sobrou daquilo tudo no presente. Então, eu começo rejeitando preliminarmente a tese da pergunta.

Vamos ser sérios, ninguém se incomoda muito por ter uma república ou ter uma monarquia. As pessoas querem realizar aspirações e essas aspirações não são de ordem teórica, são de ordem prática. A massa, que é quem conta para as mudanças no processo histórico, não está pensando numa república perfeita. Claro, há correntes socialistas, igualitaristas, sempre houve. Mas o povo no seu conjunto, que trabalha dez horas por dia, que se ocupa de sobreviver, principalmente, e criar seus filhos corretamente, esse povo não está preocupado com uma república perfeita. Não quer sofrer abusos, não quer correr o risco de ser preso no meio da noite e jogado num calabouço, e quer ter acesso ao trabalho. Essas seguranças mínimas. O povo pensa nessas coisas. Tende a pensar no rei como uma coisa óbvia. Na família, tem o pai de família, que se responsabiliza por ela, e num país tem que ter um rei; na época da monarquia isso era mais ou menos natural. Essa não era a base da aspiração. Mesmo a intelectualidade não se arriscava a colocar desse jeito. A tese de Sieyès era que o Terceiro Estado não era nada e tinha que ser tudo. Ele constatava as classes sociais. Ele não dizia: a França precisa de uma república. Isso veio depois, porque não deu para sustentar a monarquia. A ideia da monarquia implicava uma nação inviável. Manter Luís XVI significava manter a monarquia francesa paralisada. Bem, se é para inventar um rei, faz uma república. A gente elege, se é para inventar! Aí a república apareceu como uma ideia. Mas não é a ideia republicana, são as aspirações de realização da vida prática, de garantias de que a vida prática pode ser melhor e as pessoas podem ter acesso à propriedade. Isso é que é o fundo da coisa.

Bom, agora vamos falar da atualidade. A Revolução Francesa fracassou de certa maneira. A França não se livrou do absolutismo na época da revolução e quando se livrou foi de uma maneira distorcida, comandada pela burguesia. Essa maneira distorcida implicou o esvaziamento do conteúdo revolucionário da ideia de república. A república passou a ser a ideia de uma representação que inclusive contrariava as teses de Locke, pois ele não pensava numa representação profissional, mas sim numa representação muito curta, que não permitisse que os eleitos se profissionalizassem ou se reunissem constantemente. Os caras tinham que ter a vidinha deles de deputados, tinham que viver como deputados, não precisavam estar reunidos. Eles se reuniam apenas em função do interesse público e não para decidir nome de praça, dia do comércio, que é o que fazem hoje. Eles têm a obrigação de exercer a profissão de representante do povo. O simples fato de exercer uma profissão de representante do povo é uma contradição antagônica com a ideia da república, pois deixa de ser uma coisa pública e passa a ser uma coisa de especialistas.

A república é coisa de todo mundo, não de especialistas. República, não estou falando de democracia. Locke não pensava em democracia, mas em república. *Commonwealth*, ele utilizava o termo saxão. A república é *common*. Não pode ter profissional atravessado no meio, o eleito tem que ficar no máximo um ano e se ele aprovar uma lei, esta não entra em vigor enquanto ele estiver no mandato, pois não pode se beneficiar dela. Depois ele volta a ser

as origens das aspirações modernas de liberdade e igualdade

um particular, mas, enquanto está eleito, não se reúne a toda hora, se reúne quando o povo ou o monarca acha necessário. Ele fica em casa, trabalhando, cuidando dos seus negócios.

Na época supunha-se que fosse um burguês, cuidando da lojinha dele. Essa era a ideia. E é a ideia da república, a ideia básica. Só que a burguesia, já na Revolução Francesa, idealizou a república como sendo a república romana, que era um antagonismo de duas classes, uma sendo nação, outra sendo estrangeiros – patrícios e plebeus. Em Roma, até que estava certo. Como os estrangeiros carregavam nas costas a economia de Roma, tinham que ter uma representação e criaram o consulado, o tribuno da plebe, que terminou sendo uma autoridade maior que a dos patrícios. Mas ali estava claro: duas forças antagônicas, uma estrangeira e outra nacional, que tinham que se conciliar para que Roma funcionasse.

Não era o caso das nações europeias na época da Revolução Francesa. Aqui era o povo, se o povo é todo mundo; tanto é assim que a Constituição de 1791 não foi aceita de bom grado pelo povo. Havia o voto censitário, o cidadão ativo e o cidadão passivo, era diferente de ser um estrangeiro e outro nacional. Assim, o principal argumento até tem certa lógica, dizer que quem não paga imposto não tem o direito de mandar no país. Não é uma lógica boa, mas é uma lógica. Mas a ideia dos políticos serem profissionais é antagônica à ideia de república. À ideia original, não dos burgueses, mas de Locke. Voltando à pergunta, essa não era a aspiração, mas na medida em que se tornou uma necessidade, já que o absolutismo parou de funcionar no século 19, foi posta em prática esvaziada do seu conteúdo; criaram o político profissional, a forma da burguesia reacionária, da burguesia que já não pretendia nada além, uma vez instalado o capitalismo. Marx dizia que ela era reacionária porque o capitalismo ainda tinha tarefas a cumprir em termos de desenvolvimento. Ainda existia uma nobreza dual, que essa burguesia estava eliminando, etc. Em suma, havia tarefas nacionais democráticas a serem realizadas. Do ponto de vista do regime político, a burguesia tinha atingido seu ponto máximo e dali não evoluiria mais, até hoje. O que ficou não é um resíduo, mas uma deformação criada posteriormente, criada pela insustentabilidade daquilo que foi imposto com a derrota napoleônica.

Na introdução ao texto de Marx *As Lutas de Classes na França*,[1] Engels escreveu: "Quando a revolução de fevereiro de 1848 rebentou, todos nós, no respeitante às nossas representações das condições e do curso dos movimentos revolucionários, nos encontrávamos sob o fascínio da experiência histórica anterior, nomeadamente a da França." Como podemos caracterizar esse fascínio? Quais foram as recordações de 1789 e 1830 que influenciaram a luta de classes na França de 1848 a 1850?

Aqui, na realidade, está especificado o processo da França. Engels se referia ao fato de que não havia uma clara alternativa proletária. Reivindicava-se a república social. Um termo extremamente vago. O que é uma república social? Não está especificado que são os trabalhadores no poder. Implica provavelmente os trabalhadores participando do poder, mas não a ditadura do proletariado e todas aquelas teorias que vieram depois. O que era visto com clareza era a realização radical das aspirações da Revolução Francesa. Aquilo que foi conquistado em 1792 e que apareceu como texto na Constituição de 1793. Era isso. Pode-se até dizer, indo um pouco mais além de Engels, que a república social atrapalhou, porque enfraqueceu a luta pela realização radical das ideias da Revolução Francesa.

Acho que deixou de haver essa luta por parte dos trabalhadores e de suas lideranças. Por exemplo, se pensarmos em Blanqui,[2] que queria uma república

---

1   O livro *As Lutas de Classes na França de 1848 a 1850* (Boitempo Editorial, 2012), publicado pela primeira vez por Marx em 1850, reúne uma série de artigos elaborados para a *Nova Gazeta Renana* com o título "1848-1849". Em 1895, Engels produziu uma nova edição, à qual deu o título atual.

2   Louis Auguste Blanqui (1805-1881) revolucionário francês, fundador do blanquismo, corrente que defendia a ação revolucionária violenta a partir de um grupo pequeno, decidido e bem organizado, capaz de tomar o poder e mantê-lo, numa etapa de ditadura temporária até a consolidação de uma sociedade igualitária. Blanqui teve forte participação na Revolução de 1830. Após uma tentativa fracassada de tomar a Prefeitura de Paris em 1839, foi preso e condenado à morte, pena que foi comutada para prisão perpétua, e acabou perdoado em 1847. No ano seguinte, foi um dos líderes da revolução, o que lhe custou mais dez anos de prisão. Preso de novo em 1861, fugiu do país e só regressou em 1870, graças a uma anistia geral. Participou do motim de 31 de outubro de 1870, e por essa ação foi preso em março do ano seguinte, às vésperas da Comuna de Paris. Ele só foi libertado em 1879, passando ao todo 36 anos em prisões, onde escreveu boa parte de sua obra, incluindo os livros *Instructions pour une Prise d'Armes* (Instruções para pegar em armas), de 1866, e *L'Éternité par les Astres*

social governada por uma ditadura de fato, por um conselho revolucionário de comitê central de trabalhadores do partido. Essa república social ia realizar reformas que interessariam aos trabalhadores do ponto de vista do comitê central do movimento blanquista. Isso ficava em primeiro plano e em segundo plano as realizações da Revolução Francesa. Só que, como nem Marx nem Engels eram idealistas, eles se deixavam guiar pelo movimento popular mais profundo, não podiam escapar de aderir ao movimento geral, que apontava para a realização radical da Revolução Francesa. Eles queriam acabar com o rei, criar a república. Qual república? O modelo era a Constituição de 1793. Só que isso estava misturado com a reivindicação da república social, que implicava talvez outra coisa e não aquilo que estava escrito na Constituição de 1793.

Pode-se dizer que, se fosse realizada a república radical e aplicada a Constituição de 1793, a república social viria. Brotaria como um movimento de avanço em relação às ideias de 1793, que davam voz ao povo de uma maneira absolutamente abrangente. Qualquer grupo de 200 pessoas constituía uma assembleia soberana que decidia sobre as leis do país e elegia os deputados ou revogava seus mandatos. Os deputados não tinham delegação do poder, o poder ficava nas assembleias de base. Os deputados podiam propor as leis, mas as assembleias decidiam se elas seriam aprovadas e podiam sugerir outras leis. Então, poderia brotar a república social, a partir do desenvolvimento de uma república radical, em função do crescimento da indústria, do peso dos trabalhadores na sociedade e assim por diante. A ideia da revolução social fez caminho e não fez por acaso, mas porque a indústria estava se desenvolvendo, já existia o proletariado. A ideia da república social se fez misturada com ideias igualitaristas, babovistas, uma coisa meio caótica. Engels se referiu a isso, a essa república fortemente tingida pelas ideias da Revolução Francesa. Por um lado havia as ideias sociais da Revolução Francesa e por outro as ideias novas que acompanhavam a formação da classe trabalhadora, industrial, que se expressava através de uma reivindicação vaga de república social. Agora, acho que tem que separar esta ideia do fascínio da experiência histórica anterior; a experiência

(A eternidade pelos astros), de 1872, que durante muito tempo foram publicados juntos. Considerada sua principal obra, *Crítica Social* reúne seus ensaios sobre socialismo e economia e foi publicada postumamente, em 1885.

anterior estava atravessada na garganta de todo mundo, a Revolução Francesa ficou incompleta, o absolutismo se reinstalou, havia a Santa Aliança contrarrevolucionária dominando a Europa. Em suma, o feudalismo proclamado como a forma natural de organização da sociedade e toda uma série de manifestações do Antigo Regime ainda presentes.

Michelet[3] perguntava: por que não nos unimos para reviver a Revolução Francesa? Então não era bem o fascínio, a situação estava atravessada na garganta do povo, que achava absurda a arrogância da monarquia. Pensemos num Carlos X, ele era um absolutista francês, convicto de que era o monarca encarnado de Deus. Luís XVI não era tanto, ele que foi derrubado pela revolução. Luís XVI se moderou, foi muito cordial com a burguesia, já Carlos X achava que não tinha que dar satisfação a ninguém. Mandou Rossini compor uma missa para sua sagração, como faziam os reis medievais, mandou restaurar todo o antigo ritual, recriou o pariato,[4] promoveu o retorno da autoridade da classe feudal francesa. Uma nobreza séria e não a nobreza de fancaria de Luís XVI, que

---

3   O francês Jules Michelet (1798-1874) foi o primeiro historiador a desenvolver seus estudos com base na avaliação de que não são as grandes personalidades e sim as massas os principais agentes das mudanças sociais e políticas. Diretor do setor de História dos Arquivos Nacionais e professor no Collège de France, nos anos 1830, foi perseguido por Napoleão III por defender ideias republicanas liberais, perdeu seus cargos e chegou a ser preso em 1851. Entre 1847 e 1853 escreveu *História da Revolução Francesa – da Queda da Bastilha à Festa da Federação* (Companhia das Letras, 1989), assunto que o entusiasmava. Sua obra de maior peso é a monumental *História da França*, cujos 19 volumes escreveu entre 1833 e 1867. Os 12 primeiros (até 1461) estão disponíveis em formato digital na loja da Amazon Books.

4   Tradição francesa que remonta ao período de Carlos Magno e se refere aos 12 cavaleiros que formavam sua guarda de elite. O pariato foi estabelecido de fato por volta do ano 1180 e compreendia um seleto grupo de grandes senhores feudais que eram vassalos diretos do rei e tinham privilégios especiais, como o de só serem julgados por uma corte de pares, participarem das cerimônias de coroação e poderem sentar-se na presença do rei. A partir do século 13, tornou-se um título outorgado pelos reis para distinguir os nobres mais importantes ou que tivessem prestado serviços excepcionais, colocando-os no topo da hierarquia da nobreza. Em 1789 havia 43 pares, para uma estimativa de pelo menos 140 mil nobres no reino. A Revolução Francesa aboliu toda a nobreza. Com a restauração dos Bourbons, os nobres recuperaram seus títulos e o pariato foi reintroduzido, com a criação de uma Câmara dos Pares que tinha funções constitucionais parecidas às do sistema inglês, aumentando ainda mais o poder dos pares com relação aos demais nobres. A Revolução de 1848 dissolveu a Câmara dos Pares e extinguiu a nobreza.

não tinha autoridade. Em suma, todas essas coisas se atravessavam na garganta do povo e da burguesia. Principalmente nas cidades, com toda aquela classe de pequenos burgueses, e os trabalhadores eram a ala radical dessa inconformidade. Tinham deixado de imitar a Revolução Inglesa, aquilo era passado, agora era assim. Um Carlos VII do século 19.

Balzac[5] descreveu uma duquesa, descreveu seus movimentos, era uma pessoa diferente, uma pessoa com uma dignidade absolutamente única, teve uma educação primorosa, tinha gestos educados, se movia de uma maneira que impressionava. A pessoa se sentia diante de alguém com uma educação primorosa, que se destacava. Você teria que voltar à infância e ser educado para ser aquilo, você não conseguiria. Você tinha que ser daquela casa. Balzac fazia o leitor sentir, essa era sua genialidade. É o que estava ali. Diferente da Inglaterra, lá o refinamento estava na burguesia, a nobreza era de uma grosseria sem tamanho, ela debochava, arrotava alto, eram nobres e a plebe que se danasse. Eram grosseiros, os historiadores ingleses notaram isso. O refinamento, que todos dizem que era aristocrático, era burguês. A culinária inglesa é aquela ruína absurda porque não teve uma nobreza que se ocupasse de culinária. Eles comiam a perna de porco assada na brasa com a mão, como se fazia na Idade Média, achavam que eram nobres e podiam fazer aquilo e os cachorros comiam os ossos debaixo da mesa. A burguesia não. A burguesia tinha um status inferior em relação aos nobres, mas cultivava os bons costumes, os bons vinhos, os bons licores, os vinhos do Porto portugueses, o Bordeaux francês. Era a burguesia que apreciava. Os dândis eram burgueses, eles ditavam a moda masculina. Era a burguesia e na França não, na França a aristocracia foi restaurada e Balzac descreveu seus requintes, coisas que deixavam o povo humilhado, que dizia: nós nunca vamos ser aquilo. Só que o povo que tinha feito a revolução dizia: de novo!

---

5   Honoré de Balzac (1799-1850), escritor francês considerado o fundador do realismo na literatura moderna. *A Comédia Humana* é o título geral que dá unidade à sua vasta obra, composta por 95 romances, novelas e histórias que retratam todos os níveis da sociedade francesa da época imediatamente posterior à queda de Napoleão. *A Comédia Humana* foi editada de forma completa pela Globo Livros entre 1980 e 1990, em 17 volumes.

AS CELEBRAÇÕES DOS CENTENÁRIOS DA REVOLUÇÃO FRANCESA

Quais foram os principais resultados das discussões ocorridas no final da década de 1980 referentes aos 200 anos da Revolução Francesa? Ou como o mundo de 1989 interrogou a França de 1789?

Uma pergunta um pouco parasitária. Na realidade é uma pergunta que comenta outras perguntas. Caberia apenas dizer que os 200 anos calharam num momento de reação e fazer uma comparação com o aniversário de 100 anos. Os dois foram atravessados por coincidências que ocorreram em suas vésperas, fatos relevantes que deram o cunho às comemorações.

No primeiro centenário houve a queda do general Boulanger[1] na França. Entre 1871 e 1889, depois da derrota da Comuna de Paris, se instaurou um regime de reação que superou em muito a do resto da Europa, o caráter reacionário das monarquias do resto da Europa. Mas em 1889 caiu o general que tentou implantar uma ditadura. Boulanger fugiu da França, foi espetacular o acontecimento. E aí caiu, des-

---

1   Georges Ernest Jean-Marie Boulanger (1837-1891), general e político francês, ministro da Guerra entre 1886 e 1887, quando acelerou a modernização do exército com base numa orientação nacionalista agressiva contra a Alemanha, ganhando grande popularidade, em especial nos distritos de trabalhadores de Paris. Em maio de 1887 perdeu o posto de ministro, o que o levou a declarar-se em luta contra a 3ª República. Formou uma coalizão política heterogênea, personalista e nacionalista e, em janeiro de 1889, obteve vitória retumbante nas eleições a deputado em Paris. Seus seguidores queriam que desse um golpe e tomasse o poder. O governo, temendo justamente isso, iniciou um processo contra Boulanger e seu grupo, sob a acusação de atentarem contra a república. Ante a situação, ele fugiu para a Bélgica em abril e seu movimento, privado de liderança, ruiu. Boulanger se suicidou dois anos depois, ainda no exílio.

moronou o regime reacionário. Aquela calmaria que estava instalada no poder, justamente no momento em que se ia comemorar a Revolução Francesa. Se Boulanger tivesse imposto sua ditadura, o centenário teria passado em branco, nem teria sido lembrado. Ou teria sido execrado, uma das duas coisas. Mas como caiu, foi a explosão. A explosão popular, intelectuais de esquerda voltando às barricadas, exigindo o retorno dos exilados, que tinham sido enviados para a Guiana, a Caledônia... As velhas lideranças da comuna retornando, aí se fez uma comemoração.

Em 1989, aconteceu o contrário: a revolta dos mineiros na Inglaterra e a guinada à direita do governo François Mitterrand. Criou-se um clima de liquidação do Estado de bem-estar social. Evidentemente que a Revolução Francesa foi fracionada. Os principais questionadores diziam que ela foi inútil, que poderia não ter acontecido, que as leis de mercado se imporiam gradativamente e trariam consigo a liberdade. Uma ideia muito recorrente e que teimosamente se mantém na cabeça da burguesia. Acham que o mercado liberta ao deixar as pessoas escolherem o que vão comprar, o essencial está garantido e a democracia vem embutida. O resto vem um pouco junto, porque se alguém o prejudica, você pode fazer um boicote aos seus produtos, pode eleger um deputado profissional que repercuta isso, e até por razões econômicas ele também pode sair prejudicado. Assim, um jornal, que é dominado por grandes monopólios, pelo risco de deixar de ser lido, é obrigado a respeitar a opinião pública. A democracia vem embutida e é uma ideia forte que dominou na época. As direções dos movimentos sociais se eclipsaram e a Revolução Francesa foi a revolução inútil do século 18, foi comemorada assim. Foram os fatos históricos concomitantes, coincidentes.

Agora vocês imaginem a Margaret Thatcher comemorando a Revolução Inglesa. Levou o Christopher Hill[2] a fazer um opúsculo protestando contra a comemoração que ela fez. Ele fez um livrinho dizendo que revolução mesmo foi a de 1640. 1688 foi um adereço da revolução de 1640. É um opúsculo, vale a pena todo mundo ler só para se instruir sobre a Revolução Inglesa.

---

2   John Edward Christopher Hill (1912-2003), historiador marxista britânico ligado aos historiadores Eric Hobsbawn e Edward Palmer Thompson e especializado em Revolução Inglesa. Entre suas obras estão *O Século das Revoluções – 1603-1714* (Editora Unesp, 2012), *O Eleito de Deus – Oliver Cromwell e a Revolução Inglesa* (Companhia das Letras, 1988), *O Mundo de Ponta-cabeça – Ideias Radicais durante a Revolução Inglesa de 1640* (Companhia das Letras, 1987) e *A Revolução Inglesa de 1640* (Editorial Presença, Lisboa, 1983).

Mesmo tendo ocorrido há mais de dois séculos, a Revolução Francesa continua dialogando conosco?

Não, dialogando não. Continua presente? É uma grande questão. Presente sim, dialogando não.

Ela continua presente porque a gente vive uma situação absolutamente absurda. A sociedade ocidental vive no reino do absurdo. Se discutirmos a nova questão do Oriente, dos movimentos democráticos que estão se desenvolvendo no mundo árabe, vamos perceber o absurdo que é do ponto de vista político. A sociedade ocidental está se tornando uma terra onde a Revolução Francesa está sendo negada de maneira radical, hoje em dia a ideia é de governança, não de república. A ideia que predomina é a de governança, isto é, a sociedade tem que ser administrada para ser viável do ponto de vista econômico. É a ideia dominante de maneira acachapante na Europa ocidental, França inclusa, movimento dos trabalhadores incluso, para não falar da Inglaterra.

Na comunidade europeia, Tony Blair era o principal opositor das leis sociais quando estava no poder. Os primeiros-ministros dos outros países se dispunham a discutir, Blair dizia: "Para que discutir, vou criar uma celeuma, as leis sociais não têm que se discutir e pronto." Essa era a ideia de Blair. Ele bloqueou a discussão. Cada país tem sua lei social, o que permite que destruam o Estado de bem-estar social. Os países que fizeram alguma revolução historicamente citável, França e Inglaterra, estão vendo isso. De repente é um diálogo, mas está havendo um retrocesso radical em relação à revolução que vai além daquilo que foi nos séculos anteriores, o Diretório depois da derrota dos jacobinos, a própria monarquia de Luís XVIII, a monarquia Guilhermina nos anos 1890, que era uma monarquia liberal e até com leis democráticas. Nada disso, imagine um monarca tomando iniciativas para estabelecer leis sociais e essas coisas!

Hoje em dia os monarcas consideram que foram concessões que não deviam ter sido feitas. Naquela coleção francesa da história universal[3] há volumes muito bons sobre a evolução dos sistemas sociais da Europa, que mostram como a burguesia reagia ao movimento social e como impunha suas ideias. As

---

3   Vito Letizia se refere à *Encyclopædia Universalis*, a maior enciclopédia em língua francesa, publicada pela editora de mesmo nome desde 1960, com a colaboração de mais de 7.200 autores. Desde 1999 pode ser acessada na internet, em <www.universalis.fr>.

ideias que aplica são as mais reacionárias e as chama de progressismo. Estão voltando ao pré-1848, é assim que estão funcionando as coisas.

Mas isso se coloca em que contexto? Num contexto em que a credibilidade das instituições políticas está no nível zero. Há uma corrente de intelectuais, estritamente francesa ao que parece, que trata dessas questões e recomendo a leitura do novo livro do Denis Collin, *La Longuer de la Chaine*. Tem que ler, ele diz que é uma cadeia e os caras dizem que é uma democracia. Escrevo sobre isso em meus textos, até quando falo de economia, estamos no reino do abuso. Não no reino liberal.

Temos o reino do abuso, não o reino liberal como eles dizem. As pessoas estão no liberalismo, seja liberal. Mas os caras estão deitando e rolando no dinheiro que a gente dá de presente para eles. Eles querem o capitalismo, mas então façam o capitalismo produzir, não façam que eu o sustente com o meu salário. É o que a burguesia está exigindo do povo. No capitalismo liberal, o acesso ao salário era facultado apenas aos trabalhadores, sem que nenhum banco metesse a mão. Hoje o banco mete a mão diretamente no seu salário e o governo tira uma parte deste com impostos para entregar aos banqueiros. O governo tem que distribuir para a sociedade, não para os banqueiros. Mexem diretamente no salário. Para que pagamos FGTS? Para ter segurança? Não, para sustentar as empresas privadas. Era para ser a segurança, não isso. Fundo de garantia dos trabalhadores, mas não tem verba, não tem dinheiro para os aposentados, para a saúde pública. Em todo caso, a situação é absurda porque, para a esquerda, a Revolução Francesa deixou de ser uma coisa com a qual se deva dialogar.

O socialismo é estranho à Revolução Francesa, as ideias socialistas se consolidaram depois de Lenin, daí vem o poder da Revolução Russa de 1917. Nada a ver com liberdade e todas aquelas aspirações, nada disso é o socialismo. Um governo que provou que é capaz de planejar a economia e distribuir riqueza, a gente fica como? A gente fica pelo socialismo. Continua estanque. Então a burguesia faz a festa, faz o que quer com a Revolução Francesa e não reivindicamos nada, não dialogamos. Nós, digamos assim, que somos socialistas. Eu, da minha parte, já não me chamo mais de socialista. Mas quem quiser... Nesse contexto, eu me recuso. Eu quero o socialismo, mas quero guardar as heranças das lutas da humanidade. O socialismo, como Marx acreditava, não rompe com o individualismo burguês. O individualismo é uma conquista, não temos que ter todo mundo numa fazenda coletiva, nós temos o direito de viver numa casa, sossegados. Então, a conquista que o progresso, que as forças produtivas desenvolvidas pelo capitalismo permitiram, deve ser preservado.

Enfim, o diálogo foi quebrado, mas existe essa presença.

INTERPRETAÇÕES DA REVOLUÇÃO FRANCESA

Como os liberais, como a esquerda e como os reacionários interpretaram e interpretam a Revolução Francesa?

A esquerda ignora, os liberais acham que o mercado organiza e os reacionários acham que foi uma calamidade, pois destruiu o respeito do povo pelas pessoas que deveriam merecer respeito, pessoas de qualidade, como dizem, pessoas educadas e refinadas deixaram de ser respeitadas com a Revolução Francesa. Criou-se uma inversão de valores, o grosseiro passou a ser apreciado. Os reacionários usam exemplos, como o que se vê na juventude de hoje, que acha legal falar errado, sabe, essas coisas. Opiniões muito restritas de grupos muito pequenos. O que se pode contar como significativa é a posição da burguesia e a posição dos que se dizem de esquerda. Uma ignora a revolução e a outra acha que o mercado resolve por si, e a democracia vem junto.

Como os liberais, os conservadores e a esquerda da época interpretaram a revolução e como os liberais, a esquerda e os conservadores de hoje a interpretam?

Aí tem diferença. Os liberais da época eram a corrente burguesa que saiu da Revolução Francesa, foi Saint-Simon,[1] e ele foi um revolucionário, o

---

1 Claude-Henri de Rouvroy (1760-1825), conde de Saint-Simon, filósofo, economista e revolucionário francês, foi um dos fundadores do socialismo moderno. Participou da Guerra

próprio o Marx caracterizava assim. Saint-Simon achava que a indústria era civilizadora e lhe dava um conteúdo progressista e certa missão. Ele organizou um movimento social, não escreveu apenas um livro para explicar o que estava acontecendo. Tinha o movimento social saintsimoniano, do qual fez parte uma fração da burguesia industrial, que era idealista. Achavam que trariam o progresso à sociedade, eles tinham que diminuir o sacrifício que se exigia do povo para fazer a economia funcionar. Houve um fabricante de porcelanas que pagava bons salários para seus trabalhadores, ele acabou com a miséria na região de sua fábrica. Mandrou[2] descreve a obra desse industrial, anterior a Owen,[3] que civilizou uma região miserável pagando

---

de Independência dos Estados Unidos e na volta à França renunciou ao título aristocrático e se posicionou pela abolição do feudalismo. Defendia a tese de que a sociedade deveria ser liderada pelo que definiu como classe industrial, que incluía todas as pessoas envolvidas no processo produtivo, em oposição àquelas que denominava de "parasitárias", pois viviam do trabalho de terceiros. Participou da Revolução Francesa e durante o período jacobino combateu a violência revolucionária, o que lhe custou um ano de prisão. Entre 1816 e1819 publicou, com a colaboração de Auguste Comte, o jornal *L'Industrie* (A Indústria), cujo lema era "tudo pela indústria, tudo para ela", pois considerava que a indústria era a única garantia de existência da sociedade. Sua principal obra é *Nouveau Christianisme* (Novo cristianismo), publicada em 1825, em que faz uma síntese de suas ideias, analisa o cristianismo em seus elementos essenciais e conclui pela necessidade de a sociedade se orientar no sentido de aprimorar a vida material e moral dos pobres.

2   Robert Mandrou (1921-1984), historiador francês, especializado em história francesa moderna e um dos iniciadores, com Georges Duby, do modelo de análise conhecido por história das mentalidades. Foi membro da escola dos Annales e secretário, entre 1954 e 1962, de sua revista, *Anais de História Econômica e Social*. Entre suas obras destacam-se *Histoire de la Civilisation Française* (História da civilização francesa), em dois volumes, escritos em parceria com Duby e publicados pela editora Armand Colin em 1958, *Magistrados e Feiticeiros na França do Século 17* (Editora Perspectiva, 1979), seus artigos sobre a história das mentalidades na *Encyclopaedia Universalis*, de 1970, e *Des Humanistes aux Hommes de Science* (Dos humanistas aos homens de ciência), publicado pela editora francesa Seuil em 1973 e do qual faz parte a história comentada por Vito Letizia.

3   Robert Owen (1771-1858), industrial galês, fundador do cooperativismo e um dos mais influentes defensores do socialismo utópico. Em 1800 tornou-se sócio de uma fábrica de fios em New Lanark, na Escócia, e, insatisfeito com as condições de trabalho e vida das pessoas, organizou uma comunidade na qual melhorou as moradias e criou um armazém onde se vendiam mercadorias a preços módicos. Em 1817, montou uma fiação numa comunidade operária, instituindo serviços comunitários de educação, saúde e assistência social e substituindo o dinheiro por vales correspondentes ao número de

bons salários, ajudando as pessoas a construir casas confortáveis, criando uma região de progresso. Claro, ele vendia caro sua porcelana pelo mundo afora. Teve lucro. Poderia ter metido todo o dinheiro no bolso, mas civilizou um lugar. O que ele era? Um saintsimoniano *avant la lettre*, pois fez isso antes de Saint-Simon escrever seu livro.

A Revolução Francesa se traduziu em alguns movimentos – para a burguesia liberal – que favoreceram o progresso real da humanidade. Owen também foi um chefe de fábrica. O próprio Stuart Mill[4] dizia que chegaria um ponto em que o crescimento econômico seria considerado o suficiente e teríamos que chegar a um processo de distribuição de riqueza.

A burguesia liberal tinha outra visão da Revolução Francesa. A de hoje é a barbárie. Ela quer voltar para trás daquilo que era reivindicado pela burguesia do século 19. Ela quer a selvageria total. Quer que todo mundo siga o modelo da China. O Japão está acompanhando, está substituindo os *dekasseguis* pelos chineses. Deve ter feito um acordo com a burocracia chinesa. Então hoje em dia é a barbárie total. E com relação à esquerda, a diferença é gritante de uma maneira absurda; naquela época, considerava a revolução socialista como uma

---

horas trabalhadas. Foi para os Estados Unidos em 1824 e fundou a comunidade de New Harmony nos mesmos moldes, mas não teve sucesso e perdeu parte de sua fortuna. De volta ao Reino Unido em 1829, organizou uma rede de cooperativas e impulsionou a organização sindical. Sua obra mais importante é *A New View of Society and Other Writings* (Uma nova visão da sociedade e outros escritos), disponível em <http://avalon.law.yale.edu/subject_menus/owenm.asp>.

4 John Stuart Mill (1806-1873), filósofo e economista inglês, um dos pensadores liberais mais influentes do século 19. Em 1848 publicou *Princípios de Economia Política* (Coleção Os Economistas, Editora Nova Cultural, 1996, 2 volumes), onde sintetizou as teses da economia clássica segundo as quais o risco de um desemprego maciço em uma economia competitiva é desprezível porque a oferta cria sua própria demanda, limitada pela quantidade de mão de obra e pelos recursos naturais disponíveis para produzir; não pode, portanto, haver nem superprodução nem desemprego – assim a cada aumento da produção aumentariam os salários e as demais receitas necessárias para a compra dessa quantidade adicional produzida. Tais teses foram objeto de análise crítica dos socialistas e em particular de Marx n'*O Capital*. Em 1859, Mill publicou *Sobre a Liberdade* (Editora Hedra, 2011, e Saraiva/Nova Fronteira, 2011) onde defendeu a tese de que o Estado deve evitar ao máximo interferir na vida das pessoas, e criticou o socialismo, por temer que este conduzisse à transformação do povo em meras "ovelhas industriais" e que a "mediocridade coletiva" fosse gradualmente estrangular a originalidade e os talentos individuais.

continuação da francesa e ia além. Era a ideia dominante, mas hoje em dia houve um corte.

Socialismo é uma coisa e Revolução Francesa é coisa da burguesia. Nisso Lenin é culpado, pois em vez de afirmar os direitos humanos, declarou o direito dos trabalhadores, os direitos coletivos. Bom, mas Lenin não chegou onde chegou a esquerda depois. Ele acreditava na revolução, acreditava nas liberdades, mas terminou, pela lógica, praticando um governo que eliminou as liberdades, mas não que fosse contra elas ideologicamente.

François Furet,[5] em sua guinada antimarxista, argumentou que pensar a Revolução Francesa como um enfrentamento de classes é um absurdo ilusório, uma percepção maniqueísta de militantes. Para ele, a revolução deveria ser pensada do ponto de vista político e cultural. Não a partir do antagonismo de classe, mas a partir da "contradição entre a legitimidade representativa das assembleias e a democracia direta das jornadas ou das manifestações de opinião". Esse ponto de vista, digamos assim, do imaginário social, dá conta do processo histórico desencadeado em 1789?

Evidentemente não. Diminui a Revolução Francesa. Mas eu não queria fazer uma refutação do Furet aqui, pois teria que fazer uma longa digressão. É interessante que ele rejeitou o antagonismo de classe e depois falou o óbvio, sobre a contradição das assembleias e a democracia das jornadas. Observe, ele opôs a rua à instituição. Uma coisa é eleger uma representação, outra coisa é sair para a rua. Essa é a ideia da burguesia, ter representantes que se ocupam dos interesses do povo, retrata a ideia política básica sobre democracia. Furet pensa nisso como democracia. Ele está expondo uma ideia básica. A gente apenas pode dizer que é isso.

---

5   François Furet (1927-1997), historiador francês, especializado na Revolução Francesa. Depois de deixar o Partido Comunista Francês, em 1956, passou a rejeitar as análises "clássicas" ou "marxistas" sobre a Revolução Francesa e tornou-se líder da escola "revisionista", que contesta o conteúdo de luta de classes da revolução e defende a tese de que, na perspectiva do século 20, ela foi totalitária. Entre suas obras, destacam-se *Pensando a Revolução Francesa* (Editora Paz e Terra, 1989), *Marx e a Revolução Francesa* (Editora Jorge Zahar, 1989), *Dicionário Crítico da Revolução Francesa* (Editora Nova Fronteira, 1989), em coautoria com Mona Ozouf, e *O Passado de uma Ilusão: Ensaio sobre o Ideário Comunista do Século 20* (Editora Siciliano, 1995).

Quem quiser defender que defenda, mas é a ideia básica, que pode ser usada de maneira extremamente reacionária. Quando o povo invadiu um apartamento vago há 13 anos em São Paulo, a polícia foi tirar o povo lá de dentro. Por que tem que ficar mais anos vazio? É uma explicação que precisaria ser dada pelos poderes públicos. Então o povo na rua não pode se mover enquanto um deputado não baixar uma lei dizendo que o prédio tem que ser entregue? Depois da 2ª Guerra Mundial, Londres, com o trabalhismo vivo, ressurgiu, tinha acabado a guerra, o nazismo derrotado, e houve aquela explosão de entusiasmo, achavam que o socialismo estava na ordem do dia desde 1917. Declarou-se que toda casa que estivesse vaga por mais de um ano poderia ser entregue a qualquer um, mas isso naquele momento, depois essa decisão perdeu o vigor. Então, Furet opõe a rua à instituição, o povo ao político profissional. Ideia básica da burguesia.

Como analisar os ataques às "interpretações clássicas" da Revolução Francesa?

A resposta é muito curta. Na realidade está no contexto do movimento anti-Marx. Não digo nem antimarxista. Movimento anti-Marx no fim do século 20. Nos anos 1990 tivemos a ideia de fim da história de Fukuyama.[6] Em suma, já não teríamos mais transformações. O contexto desse movimento se deu em rejeição às interpretações clássicas. Furet foi a figura dominante, porque teve apoio das instituições acadêmicas, americanas e francesas principalmente. Foi convidado a dar aulas nos Estados Unidos, foi considerado uma sumidade sobre a Revolução Francesa pela academia francesa. Os grandes professores têm autoridade, que lhes vem da universidade, não por terem cargos no governo. Na França é assim. Nos Estados Unidos há o fato de serem muito lidos, mas é a burguesia que os promove, e promove também via universidades. Então, Furet teve o prestígio que teve, rejeitando as ideias de Marx. Mas não vamos entrar nessa brincadeira.

---

6 Yoshiro Francis Fukuyama (1952-), cientista político estadunidense, ideólogo da administração Ronald Reagan (1981-1989) e um dos mais representativos nomes do moderno conservadorismo político e social. Tornou-se famoso com o livro *O Fim da História e o Último Homem* (Editora Rocco, 1992), em que argumenta que as democracias liberais e o livre mercado capitalista podem ser a etapa final da evolução sociocultural humana. Também escreveu *Confiança: as Virtudes Sociais e a Criação da Prosperidade* (1996), *A Grande Ruptura* (2000) e *O Dilema Americano* (2006), todos publicados pela Rocco.

PARTE II
A Social-Democracia europeia: as aspirações de liberdade e igualdade nas mãos da classe trabalhadora

A REVOLUÇÃO DE JULHO DE 1830 NA FRANÇA

Com a Revolução de Julho de 1830 na França, a monarquia restaurada dos Bourbons foi derrubada e substituída pela dinastia de Orléans. Temendo a radicalidade da pequena burguesia e do proletariado nascente, a burguesia instalou no poder Luís Filipe de Orléans.[1] Por ser considerado um "rei burguês", monarca constitucional e liberal, os liberais franceses viram na Revolução de Julho de 1830 o exato equivalente, na França, da Revolução Gloriosa de 1688 na Inglaterra. O desenvolvimento econômico inglês, aberto pela Revolução Gloriosa, era o horizonte de expectativa da burguesia francesa em 1830? Esse horizonte era já incompatível com as aspirações da pequena burguesia e do proletariado nascente?

Do ponto de vista da primeira revolução permanente, da Revolução Francesa de 1789, as duas se complementavam. Porque a passagem foi da monarquia absolutista para a monarquia constitucional. Não foi uma troca de dinastias e temos que levar isso em conta. Carlos X era um monarca absolutista.

---

1 Luís Filipe I (1773-1850) foi proclamado rei pela Assembleia Nacional da França em 1830, depois que a revolução derrubou Carlos X (1757-1836), que assumira o trono em 1824. Submeteu-se à Constituição, fortaleceu o Poder Legislativo, aboliu a censura e estabeleceu a laicidade do Estado, ainda que mantendo o caráter censitário do voto e de candidaturas para o Legislativo. Favoreceu, assim, os interesses políticos e econômicos da burguesia em oposição aos do proletariado. Com a eclosão da Revolução de 1848, foi forçado a abdicar e exilou-se na Inglaterra.

E Luís Filipe I era filho de Filipe Égalité,[2] que fez parte do movimento pela monarquia constitucional da Revolução Francesa. O filho foi, de certa maneira, visto como um continuador da monarquia constitucional. Monarquia constitucional era uma reivindicação muito forte na Europa, naquele momento, pois se reivindicavam Constituições aprovadas pelo povo. E houve algumas Constituições, como por exemplo, a do rei Alberto de Saboia, na Itália, que foi uma Constituição outorgada, como no caso de nosso imperador,[3] que era um constitucionalista. Havia um movimento que era muito forte e uma parte das forças populares estava inclinada a isso.

Não digo que não havia outras aspirações e não havia esperanças de outras coisas no futuro, mas, pelo menos de imediato, as forças populares eram pela democracia. Entretanto, estavam numa posição de dependência. Não havia uma organização, uma capacidade social, uma capacidade de auto-organização que permitisse que a pequena burguesia, apesar de ser numerosa, pudesse se colocar como candidata ao poder. O proletariado estava em condições ainda menos favoráveis como candidato ao poder. Não havia nenhum grande líder popular operário disponível. Havia os conspiradores, aqueles pequenos grupos proletaristas, mas sem uma grande figura de liderança popular.

Assim, aquela vasta pequena burguesia não tinha outra coisa a fazer a não ser se colocar à disposição de um monarca, mas um monarca dentro dos princípios e dos ideais da Revolução Francesa. E um dos ideais disponíveis era a monarquia constitucional, que era uma aspiração geral. Só seria possível recusá-la se houvesse uma grande liderança disponível, que capitalizasse

---

2 Luís Filipe José de Orléans (1747-1793), duque de Orléans, era primo do rei Luís XVI e pai de Luís Filipe I. Apoiou ativamente a Revolução Francesa, mudou seu nome para Filipe Égalité e votou a favor da execução de Luís XVI, mas acabou também por ser condenado à guilhotina.

3 D. Pedro I (1798-1834) foi o principal articulador da independência política do Brasil, tomando a iniciativa de convocar em junho de 1822 uma Assembleia Constituinte, na qual só teriam direito a voto os que possuíssem uma renda anual equivalente a 150 alqueires de farinha de mandioca. Dissolvida em 1823, por decisão de d. Pedro I, coube a seu conselho de Estado a tarefa de elaborar a Constituição, tomando por base o projeto em discussão na Constituinte. A Carta foi finalmente outorgada em 1824 e vigorou até a proclamação da república, em 1889. A Constituição de 1824 manteve o sistema escravista como fundamento da organização econômica e social do país.

a opinião pública e não permitisse que Luís Filipe chegasse ao poder. Mas não havia essa situação.

O que se pode dizer a respeito é que as duas coisas estão ligadas, pois a pergunta foi feita em termos de incompatibilidade de uma com a outra. Esse processo já era incompatível com as aspirações da pequena burguesia e do proletariado, em termos teóricos abstratos, pois as aspirações do proletariado não têm nada a ver com as da burguesia, ainda mais a burguesia financeira, que tomou o poder junto com Luís Filipe. Mas era uma burguesia que se dispunha a estabelecer um governo institucional e isso fazia parte dos ideais da Revolução Francesa. Era o ideal mais imediato, o primeiro, o menos radical, mas naquele momento as duas aspirações estavam combinadas, não tinha como dizer que eram incompatíveis. Naquele momento! Depois sim. A pergunta é vaga e não fala de incompatibilidade em termos abstratos. Em termos abstratos sim, são incompatíveis, mas naquele momento não, era algo concreto: ocuparam o Palácio das Tulherias e precisavam colocar alguém no lugar de Carlos X, que havia fugido.

Isso é o que havia. Então naquele momento era o óbvio, porque fazia parte e estava ligado às aspirações da Revolução Francesa. Luís Filipe era filho de Filipe Égalité e considerado seu herdeiro. Fazer o quê? Era o contrário da incompatibilidade, era o natural naquele momento. Marx esbravejou, dizendo que vacilaram, mas a política intempestiva do dia a dia funciona assim, não funciona na base dos princípios abstratos.

E com relação ao desenvolvimento econômico inglês aberto pela Revolução Gloriosa ser o horizonte de expectativa da burguesia francesa?

É óbvio que a Inglaterra era o paradigma desse momento econômico. Todo mundo queria entrar no desenvolvimento industrial iniciado pela Inglaterra. Tanto assim que há um livro de 1841 de List,[4] na Alemanha, que mostra que

---

4   Georg Friedrich List (1789-1846), economista alemão, defensor do papel do Estado como promotor da burguesia retardatária alemã. Sua principal obra, de 1841, é *Sistema Nacional de Economia Política* (Coleção Os Economistas, Editora Abril Cultural, 1983), cujas teses foram criticadas por Marx num manuscrito redigido em 1845, que só veio a público em

todo mundo queria entrar naquela história de fazer a industrialização do seu país. É óbvio, não precisa ser teórico marxista para entender.

1830 fez das barricadas um símbolo da insurreição popular. Elas foram invenção da classe trabalhadora nascente?

A rigor não. E posso ser contestado por algum historiador, mas acho que as barricadas foram mais uma invenção da pequena burguesia, da gigantesca pequena burguesia do comércio, das butiques de artesãos. Creio mais nisso. O proletariado ainda não tinha mostrado sua personalidade própria nos movimentos revolucionários. Quem tinha marcado a sua presença, de maneira clara, eram os que portavam as principais recordações da Revolução Francesa, e não eram os trabalhadores. Era a pequena burguesia. Mas é uma questão de arbitragem em termos de estudos históricos, não é muito importante decidir com precisão. O proletário teve um grande papel na radicalização da decisão com que assumiu as barricadas. Mas houve muito niilismo naquelas barricadas.

Os símbolos da barricada são os miseráveis de Victor Hugo, que descreve as barricadas naquele longo romance *Les Misérables*.[5] Foi o apogeu das barricadas. E até alguém conservador como Victor Hugo, mas simpático às massas populares, ficou tomado pelo heroísmo, pelo desprendimento daquele pessoal que foi arriscar a vida por um ideal. Há imagens célebres,[6] aquelas pinturas do século 19, retratando as barricadas. Um símbolo. Um símbolo criado mais pela intelectualidade que colou, ou seja, tinha um espírito de aceitação e uma legitimidade por parte de todas as classes sociais. O proletariado deu o caráter mais radical das

---

1971, e num discurso proferido em 1848. Estes dois textos foram publicados em *Crítica do Nacionalismo Econômico* (Editora Antígona, 2009).

5   *Les Misérables*, do francês Vitor Hugo (1802-1885), foi publicado em 1862. A última edição em português é da editora Cosac Naify (*Os Miseráveis*, 2009, edição digital em 2015).

6   Os movimentos revolucionários de 1830 na França e em outros países da Europa deram origem a uma ampla produção artística, fato que se repetiria em 1848. A imagem mais famosa da revolução em Paris é *A Liberdade Guiando o Povo*, de Eugène Delacroix (1798-1863), considerado o pai do romantismo francês. Mas há pinturas e litogravuras de praticamente todos os combates e momentos marcantes das barricadas, num trabalho quase jornalístico de artistas como, entre outros, Léon Cogniet, Egide Charles Gustave Wappers, Ernest Meissonier, Hippolyte Lecomte, Jean-Victor Schnetz e Franciszek Faliński.

barricadas, sem dúvida. Não que as tenha necessariamente inventado. Acho que não. Pode ser que algum historiador apresente detalhes do processo histórico que desconheço e prove que foi um grupo de proletários que montou a primeira barricada. Eu não fiz essa pesquisa.

Qual foi o papel desempenhado pelas sociedades secretas e conspirativas na Revolução de Julho de 1830?

Uno e forte. Isso era o que existia. O Movimento Babovista não foi o único. O Movimento Babovista foi um dos que, aliás, não chegou a fazer nada. A reação estava com tanto medo de seus integrantes que os prendeu e eles não estavam fazendo nada. E lhes atribuiu planos mirabolantes de assalto ao poder. Era meia dúzia de pessoas, sem a menor chance de pôr em risco a vida de alguém, a não ser a delas próprias, que, aliás, acabaram sendo sacrificadas. Mas nem houve uma vaga de repressão posterior à repressão aos babovistas. Algo insignificante, pois o proletariado nem foi atingido. Teve pouca importância, mas era uma das muitas associações que havia.

Na Itália, havia os carbonari e na França, além dos blanquistas, havia outras. Era a maneira como os trabalhadores se organizavam naquele momento, mas não era a massa dos trabalhadores. Eram correntes, em geral, com liderança de intelectuais, de pequenos burgueses. Até Saint-Simon, tinha a corrente saintsimoniana. Há um livro,[7] chato de ler, sobre o movimento saintsimoniano no século 19. O único livro que eu vi sobre isso. Tremendo calhamaço. Tem que ter uma santa paciência para ler porque fica contando a experiência individual da pessoa que se sacrificou e que tentou construir a corrente no bairro dela. Por exemplo, uma costureira que passa fome, mas que contribui para o movimento. E fica contando essas histórias, uma depois da outra. Não oferece uma visão panorâmica. É um relato bem esmiuçado. E considerando que o movimento saintsimoniano não foi assim tão importante, fazer um calhamaço dessa idade é um negócio meio exagerado.

De qualquer maneira, temos que dizer que não foi um movimento decisivo, sem dúvida teve seu papel, mas não chegou a ser preparador de um processo.

---

7   *A Noite dos Proletários: Arquivos do Sonho Operário* (Editora Antígona, 2012), do filósofo francês Jacques Ranciére (1940-).

Tinha algum caráter dirigente?

Eles não conseguiram constituir direções. Cada associação tinha o seu líder. Blanqui era o mais famoso. Contudo, sua fama vinha mais da importância que lhe era dada pela burguesia, perseguindo-o mais que aos outros, do que por contar com uma massa numerosa de trabalhadores. Como terminou sendo o mais famoso na época da Comuna de Paris, muitos anos depois os blanquistas viraram a liderança natural.

AS REVOLUÇÕES DE 1830 NA EUROPA

Por que o movimento revolucionário europeu se dividiu em movimentos nacionais? Por que seus grandes proponentes eram as classes educadas?

Não dá para falar em classe educada como sendo um grande proponente porque durante o século 19 a Revolução Francesa estava presente de uma maneira muito forte. Os movimentos europeus, pelo fato de a direção da Revolução Francesa ter sido derrotada, ficaram a cargo de suas próprias tarefas nacionais. A tarefa nacional fez parte da Revolução Francesa, porque a burguesia francesa rapidamente transformou a Revolução Francesa universal em uma revolução nacional. E Napoleão Bonaparte expressou isso construindo o império napoleônico.

Em termos de tese geral, deve-se dizer que a burguesia não vai além do nacional, mas o fato de que o conteúdo da Revolução Francesa está presente coloca para os trabalhadores a necessidade de impulsionar esse desenvolvimento. É um desenvolvimento burguês, mas é um desenvolvimento no qual o capitalismo desenvolve suas potencialidades, desenvolve suas forças produtivas. Aquilo que Marx definiu como uma necessidade histórica. O capitalismo não é bom, mas é inevitável, e sem capitalismo não haverá socialismo. É o processo em que o nacional vai crescendo como uma tarefa e se impondo a todo o mundo.

Em 1849, na Alemanha, houve a luta pela Constituição do Reich e os trabalhadores estavam envolvidos. Essa questão não estava presente em 1879,[1] estava presente em 1849, a partir da revolução de 1848,[2] a famosa Revolução de Março. É a forma de desenvolvimento da burguesia e, no século 19, essa forma estava em pleno desdobramento. E dos trabalhadores, na medida em que era uma necessidade histórica – porque Marx não disse: "Não, o que nós queremos é o socialismo." Marx não pensava assim. Ele pensava no processo necessário para a história, então as nações burguesas teriam que se desenvolver. Não podemos dizer: "Não. Para. Esse processo tem que ser um processo socialista universal." Isso é coisa de utopista. A necessidade histórica, pelo fato de a burguesia ter um papel a desenvolver, o capital ter uma necessidade de desenvolver suas potencialidades, desenvolver suas forças produtivas, era algo que fazia parte das forças históricas em expansão. E o proletariado se desenvolvia com isso. Não havia como se opor a isso.

O movimento revolucionário europeu se dividiu em movimentos nacionais porque a burguesia se desenvolvia necessariamente em escala nacional, tinha potencialidades a desenvolver e não ia além do movimento nacional.

A intelectualidade automaticamente adquiriu um papel. Não foi o proletariado, enquanto liderança sindical, que assumiu a direção de um processo desses. Quem é que poderia assumir a luta pela Constituição do Reich em 1849, na Alemanha? Só podia ser uma vasta intelectualidade pequeno-burguesa, burguesa, a juventude das universidades, todos aqueles movimentos universitários, movimentos neo-hegelianos. Eles davam uma forma, uma formulação.

---

[1] Vito Letizia indica que, enquanto na Alemanha em 1849 havia um processo revolucionário em curso, na Alemanha de 1879 os trabalhadores estavam alijados de todo o processo que levou ao tratado de defesa com a Áustria contra a Rússia – que, sucedido em 1894 pelo tratado de defesa mútua França-Rússia contra uma eventual agressão germano-austríaca e por outros firmados no período pelos Estados europeus, permitia antever um grave cenário de crises, cujo desenlace seria a 1ª Guerra Mundial.

[2] A revolução se iniciou em fevereiro de 1848 na França e se propagou por diversos Estados europeus, num processo que os historiadores denominam de A Primavera dos Povos, sendo que sua fase insurrecional ocorreu em maio, com a repressão liquidando o movimento francês em junho de 1848.

A onda revolucionária de 1830 foi a derrota definitiva da aristocracia pela grande burguesia na Europa ocidental?

Foi uma derrota, mas não foi definitiva, porque a burguesia depois teve um retrocesso, no qual se aliou à aristocracia. Mas esse retrocesso só veio a ocorrer depois da Revolução de Março. E, a bem da verdade, depois da campanha pela Constituição do Reich de 1849. Tivemos a Revolução de Março, quando foi varrido o feudalismo da Áustria, mas na Alemanha do Norte o processo ficou em suspenso. Tentou-se resolver esse impasse com a campanha pela Constituição do Reich de 1849, que terminou sendo derrotada em novembro do mesmo ano. E aí terminou o processo revolucionário de 1848, coincidindo com a derrota de Revolução Húngara, também em 1849.

Esses dois processos se encerraram em 1849 e a burguesia se aliou à aristocracia. Mas nesse meio tempo a burguesia acreditava, corretamente, que tinha recomeçado a Revolução Francesa. Por quê? A Revolução Francesa tinha tido a Constituição de 1791, que a burguesia achava ótima. Entendia que a revolução deveria ter parado ali, que tinha terminado com a Assembleia Legislativa, criada pela Constituição de 1791. A Assembleia Legislativa era o patamar máximo a ser alcançado para a burguesia. Mas temos a revolução permanente.[3] Quando aparece um processo verdadeiramente revolucionário, a história funciona como revolução permanente. Então, a revolução permanente levou à Comuna de Paris em 1792, que levou à Constituição de 1793. Os ideólogos burgueses

---

3   Em março de 1850, em *Mensagem do Comitê Central à Liga dos Comunistas*, Marx e Engels constatavam que o partido democrático pequeno-burguês era muito forte na Alemanha. E, para eles, "os pequeno-burgueses democráticos, longe de querer revolucionar toda a sociedade em favor dos proletários revolucionários, almejam uma mudança das condições sociais que torne a atual sociedade o mais suportável e confortável possível para eles". Assim sendo, seria tarefa dos comunistas "tornar a revolução permanente até que todas as classes proprietárias em maior ou menor grau tenham sido alijadas do poder, o poder estatal tenha sido conquistado pelo proletariado e a associação dos proletariados tenha avançado, não só em um país, mas em todos os países dominantes no mundo inteiro, a tal ponto que a concorrência entre os proletários tenha cessado nesses países e que ao menos as forças produtivas decisivas estejam concentradas nas mãos dos proletários". A *Mensagem do Comitê Central à Liga dos Comunistas* e outros textos elaborados por Marx e Engels no período revolucionário de 1848 e 1849 foram reunidos no livro *Lutas de Classes na Alemanha* (Boitempo Editorial, 2010).

dizem que foi isso que estragou a Revolução Francesa. Derrotada a revolução, houve um período de reação, de 1815 a 1830.

Em 1830 foi quebrado esse processo reacionário e a burguesia começou a se expandir. Ocorreu a Festa de Hambach,[4] na Alemanha, e a burguesia começou a se erguer de novo contra a aristocracia. Havia proletários participando, não do banquete, claro, mas do movimento. Havia também a participação das pequenas burguesias das cidades. Assim, não foi uma derrota definitiva da aristocracia, porque depois de 1848 houve um retrocesso da burguesia, que passou a apoiar, novamente, as monarquias absolutistas. Precisamos ter presentes essas oscilações do processo histórico. A Revolução Francesa parecia ter recomeçado em 1830, só que sob a condução da burguesia, que finalmente achava ter realizado a Revolução Inglesa.

O que fez a burguesia? Fez o voto censitário. Voltou em 1830 o voto censitário. Que era da Constituição do cidadão passivo, cidadão ativo. Guizot,[5] quando lhe perguntaram: "Mas será que isso não é injusto?", respondeu: "Não, porque todo mundo tem direito de enriquecer. Não vamos impedir ninguém de ficar rico." Então, ele lançou uma proclamação aos franceses: "Enrichecei-vos." Na época até fazia sentido, porque a burguesia era nascente e as oportunidades eram enormes. Então, parecia que todo mundo podia tirar o pé do barro. E convenceram o Banco da França a lançar títulos de 20 francos para o povo poder comprar e ficar rico recebendo juros. Foi uma derrota da aristocracia, mas não definitiva. A rigor nem diria da aristocracia, pois esta se encontrava dividida. Havia um Filipe Égalité na história, não podemos esquecer isso, e uma parte da aristocracia que achava que afinal não era o caso de rejeitar integralmente a Revolução Francesa. Isso acontecia na época.

---

4 Concentração política com mais de 30 mil participantes, entre os quais muitos estudantes e mulheres, ocorrida em 1832 em torno das ruínas do castelo de Hambach, na região do Palatinado. Os debates e discursos da manifestação defendiam a luta pelos "Estados alemães livres e unidos" e por uma "Europa republicana e confederada". Embora sem consequências imediatas, ela pode ser entendida como um prenúncio dos acontecimentos de 1848-1849.

5 François Pierre Guillaume Guizot (1787-1874), historiador e político francês, teve papel relevante à frente de diversos ministérios do governo de Luís Filipe I, de 1830 a 1848. Foi deposto pela Revolução de Fevereiro, quando ocupava a posição de primeiro-ministro.

Quem eram os "Filipe Égalité"? Um pessoal que era malvisto pelo resto da aristocracia. Por que isso ocorria? Porque foram feitas reformas agrárias e na França o rei, em vez de devolver a terra para os aristocratas, os indenizou. O rei Luís XVIII não tirou a terra que tinha sido dividida. Então, a França continuou sendo um país com a terra dividida pela revolução, o que não é pouca coisa.

A Alemanha tinha feito a reforma agrária de Frederico Guilherme III.[6] Por quê? Por causa da Revolução Francesa. E uma parte da aristocracia tinha se beneficiado com isso, recebendo a indenização que estava embutida nessa reforma agrária, se transformando em aristocracia de Estado. Funcionários da administração estatal, em vez de membros da aristocracia feudal. Para eles estava bom, por que não incorporar certos benefícios, certos progressos da Revolução Francesa? Então, a aristocracia não era homogênea, não era integralmente reacionária. Veremos depois como essas divisões foram importantes. A partir delas, uma parte da aristocracia se aliou ao proletariado, em especial na Alemanha, bem como na Inglaterra. Isso não aconteceu na França nem na Itália.

Então, a questão da derrota definitiva merece essas duas observações: em primeiro lugar, a derrota em 1830 não foi definitiva e, em segundo lugar, a aristocracia não era um bloco monolítico na Alemanha e na Inglaterra, e mesmo na França, onde o rancor da aristocracia com a Revolução Francesa era muito mais forte. Na França, porque Carlos X reintroduziu o pariato, que discriminou uma parte da aristocracia. A verdadeira aristocracia passou a ser o pariato e não o resto. O resto da organização aristocrática teria que ir para a atividade produtiva, se quisesse montar um negócio, pois que montasse, que se virasse. Ou, então, que fizesse render a indenização recebida pela reforma agrária, pois seus títulos de nobreza não valiam mais terras. O outro setor da aristocracia, a togada,

---

[6] Frederico Guilherme III (1770-1840) foi rei da Prússia de 1797 até sua morte e destacou-se por empreender grandes reformas educacionais, principalmente no ensino de segundo grau e no ensino técnico, e fundar as Universidades de Berlim e de Bonn. No plano externo, tentou manter a neutralidade durante as Guerras Napoleônicas, mas acabou entrando em conflito com a França em 1806. Com seu exército derrotado no mesmo ano, a Prússia foi invadida pelas tropas de Napoleão e o rei fugiu para a Prússia Oriental. Em 1813, depois da derrota francesa na frente russa, a Prússia participou da coalizão com Reino Unido, Rússia, Suécia e Áustria que terminou por derrubar Napoleão. Em 1815, Frederico Guilherme III, Alexandre I da Rússia e Francisco I da Áustria formaram a Santa Aliança.

não precisou realizar esse esforço, pois esses nobres tinham direitos na corte, tinham direito a proventos e podiam viver como aristocracia até o final de suas vidas. Os outros tinham dúvidas de poderem viver, tanto assim que muitos aristocratas franceses terminaram na miséria. Contudo, em razão do rancor contra a Revolução Francesa ser muito forte, não houve essa fratura, como ocorreu na Alemanha, de membros da aristocracia favoráveis à revolução.

Balzac[7] nos conta a história do pariato e a literatura é importante para entender essas coisas. Mas os historiadores também contam, pois os historiadores franceses podem encarar a história de frente, eles não têm nenhum problema de salvar a face. A Revolução Francesa foi boa, mesmo!

---

7   Balzac usou o pariato como tema nos romances *O Baile de Sceaux* (volume 1 de *A Comédia Humana*), *Eugénie Grandet* (volume 5) e *As Ilusões Perdidas* (volume 7).

A SANTA ALIANÇA E O PAPEL DA RÚSSIA

Você poderia esclarecer o papel da Santa Aliança e da Rússia nesse período revolucionário na Europa?

Quando se fala em Santa Aliança, a referência imediata é a aliança criada entre Rússia, Áustria e Prússia depois da derrota de Napoleão, para impedir que o ateísmo e a subversão revolucionária renascessem. Por isso a chamaram de Santa Aliança, porque tinham o projeto de defender a religião e de impedir que a Revolução Francesa se desenvolvesse; logo, queriam sufocar as aspirações levantadas pela Revolução Francesa. E fizeram algumas coisas para tanto, inclusive algumas tarefas repressivas. Por exemplo: a Polônia foi entregue à Rússia, que se encarregou de realizar a repressão, e na Espanha se reprimiu a revolução em 1820.[1]

Mas a Santa Aliança foi, na verdade, calcada sobre um modelo mais antigo, que é um modelo de 1684. Quando os otomanos invadiram a Áustria e cercaram Viena, em 1683, a Europa se considerou em perigo, e criou uma aliança para defender a cristandade. A cristandade, na verdade, era contra o Islã, representado

---

1   Com a deposição de José Bonaparte, como resultado da Guerra da Independência, Fernando VII foi reconduzido ao trono espanhol e impôs a volta ao absolutismo, anulando a Constituição Liberal de Cádiz e restaurando privilégios do clero e da nobreza que tinham sido abolidos. Sentindo-se prejudicada, a burguesia iniciou uma série de sublevações que obrigaram o rei a voltar atrás e jurar a Constituição Liberal. Mas Fernando VII conspirava secretamente para restabelecer o absolutismo e em 1823 o conseguiu, com a ajuda do exército francês, sob os auspícios da Santa Aliança.

pelo Império Otomano. E conseguiu, no final de 1683, que o sultão Mehmet IV (1642-1693) levantasse o cerco a Viena. Essa foi a primeira Santa Aliança, e a Rússia aderiu em 1686, depois de levantado o cerco de Viena. Graças a esse reforço, a Santa Aliança decidiu invadir o Império Otomano, expulsando os otomanos daquilo que depois veio a ser a Hungria.

É preciso dizer que o objetivo era reacionário. Essa foi a primeira Santa Aliança. Viena já tinha sido liberada do cerco no final de 1683 e a aliança foi feita em 1684. Por quê? A pedido da Áustria, para invadir a Hungria. O que estava acontecendo com a Hungria? Estou contando a história porque não adianta falar em Santa Aliança sem lembrar esses fatos. A Hungria tinha se revoltado contra a decisão de 1648, quando tinha se encerrado a Guerra dos 30 Anos, com o Tratado de Westfália. Mas a guerra tinha se encerrado em 1635 e ainda se arrastava em 1648. Nesse ano se firmou o Tratado de Westfália, que concluía nos seguintes termos: o povo tem que seguir a religião do rei, e caso não a siga será exterminado na medida necessária. Se tiver que exterminar todos, que se exterminem todos. O povo não tem direito de ter uma religião diferente da do rei!

Os húngaros, que eram protestantes por influência da Boêmia, quando perseguidos, o que faziam? Fugiam para o Império Otomano, fronteiriço com a Áustria. E, depois da revolução de 1648, a repressão começou a ser mais forte numa Hungria dividida. Uma pequena parte nas mãos da Áustria e a maior parte nas mãos do Império Otomano. Nessa pequena parte a repressão se tornou tal que em vez de simplesmente fugir, os húngaros resolveram se revoltar. E ocorreu a famosa Revolta dos Kurutz, de 1677.[2] A Áustria enviou tropas e os húngaros se rebelaram e expulsaram os soldados austríacos da Hungria austríaca. Então se enviou uma tropa poderosa para exterminar os húngaros,

---

2   Vito Letizia se refere à Guerra dos Kurutz, conflito ocorrido a partir de 1677 na região da Hungria que estava sob domínio do Império dos Habsburgo, onde a população protestante, sob violenta repressão religiosa, se revoltou e expulsou as tropas imperiais. Em represália, foi enviado um poderoso contingente militar para combater os revoltosos. Os protestantes húngaros, acuados, pediram apoio ao Império Otomano (que ocupava outra parte da Hungria), e com este derrotaram militarmente os Habsburgos. Em 1683 as tropas otomanas chegaram a cercar Viena. Foram finalmente derrotadas pelas forças da Liga Santa, formada pelo Sacro Império Romano-Germânico, pela Comunidade Polaco-Lituana e pela República de Veneza.

segundo os desígnios do Tratado de Westfália. Só que os húngaros chamaram em seu socorro o sultão otomano, que nesse momento não tinha a intenção de cercar Viena, mas por causa da guerra dos Kurutz, acabou cercando Viena em 1683 e se retirando no mesmo ano. Ou seja, levantou o cerco e se retirou e a Áustria passou a tomar conta de novo da Hungria austríaca. Contudo, a Áustria queria invadir a Hungria otomana. Por quê? Porque lá estavam os protestantes e queria aproveitar a oportunidade da derrota do Império Otomano no cerco de Viena. Como a Áustria não tinha o poder necessário para enfrentar o Império Otomano sozinha, a czarina russa Elizaveta[3] ofereceu seus préstimos, bem como a Prússia e o Ducado de Saboia, e fizeram a Santa Aliança. A França foi contra a invasão do Império Otomano.

Assim, realmente a Santa Aliança invadiu e reconquistou a Hungria otomana. Claramente o objetivo era reacionário, e naquela guerra o sultão estava numa posição progressista. Mehmet IV apenas não queria os papistas. As demais religiões eram livres, cada um tinha a liberdade de seguir a religião que quisesse. Menos os papistas, pois estes obedeciam ao papa e o papa obedecia ao rival do sultão otomano, que era o "califa" dos crentes do Império.[4] O sultão não admitia que uma parte de seus súditos tivesse como "califa" o papa. Para um protestante, essa posição de Mehmet IV era ótima.

Em resumo, essa foi a primeira Santa Aliança. A segunda, de 1815, foi uma proposta da Rússia, que tinha saudades da primeira. Para quê? Para impedir que os povos se libertassem e retomassem os ideais da Revolução Francesa. Esse foi o processo. A Rússia, desde aquela época do fim do século 17 e ao longo de todo o século 18, participou de todas as guerras na Europa e esteve presente nas três partilhas da Polônia, 1772, 1793, 1795. Três vezes partilhada a Polônia, todas sob o comando da Rússia. Por quê? Porque a Polônia era libertária. A Polônia não tinha um rei absolutista e em 1793 resolveu implantar os princípios da Revolução Francesa. Em 1795, a Prússia, a Rússia e a Áustria fizeram uma nova aliança para invadir a Polônia, razão pela qual Napoleão, em 1809, reconstituiu

---

3   Elizaveta Petrovna Romanova (1709-1762) assumiu o trono russo em 1741, depois que uma revolta militar derrubou o czar Ivan VI, e reinou até sua morte.

4   Vito Letizia se refere ao papa Inocêncio XI (1611-1689) e ao imperador austríaco Leopoldo I (1640-1705).

a Polônia. Mas em 1812 ele invadiu a Rússia, o que foi desastroso, perdeu a guerra e a Polônia voltou a ser escravizada pela Rússia.

Esse foi o processo histórico. E mais uma vez em 1815, com uma Rússia sempre como a mais vigilante. Contudo, em 1848 a Rússia ficou isolada, pois na Áustria tinha sido abolido o feudalismo e na Prússia também, ou seja, na Alemanha do Norte, com sua capital em Berlim, havia uma burguesia mais ou menos revolucionária, que contrabalançava o poder do rei.

Não era qualquer rei. O rei Frederico Guilherme III era amado pelo povo. Ele desenvolveu uma prática de verificar como era o nível de ensino nas salas de aula, se sentando no banco escolar, escoltado apenas por um oficial. Ele circulava livremente nas ruas e as crianças iam junto, conversavam com ele, e não havia medo de atentados. Ele perguntava para as crianças: "Como está funcionando a escola de vocês?" "Não, não. Tem um professor ruim." "Pois, então, eu vou lá! Eu vou lá ver como é que é a aula dele." Sentava num banco no fundo da sala de aula, com o professor todo constrangido, e dizia: "Continua a aula que eu quero ver como é que é." Por isso era muito popular. E sua mulher era uma benemérita, que ajudava os pobres. Eram muito amados. Essa Prússia era um lugar primitivo, ingênuo, de gente ingênua. Mas isso por obra e arte da Revolução Francesa, porque antes não, antes era um autoritarismo mais forte, era o absolutismo. Mas, depois da Revolução Francesa, fizeram a reforma agrária e se criou aquele clima de fraternidade nacional e a burguesia arrefeceu suas reivindicações.

Depois dele, a Prússia teve um rei que ficou louco, Frederico Guilherme IV,[5] situação que não era de todo grave, pois o aparelho burocrático da corte de Sanssouci[6] conseguia manter a administração real. Mas entre o povo havia

---

5   Frederico Guilherme IV (1795-1861) assumiu o trono em 1840 e em 1848 a Prússia foi sacudida pela Revolução de Março, que reivindicava a adoção de uma Constituição e a unificação da Alemanha. Barricadas e confrontos com tropas obrigaram Frederico Guilherme IV a fazer uma série de concessões e a convocar uma Assembleia Constituinte. No ano seguinte, porém, ele dissolveu a Assembleia e promulgou uma Constituição que criava um Parlamento com poderes limitados e reservava ao rei o poder de nomear todos os ministros. A partir de 1857, a saúde mental de Frederico Guilherme IV se deteriorou – alguns historiadores consideram que enlouqueceu, outros favorecem a hipótese de um derrame – e no ano seguinte seu irmão Guilherme assumiu como regente, tornando-se o rei Guilherme I com sua morte.

6   Frederico II (1712-1786), também conhecido como Frederico, o Grande, construiu o Palácio de Sanssouci entre 1745 e 1747. Ficava em Potsdam, perto de Berlim, e era seu

certa indiferença a isso, pois existia alguma liberdade, a servidão da grama tinha sido abolida, ou seja, não havia mais corveias, ocorrera uma distribuição das terras e latifúndios tinham sido extintos. Logo, a terra não estava mais nas mãos da nobreza e os servos não mais se encontravam sem possibilidades de dispor dela. Ainda que tivessem que pagar uma mensalidade, ganharam a terra de qualquer maneira.

Qual era a reivindicação pendente na Prússia? A Constituição. Mas como o rei não a concedeu, sob pressão dos de baixo da sociedade, a questão da república apareceu entre outras reivindicações. A Santa Aliança pretendia impedir que essas situações evoluíssem.

Chamo a atenção para essa história toda, e conto esses detalhes, para ressaltar que o fato importante é saber que em 1848 foi abolido radicalmente o feudalismo na Áustria e para termos presente que o bastião da reação na Europa, no Ocidente, ficou sendo a Rússia. E a Prússia, apesar de ser um lugar autoritário, não era o bastião da reação, por mais que se possa dizer que era uma monarquia absolutista. Depois vamos discutir os erros de Bismarck,[7] que pioraram em muito a situação da Alemanha, no meu entender, e que foram fatores que depois criaram uma Alemanha diferente, uma Alemanha menos libertária. Não porque Bismarck fosse um homem pouco libertário, que cometeu erros graves, como seria de se esperar dele, mas nesse momento da história a Prússia não era o bastião da reação. Insisto nisso, pois é muito simples ler um livro de história e dizer: "A Prússia era uma monarquia absolutista, então era igual à Rússia." Não é verdade!

---

palácio de verão. Em seu reinado, Frederico Guilherme IV converteu Sanssouci em uma de suas residências.

7 Otto von Bismarck (1815-1898), um dos políticos mais influentes de seu tempo e artífice da unificação da Alemanha, sob hegemonia da Prússia. Deputado a partir de 1847, foi nomeado primeiro-ministro em 1862 pelo rei Guilherme I, estimulando e conquistando vitórias militares na Guerra Austro-Prussiana (1866) e na Guerra Franco-Prussiana (1870). Em 1871, com a incorporação de Alsácia e Lorena, foi criado o 2º Império Alemão (2º Reich), que incluía todos os países germânicos à exceção da Áustria. A partir de 1879, impulsionou o crescimento industrial, colocando as organizações operárias na ilegalidade, ao mesmo tempo em que instituiu uma legislação trabalhista avançada e um sistema de previdência social. Em 1888, Bismarck teve divergências com o novo imperador, Guilherme II, partidário da criação de um império ultramarino, ao qual se opunha, o que provocou sua queda em 1890.

Antes de 1848, Marx chamava a Áustria de "China da Europa". Uma sociedade feudal estrita, supercontrolada, onde não entrava nenhum panfleto, nenhum jornal vindo do exterior que não passasse pela censura, para que nenhuma ideia revolucionária entrasse no país. Por isso, Marx a chamava de a China da Europa, mas em 1848 essa realidade foi varrida, inclusive com os estudantes se arvorando em governo da Áustria. Quando os estudantes foram expulsos do governo e foi reestabelecida a dinastia Habsburgo pelo exército, não se restaurou o feudalismo, pois não havia força suficiente para tanto. Reinstalaram a dinastia, ponto final. E a Áustria ficou melhor, até o comércio se desenvolveu, pois a situação anterior era tão estrita, tão reacionária, que inibia até o desenvolvimento do comércio exterior.

Na Alemanha do Norte o feudalismo não foi abolido tão radicalmente, ficou aquele semifeudalismo, aquelas casas grandes e antigas, que já não tinham uma servidão da gleba. Na Alemanha, a insurreição maior ocorreu em Dresden, onde vivia Wagner. Havia 10 mil pessoas nas barricadas de Dresden e uma delas era Wagner, que fugiu para a Suíça e depois foi para a Baviera. E o rei da Baviera, Luís II, que era um tipo bonachão, construiu um teatro para ele, em Bayreuth. Enfim, a Prússia era absolutista, mas todo mundo tinha certa possibilidade de discutir os impostos, certa liberdade de ação. A única questão em que não havia certa liberdade era a religião. Nessa questão, o rei era o árbitro, dentro do espírito do Tratado de Westfália. Mas mesmo na questão da religião, por exemplo, a cidade de Colônia, que pertencia à Prússia, era metade católica e metade protestante, como é narrado nas biografias de Marx. E os católicos de Colônia viviam bem na cidade, que não era uma cidadezinha qualquer, dispunham de um jornal próprio e sua voz era ouvida na administração de Colônia.

O cumprimento do Tratado de Westfália não foi estrito, inclusive para os judeus – dizem que os judeus foram perseguidos naquela época na Prússia, o que não é fato – ainda que hoje em dia o Estado de Israel é que dá o *imprimatur*[8] para quem escreve sobre os judeus na Europa no século 19 –, mas mesmo os judeus

---

8   O *imprimatur* é a permissão concedida por autoridade religiosa para que seja impresso um texto submetido à sua censura, e que passa a figurar no verso da página de rosto ou de anterrosto da obra.

se diziam alemães. Por exemplo, há alguém mais alemão do que Heine?[9] Vem agora nos dizer que ele era judeu. É um poeta da língua alemã. Um dos grandes poetas da língua alemã. "Não, é judeu." Como, é judeu? Por quê? Ele escreveu em iídiche por acaso? Para mim isso é racismo! "Não, porque ele tem uma gota de sangue judeu." Não sei de onde veio a gota de sangue dele. E eu quero lá saber de onde veio a gota de sangue de qualquer cidadão? Heine era alemão e o pai de Marx se converteu ao cristianismo, porque ele era uma espécie de procurador. Ele acreditava que tinha que se integrar totalmente à sociedade alemã e que não podia ficar frequentando a sinagoga. Mas pensava que devia ser tratado com mais liberdade, com mais intimidade, como os demais advogados do seu padrão. Então, se converteu e batizou os filhos. Onde é que está o judaísmo em Marx? Aliás, basta ler o seu texto *Sobre a Questão Judaica*,[10] onde ele se posiciona sobre o tema. Depois que criaram o Estado de Israel, passaram a considerar que se trata de um texto ruim de Marx.

Essa era a Alemanha naquele momento da história. Uma Alemanha absolutista, mas onde era possível militar politicamente, expandir suas atividades, inclusive no sentido que não era exatamente o desejado pelo absolutismo. Na Rússia não havia nada disso. Era uma repressão absolutamente demencial, a Rússia era o bastião da reação e pretendia impô-la em toda a Europa. Era a guardiã da Santa Aliança, de tal forma que, depois de 1848, a Santa Aliança era a Rússia. Desapareceu a verdadeira Santa Aliança, e isso precisa ser considerado.

---

9 Heinrich Heine (1797-1856), um dos maiores poetas alemães do século 19. Nascido numa família judia numa época em que o ingresso no serviço civil era proibido para judeus, converteu-se ao protestantismo e alterou seu nome de Harry para Heinrich. Apesar disso, jamais exerceu funções públicas. Tanto em prosa como em verso, sua obra é marcada pelo engajamento social e político, como em *Alemanha, um Conto de Inverno* (Editora Crisálida, 2011), em que usa de sarcasmo e ironia para criticar a sociedade alemã. Sobre a questão judaica comentada por Vito Letizia, Heine publicou *O Rabi de Bacherach e Três Textos sobre o Ódio Racial* (Editora Hedra, 2009) e *Viagem de Munique a Gênova*, no terceiro volume de seus *Quadros de Viagem*, ainda inédito no Brasil. Nesse último, escreveu: "Não apenas a dos irlandeses, gregos, judeus de Frankfurt, negros da América Central e demais povos oprimidos, mas sim a emancipação do mundo inteiro, especialmente da Europa, que atingiu a maioridade e se desprende dos férreos laços dos privilégios da aristocracia."

10 *Sobre a Questão Judaica* foi publicado em Paris em 1844, no único número dos *Anais Franco-Alemães*. A edição brasileira mais recente é de 2010, da Boitempo Editorial.

Isso explica toda uma discussão que faremos depois, sobre a atitude de Marx em relação à Rússia, que era diferente de sua relação com a Prússia. E não porque ele fosse prussiano, mas porque era um revolucionário. Acho importante lembrar essas coisas.

É possível comparar o papel desempenhado pela Rússia na Santa Aliança com o papel que os Estados Unidos desempenham hoje?

A rigor, não há termos de comparação satisfatórios. Por quê? Porque a Rússia era um país atrasado, sem nenhum poder econômico na Europa Ocidental. Ela não tinha nenhuma interferência na economia europeia, não era um grande parceiro comercial de nenhum país da Europa. O que ela era? Uma área de investimentos.

Havia capitais franceses investidos em estradas de ferro na Rússia, industriais ingleses administrando fábricas russas e alguns poucos investimentos alemães. Era um país economicamente atrasado que recebia investimentos dos países economicamente mais avançados. Era assim que funcionava. O papel que a Rússia tinha era de tropa de choque da reação europeia, por conta de sua grande massa populacional alistada à força no exército. Noutros termos, quando um país não conseguia vencer uma revolução, o czar mandava as tropas russas. Foi o que aconteceu na Hungria, em 1849. O exército austríaco de Viena foi derrotado e pediu socorro à Rússia, que mandou suas tropas e assim derrotaram a Revolução Húngara. Em todos os processos revolucionários foi a mesma coisa, a Rússia foi o socorro das potências. Mas por quê? Pela quantidade de tropas que ela mandava. Não porque fosse um país importante, mas sim uma liderança estritamente político-militar. E político-militar antipovo! Não político-militar no sentido de proteger o Ocidente contra o Império Otomano, como poderia ser até alegado nos acontecimentos de 1686.

Os Estados Unidos, não. Os Estados Unidos são hegemônicos na finança internacional.

A questão realmente é sobre a comparação do papel que a Rússia teve como uma espécie de polícia e o papel dos Estados Unidos hoje.

De polícia sim, mas os Estados Unidos se dão ao luxo de obrigarem os outros a colaborarem com a sua polícia. Assim, na realidade, ninguém tem coragem de romper com os Estados Unidos. Por quê? Pela potência financeira dos Estados Unidos, pois é o emissor do dinheiro mundial. O fato de os Estados Unidos serem o emissor do dinheiro mundial lhes dá uma autoridade que força os outros países a terem também esse papel de polícia. Um exemplo, os Estados Unidos forçaram os ditadores árabes a ser a polícia do seu próprio povo, como era (*Hosni*) Mubarack. E como (*Muammar*) Gaddafi não era a polícia dos Estados Unidos, queriam que ele caísse e se pusesse em seu lugar um títere. São os Estados Unidos que decidem. Mas como é que eles podem impor isso? Podem impor pelo fato de serem os emissores do dinheiro mundial, de serem a grande potência da finança internacional e, mal ou bem, serem um dos grandes compradores mundiais.

Por exemplo, no caso da França, o destino principal das exportações francesas de produtos de luxo e produtos de consumo de alto padrão é os Estados Unidos. A economia francesa ficaria seriamente prejudicada se perdesse os Estados Unidos como compradores desses produtos de luxo. Por isso os Estados Unidos não precisaram se incomodar muito para obrigar a França a bombardear a Líbia. Bastou dizer: "Nós estamos fazendo um regime de corte de gastos e vocês assumam por nós." E a França assumiu. Bastou ter certo apoio do governo francês, nada mais. E, no caso, o presidente francês (*Nicolas*) Sarkozy nem era o grande líder da reação europeia. Aliás, o grande líder da reação europeia, que era o (*Silvio*) Berlusconi, nem participou dos bombardeios, por outras razões que dizem respeito às suas conveniências. E os Estados Unidos entenderam essas conveniências de Berlusconi e deixaram que atuasse do jeito que lhe parecesse melhor, porque dispunham da França e da Inglaterra a seu serviço.

Os Estados Unidos têm realmente um papel de comando, que não é um papel correspondente a uma polícia estritamente militar. Eles têm um papel normativo, de estabelecer princípios. Por exemplo, são os Estados Unidos que decidem e definem quem é terrorista e quem não é terrorista. Que Gaddafi fosse chamado de ditador ou de presidente, essa era uma decisão dos Estados Unidos. Ele está sendo chamado de ditador, mas até pouco tempo atrás não era assim chamado. O governo americano viu uma oportunidade de se livrar de Gaddafi e todo mundo seguiu. Todos os jornais no Brasil diziam o "ditador Gaddafi".

Esse poder a Rússia não tinha. A Santa Aliança foi estabelecida de bom grado, em 1815, por três potências, e em 1848 tinha sobrado apenas a Rússia, que em 1849 prestou sua última ajuda. Depois, foi só um peso reacionário na Europa, porque ninguém mais se serviu da Rússia. Aliás, a Hungria ficou muito bem no Império Austríaco depois de 1867, porque se criou o Império Austro-Húngaro, que deixou os húngaros muito bem posicionados. O papel da Rússia era estritamente militar, onde suas tropas cumpriam diretamente o papel de bastião da Santa Aliança.

Diferentemente dos Estados Unidos, que têm um papel econômico como grande comprador e grande consumidor do mercado mundial. Ou seja, têm um papel monetário como emissores do dinheiro mundial e têm um papel de centro financeiro internacional insubstituível, a não ser dentro de um processo que não pode ser instantâneo. Comandam apoiados nesses poderes, que são gigantescos, e podem impor sanções. Imagine um czar impondo sanções à Prússia em 1850, 1860. Impensável. Pelo contrário, a Prússia é que poderia impor sanções à Rússia. Bem como a França e a Inglaterra, que eram os grandes investidores na Rússia. Então, não há como fazer essa comparação.

A REVOLUÇÃO DE FEVEREIRO DE 1848 NA FRANÇA

Marx, no livro *As Lutas de Classes na França*, lembra que dois eventos econômicos de alcance mundial antecederam as revoluções de 1848. A Praga da Batata, que resultou nas más colheitas de 1845 e 1848 na Irlanda, e a crise do comércio e da indústria da Inglaterra. É correto afirmar que a força da revolução estava na coincidência entre a crise do que restava da antiga sociedade e a crise da nova sociedade?

Marx sempre procurava estabelecer uma relação entre o processo de desenvolvimento material, da atividade econômica, e o processo político. Acho que ele tinha razão em tentar estabelecer essas relações, mas essas relações nem sempre são automáticas. Não é uma crise de abastecimento que automaticamente vai dar em uma revolução. Acontece que na época de Marx dava. Por quê? Porque havia uma tensão permanente na sociedade europeia. A Revolução Francesa estava contida, ou seja, recalcada pela ação da Santa Aliança, pela ação dos Estados conservadores, que continuavam instalados no poder, gerando uma tensão permanente na sociedade, que aspirava à retomada dos processos revolucionários. Isso criava um automatismo que não é algo que se deva considerar como uma lei da história. Marx nunca disse isso, mas, em todo caso, sempre procurava estabelecer a relação que têm os fatos econômicos com os fatos sociais e políticos.

Mas não há uma lei histórica que diga que toda vez que há uma crise de abastecimento ou algo do tipo, ou então uma crise comercial, automaticamente haverá uma revolução. Isso seria bobagem, Marx não teria uma cabeça tão simplória para levantar uma tese dessas. Mas ele levantava, com certa regularidade, o que, aliás, é um dos elementos e argumentos que seus adversários usam para acusá-lo de determinismo econômico. Na realidade, o que acontecia naquela época era uma concomitância regular por causa dessa tensão permanente na sociedade. Assim, bastava uma oportunidade, representada por uma crise comercial, para que toda aquela pressão extravasasse. Esse era o fato, as relações que Marx via e os fundamentos que estabeleceu a partir delas.

Pode ser que, numa primeira leitura superficial, se tenha a impressão de que seria uma relação automática, determinista, economicista, como depois começaram a dizer. Mas não é bem assim, não era a ideia de Marx. Essa é a primeira coisa que tem que ser esclarecida. E a segunda está no final da pergunta, onde se diz algo que me intrigou: "É correto afirmar que a força da revolução estava na coincidência entre a crise do que restava da antiga sociedade e a crise da nova sociedade?" Essa crise não era da antiga sociedade. É isso que me deixou incomodado e me faz perguntar qual é a sociedade a que se refere a pergunta?

Refere-se à antiga sociedade, o Antigo Regime.

Mas acontece que a pergunta coloca a concomitância, coincidência entre a crise do que restava da antiga sociedade e a crise da nova sociedade. Não estava havendo uma crise particular da antiga sociedade. Aquela crise comercial não era uma crise da antiga sociedade, nem a Crise da Batata. É isso que me deixou confuso. Temos a impressão de que a Crise da Batata e a crise comercial são crises da antiga sociedade. E a nova sociedade seria o capitalismo que queria emergir.

Não. A questão se refere a essas duas crises, a da Batata e a geral do comércio e da indústria na Inglaterra, como já pertencentes à nova sociedade. Só que traços do Antigo Regime ainda persistiam. É a isso que a questão se refere como crise da antiga sociedade. Dessa combinação não resultava uma força revolucionária específica para aquele período?

Em termos econômicos o que estava funcionando era a nova sociedade, porque se refere a 1848. Se olhamos o mapa da Alemanha dessa época, já podemos observar estradas de ferro. Aliás, Marx, na campanha pela Constituição do Reich, em 1849, viajou de trem de sua cidade natal, Treveris, até Kaiserlautern, em Pfals, no Palatinado. A economia que funcionava já tinha uma atividade siderúrgica bem desenvolvida naquela região, próxima da cidade natal de Hegel, Stuttgart. O capitalismo já estava presente, ainda que fosse um capitalismo incipiente, evidentemente. Não havia a grande indústria desenvolvida, mas as relações já eram capitalistas. Não é por acaso que Engels[1] já tinha escrito o livro dele, que é de 1845. A economia já estava nas mãos da burguesia capitalista, não estava nas mãos dos artesãos. A economia que fazia o reino funcionar era a economia capitalista. Marx não estava enganado, não estava mais trabalhando no terreno da situação anterior ao capitalismo. Estava trabalhando no terreno do capitalismo. A Alemanha já era capitalista, só que era um capitalismo atrasado em relação à Inglaterra, e ele repisava isso. Mas não que a Alemanha fosse feudal e sua economia fosse uma economia feudal.

Na realidade, não houve uma concomitância de duas crises, e estamos falando de economia, não houve a crise econômica do Antigo Regime e a crise econômica do capitalismo. Havia uma única crise. E era uma crise da economia alemã. Foi um período de más colheitas e de crise comercial a partir de Londres, e isso não é um simples detalhe! Quem é que se relacionava com Londres? Os portos alemães e o resto da economia alemã, que tinham um intercâmbio absolutamente indispensável com a Inglaterra por causa dos insumos industriais e do maquinário que recebiam desta. Na realidade, era uma crise da economia capitalista, que Marx colocava como sendo um fator de explosão revolucionária. Por quê? Porque, combinada com essa crise, havia uma tensão interna na sociedade pela retomada da Revolução Francesa. Essa tensão é que fazia aflorar a revolução.

Para Marx, foram os trabalhadores que conquistaram, em julho de 1830, a monarquia burguesa, assim como foram eles que conquistaram a república burguesa, em fevereiro de 1848. Em *A Era do Capital*, Eric Hobsbawm[2] escreveu que deveriam ter sido revoluções burguesas,

---

1 *A Situação da Classe Trabalhadora na Inglaterra* (Boitempo Editorial, 2008), de Friedrich Engels, publicado inicialmente em 1845.

2 Eric John Ernest Hobsbawm (1917-2012), historiador marxista britânico com importante destaque na intelectualidade do século 20. Foi membro, ao longo de toda a vida, do

mas a burguesia fugiu delas. A burguesia deixou de ser uma força revolucionária porque o proletariado levou adiante suas bandeiras?

Eu questiono o condicional de Hobsbawm. Foram revoluções burguesas. Na verdade, foi uma retomada da Revolução Francesa. O que foi 1830? Foi a revanche de 1815. Napoleão foi derrotado e, podemos falar assim, a monarquia revolucionária de Napoleão Bonaparte foi extinta e criou-se a Santa Aliança, a segunda Santa Aliança contrarrevolucionária europeia. E em 1830 desabou essa Santa Aliança; logo se tratou de uma retomada da Revolução Francesa. Se quiser definir a Revolução Francesa como revolução burguesa, foi uma revolução burguesa. A força prática que fez a Revolução Francesa foi o proletariado da época, como foi o proletariado da época que fez a revolução em 1830, já com mais desenvolvimento industrial. E em 1848 o proletariado, um pouco mais desenvolvido, fez a revolução.

A realização prática da revolução está sempre no solo da sociedade, é sempre o povo com menos posses, com menos poder quem a realiza. Na Revolução Francesa foi dessa forma, começaram os notáveis, depois veio a burguesia constitucionalista, depois ascendeu ao poder a burguesia republicana e depois, finalmente, os jacobinos como liderança do povo miúdo. São sempre os de baixo que fazem a revolução. Os de cima podem começar, mas nunca terminam, eles interrompem a revolução, são os de baixo que a levam até o fim. Isso aconteceu em 1830 e em 1848.

Em 1830 houve uma suspensão do processo, e na realidade em 1848 tivemos o desenvolvimento último da Revolução de 1830. Mas 1830 teve uma virtude, despertou a burguesia de toda a Europa e esta começou a se envolver no sentido da revolução burguesa. Antes dessa revolução, a burguesia estava paralisada e, com a entrada da cidade de Paris na revolução, se recriou esse movimento. A famosa Festa de Hambach, na Alemanha,

---

Partido Comunista Britânico. Entre suas principais obras estão *A Era das Revoluções (1789-1848)*, *A Era do Capital (1848-1875)* e a *Era dos Impérios (1875-1916)*, publicadas pela Editora Paz e Terra em 2009, *A Era dos Extremos – O Breve Século 20* (Companhia das Letras, 1996), *História do Marxismo* (12 volumes, Paz e Terra, 1983-1989), *A Revolução Francesa* (Paz e Terra, 1996) e *Ecos da Marselhesa* (Companhia das Letras, 1996). Vito Letizia fez uma resenha de *A Era dos Extremos*, disponível em <http://cemap-interludium.org.br/2011/11/03/aeradosextremos>.

aconteceu em 1832, repercussão direta da revolução em 1830. Na Itália a revolução foi retomada em 1848.

Em todo caso, pode-se dizer que 1830 foi o momento de retomada do processo da Revolução Francesa por parte da burguesia europeia, uma retomada do movimento popular da Revolução Francesa. E explodiu de maneira acabada em 1848, quando apareceu a questão do socialismo, que não tinha surgido em 1830. O socialismo de 1848 ainda era muito precário, mas suas bandeiras apareceram. A pergunta diz: "Levou adiante suas bandeiras..." Como o proletariado se envolve sem levar adiante as suas bandeiras? Nesse ponto a pergunta é um pouco vazia. Se o proletariado está em movimento, suas bandeiras aparecem. Não é por ser uma revolução burguesa que não levantaria suas bandeiras. Se estiver em movimento, ele as levanta. Aqui há uma questão adicional: "A burguesia deixava de ser revolucionária?" Não em 1830, mas em 1848 sim. Na Alemanha em 1849, depois da campanha pela Constituição do Reich, a burguesia deixou de ser uma força revolucionária e começou o seu movimento de retrocesso. Mas até esse período tinha sido uma força revolucionária.

E esse movimento de continuação da Revolução Francesa, que apareceu em 1830 e 1848, teve participação ativa da burguesia. Ativa! Havia um movimento revolucionário burguês atuando, que tinha a precariedade do movimento burguês, mas ainda não deixara de ser uma força revolucionária na França em 1848, na Alemanha em 1849. Nos dois episódios a burguesia se manchou de sangue. E aí ela parou e deixou de ser revolucionária.

Foram 18 anos que separaram uma burguesia ainda revolucionária...

Não. Quinze anos depois da derrota de 1815 ressurgiu a revolução burguesa, em 1830, que desencadeou um processo em toda a Europa. E 18 anos depois, ou seja, em 1848, a burguesia voltou a se manifestar como força revolucionária. Engels disse que na revolução democrática burguesa da Alemanha havia três partidos. Um deles era o partido constitucionalista, que era um partido burguês. E das três forças que fizeram a revolução, uma delas era um partido da Constituição, da monarquia constitucional. Eram forças revolucionárias que depois desapareceram.

A REVOLUÇÃO DE JUNHO DE 1848 NA FRANÇA: O MOVIMENTO DOS TRABALHADORES PELA "REPÚBLICA DEMOCRÁTICA SOCIAL"

Para Marx, a batalha de junho era necessária para que a burguesia separasse a sua república das concessões socialistas da república de fevereiro. A república burguesa nasceu da derrota de junho do proletariado, e não da vitória de fevereiro. Quais eram as concessões socialistas? Quais as diferenças entre as duas repúblicas?

As concessões socialistas eram as reivindicações socialistas dos trabalhadores. A rigor, se examinarmos de perto, essas reivindicações estavam ainda dentro dos marcos do capitalismo, fato que considero um pouco inevitável. Na verdade, havia uma reivindicação que correspondia ao pleno emprego: a exigência de que o Estado criasse obras, trabalhos públicos para empregar todo mundo. Mas o assalariamento capitalista se mantinha e os desempregados seriam empregados pelo Estado em obras públicas. Foi o que fizeram. Marx disse que, como continuava o sistema de assalariamento, não era socialismo. Mas era uma intervenção estatal na economia que instituiu o pleno emprego. Esse era o socialismo prático, que os trabalhadores reivindicavam naquele momento. Eles não viam o socialismo como um modo de organização da sociedade – a não ser os utópicos –, mas viam o socialismo como suas reivindicações satisfeitas. Ponto final. No caso eram as obras públicas para dar emprego aos desempregados, mas como estavam sob dominação da burguesia, esta exigência dos trabalhadores foi organizada de maneira que não houvesse concorrência com o emprego capitalista. Assim, colocaram os desempregados para fazer obras públicas inúteis.

Como aqui no Brasil, nos tempos da ditadura, fizeram as frentes de trabalho para não concorrer com o assalariamento capitalista. O Estado burguês sempre tenta preservar as condições de existência do capital, por isso o tipo de pleno emprego que pode dar é sempre um pleno emprego muito pouco funcional, em termos econômicos. E Keynes[1] também falava em colocar quem está desempregado para construir pirâmides, fazer buracos, etc. Um burguês jamais pensaria em colocar um trabalhador para trabalhar numa fábrica estatal. O que também não é socialismo, ainda que tenham feito isso depois na Rússia soviética. Mas, de qualquer maneira, fere as condições de existência do capital, porque neste último caso realmente concorria com o capital na ocupação da mão de obra fabril.

Eram essas as reivindicações socialistas, que depois foram as concessões socialistas. Agora, qual era a diferença das duas repúblicas? Não eram bem duas repúblicas. Para mim, Marx falava de uma república só e que a república burguesa só poderia ser instaurada depois da derrota do proletariado. Não é que haveria uma e depois outra. Por exemplo, quando em 1830 foi colocado no poder o rei Luís Filipe I...

O rei banqueiro?

Não, não era rei banqueiro, era o rei da Revolução Francesa, o rei dos franceses e não o rei da França. Naquele momento, ele estava dentro do quadro do sistema capitalista e os banqueiros adquiriram ascendência no comando do sistema capitalista porque a área industrial estava pouco desenvolvida na França. E o sistema bancário estava nascendo vigorosamente e tinha condições de liderar o processo de desenvolvimento capitalista, o que a burguesia industrial ainda não tinha, pois era incipiente – existiam oficinas de artesãos que supriam as necessidades industriais. A construção de estradas de ferro se iniciou na França justamente nos anos 1830, dando o grande impulso ao desenvolvimento do capitalismo industrial, através da construção de locomotivas, de siderúrgicas para

---

1   John Maynard Keynes (1883-1946), economista britânico que defendia a intervenção do Estado na economia, por meio de medidas fiscais e monetárias, para mitigar os efeitos adversos dos ciclos econômicos, como recessões, depressões e booms. Sua obra mais importante, *Teoria Geral do Emprego, do Juro e da Moeda* (Editora Saraiva, 2012), foi publicada em 1936.

construir os trilhos, bem como o desenvolvimento da produção de máquinas a vapor. Mas antes havia outro capitalismo, o capitalismo mercantil transformado em capitalismo bancário, capitalismo do ouro. Então, era tudo natural.

Luís Filipe não era o rei dos banqueiros, era o continuador de Filipe Égalité, que foi o membro da família real que aderiu à Revolução Francesa, em 1789, e que mudou o título da família, em vez de se chamar Filipe de Orléans passou a se chamar Filipe Égalité. Luís Filipe, em 1830, pelo fato de ser filho de Filipe Égalité, foi colocado no trono e não quis se intitular rei da França, pois se colocava como rei dos franceses. Um rei democrático, digamos assim, ele circulava no meio do povo, sem guarda e sem pompa.

Contudo, em 1848 a burguesia passara para um momento mais avançado e, já que havia fracassado o reinado de Luís Filipe, a burguesia acreditou que tinha que assumir o poder diretamente, como tinha assumido durante o Diretório e na época da Revolução Francesa, após ter guilhotinado o rei Luís XVI. E nesse momento a república era a reivindicação natural.

Mas em fevereiro de 1848 a república se deparou com o proletariado dentro dela, impedindo o seu funcionamento. E foi necessário derrotar o proletariado, nas barricadas de junho, para que a república burguesa finalmente se instalasse no poder plenamente. Não são duas repúblicas, mas uma só república que precisou passar por cima do proletariado para instalar seu poder de classe.

Uma curiosidade: o esquema do Mississippi foi pensado por outro banqueiro, John Wall, em 1718.

Sim. Apesar do nome inglês, John Wall foi ministro do rei Luís XV, e podemos dizer que foi um banqueiro moderno, que fez sua aparição bem antes dos banqueiros modernos do resto da Europa. Um banqueiro que criou uma moeda fiduciária, e de fato, hoje em dia, a moeda no mundo inteiro é uma moeda fiduciária. Ele foi o precursor da finança moderna, e assim a finança moderna já estava presente no tempo de Luís Filipe. Na França, começaram a emitir títulos da dívida pública; nos anos 1830 eles ainda eram restritos, mas a burguesia passou a vendê-los ao povo nos anos 1850, já sob dominação de Napoleão III.

De qualquer maneira, John Wall iniciou o sistema bancário moderno, que foi interrompido na França quando seu sistema desabou, por volta de

1724, no reinado de Luís XV. Interessante surgir esse tipo de questão, mesmo que a discussão seja um pouco paralela, pois sempre ajuda a ter uma compreensão geral do processo.

A curiosidade surgiu porque é comum nos textos se referir a Luís Filipe como o rei dos banqueiros.

Sim, pois os banqueiros dominavam a atividade econômica nessa época.

Que já se consolidava antes da própria Revolução Francesa?

É. O capitalismo se desenvolvia e o sistema bancário já era moderno, em pleno desenvolvimento desde antes da Revolução Francesa, quando houve a emissão de títulos de moeda fiduciária. Certas expressões são, na realidade, abreviações de fatos um pouco mais complexos. Mas, atenção, é capital bancário e não capital financeiro no sentido moderno do termo.

As instituições bancárias realizaram uma espécie de laboratório de experimentação histórica?

Não. Elas lideravam o processo econômico no momento. Não teve nenhum processo de experimentação. O capitalismo era isso e a atividade mais desenvolvida era a bancária. Os bancos, não a finança. A finança é algo que viria depois.

Por exemplo, a emissão de moeda, o esquema de supervalorização que John Wall conseguiu implementar, com uma supervalorização incrível para uma série de títulos, podem ser vistos como elementos que conduziram para a situação atual?

Sim. Ele criou uma Companhia do Mississippi, para exploração de minas de ouro, e também companhias de navegação E emitiu ações dessas companhias, que foram vendidas ao público e rendiam juros que correspondiam ao lucro, na forma de dividendos. Na realidade, esses papéis que ele emitiu funcionaram como moeda. Os povos já tinham sua moeda fiduciária, que eram as moedas de cobre que circulavam no dia a dia.

Então, tais títulos circularam como moeda fiduciária na mão da burguesia, quer dizer, foi o Estado que criou essa moeda, em vez dos bancos, e todo mundo aceitava. A burguesia circulava esses papéis entre si. Só que as minas da Louisiana[2] eram fictícias, não tinham realidade produtiva. Quando descobriram que as minas eram fictícias, todos quiseram se livrar dos títulos, e teve aquela correria à porta do banco para resgatá-los. O Banco Wall foi procurado pelos investidores, e a própria casa de John Wall também, pois ele, pessoalmente e através de seu banco, estava implicado no negócio. O Banco Wall, que funcionava de certa maneira como um banco oficial, como um banco estatal, faliu, simplesmente faliu, pois não pôde honrar os títulos emitidos e todo o negócio desabou.

Não houve nesse período uma determinação legal do Estado sobre a circulação das moedas, na tentativa de instituir uma moeda única?

Não houve essa situação nem poderia ocorrer. Naquela época os reis não tinham poder para isso. O que os reis faziam? Eles mudavam o teor metálico da moeda, ou seja, diminuíam a porcentagem de ouro na moeda de ouro, diminuíam a porcentagem de prata na moeda de prata. Era o que podiam fazer, segundo as tradições da cunhagem da moeda. Era o poder que os monarcas tinham, logo, o poder que o Estado tinha.

Obrigar o povo a aceitar um papel, ninguém poderia, pois o povo não aceitaria. Aliás, o povo nessa questão é soberano. Por exemplo, se o povo brasileiro resolvesse não aceitar o real, ou seja, se ninguém aceitasse o real, de que adiantaria ter uma lei que obrigasse a sua aceitação? Se ninguém aceitasse, estaria terminado. Se todo mundo recusa uma moeda, ela simplesmente deixa de existir. E naquela época o povo achava que tinha direito a um metal, quer dizer, as pessoas lidavam com mercadorias. Não houve nenhuma determinação real para alterar essa condição.

Quando ocorre uma alteração da moeda circulante, as instituições bancárias recolhem a moeda antiga, e essa ação é amparada por uma lei. Assim, de certa forma, podemos dizer que a capacidade que o povo tem de recusar uma moeda é pequena?

---

2 Vito Letizia se refere à então colônia francesa da Louisiana, que correspondia praticamente a toda a região da bacia hidrográfica do rio Mississippi.

Não. Capacidade total, desde que haja unanimidade. Se o povo recusa, está recusado! É um fenômeno da natureza, pois se a sociedade não aceita, não tem jeito. A capacidade é total, mas é claro que não convém recusar uma moeda, a não ser que exista outra. Se todo mundo tivesse dólares e cruzados na carteira à época em que Fernando Henrique Cardoso realizou a mudança do cruzado para o real, poderia substituir pelo real. Se o cidadão dissesse não para o real e só aceitasse o dólar, não adiantaria colocar uma lei, mas seria necessário que todo mundo tivesse dólares na carteira. Ou seja, que os empresários pagassem pelo menos uma parte do salário em dólares.

Na época de Luís XV, todo mundo tinha moeda metálica no bolso e, além do mais, tinha os títulos do Banco Wall. Então, quando faliu a Companhia Wall do Mississippi, rasgaram aquele papel e voltaram a usar aqueles saquinhos de moedas que todo mundo carregava na cintura. E acabou. Não tem como, não tem repressão que resolva esse problema para o monarca. E, insisto, é como uma força da natureza, e se houver consenso, terminou. Quando todos estão em consenso, termina o poder do Estado.

E esses dispositivos de controle, por exemplo, o banco recolher uma moeda antiga, isso não configura uma forma de repressão?

Não, não é uma repressão, se trata de um serviço de utilidade pública. No exemplo, o cruzado não estava funcionando bem e o governo fez o serviço de colocar algo que funcionasse melhor. Isso foi um serviço de utilidade pública e não houve nenhuma imposição. Quem é que se revoltou contra o real? Ninguém. Mas por que se revoltaria? Não houve nenhum questionamento. Foi feito por meio dos bancos, evidente que as pessoas vão ao banco para trocar. Mas não é o poder do banco, é o poder do Estado, de criação de moeda, que funciona como serviço de utilidade pública. Todo mundo precisa de uma moeda para fazer compras, para pagar salários, para receber salários.

A separação entre Estado e sociedade civil burguesa é uma separação especificamente moderna, pois foi ela que liberou o desenvolvimento da propriedade privada capitalista. Em 1848, o objetivo popular, a república democrática e social, era ao mesmo tempo social e político. A

república era uma arma contra a ordem burguesa. Depois, o capitalismo e o regime soviético desenvolveram uma articulação fictícia entre o social e o político, transformando os Estados numa máquina biopolítica letal. O que é uma ação política revolucionária?

A pergunta está um pouco confusa. Porque quando afirma que "a república era a arma contra a ordem burguesa", quer dizer que a república, por um lado, era a ascensão social da burguesia e, ao mesmo tempo, era uma arma contra a ordem burguesa. E depois, "o capitalismo e o regime soviético desenvolveram uma articulação fictícia entre o social e o político, transformando os Estados..." Aqui é que vem a confusão, pois teria que ser Estado no singular, que "é uma máquina biopolítica letal".

A república em 1848 representava, ao mesmo tempo, a revolução social, a ascensão da burguesia com o proletariado por trás e o poder político da burguesia. Estado burguês republicano. E a pergunta, na sequência, diz que veio a tal da articulação fictícia entre o político e o social, transformando o Estado em uma máquina biopolítica letal. O que significa isso? Isso não é o capitalismo, é o regime soviético especificamente, na medida em que o Estado se tornou o organizador da vida material, da vida social e da vida política. E no capitalismo isso não acontece, pois o Estado não organiza a vida material, que fica por conta do privado. O que, de fato, se quer perguntar? O simples fato de ter colocado "os Estados" no plural e não no singular indica que não está feita a oposição entre Estado e povo. Além disso, o Estado soviético não tinha nada de fictício, porque se tornou um poder total.

E voltando à parte inicial da questão: "Em 1848 o objetivo popular da república democrática..." O que era essa república? Era ao mesmo tempo social e política. Por quê? Porque era uma república onde estava presente o proletariado como força principal, prática, que tinha derrubado o poder anterior e tinha a exigência da república social, quer dizer, o pleno emprego, sobre o qual já falamos, e políticos que fossem da república e não mais da monarquia, ou seja, representantes do povo eleitos e não representantes dinásticos. Então temos o social e o político. Social é a república social de 1848 e o político é o representante eleito. "A república era a arma contra a ordem burguesa" porque a república social tinha juntado o social e o político, e por isso era uma arma contra a ordem burguesa.

Depois a questão segue: "O capitalismo e o regime soviético..." – então são os dois – "...desenvolveram uma articulação fictícia entre o social e o político..." Em que consistiria essa articulação fictícia? "...Transformando os Estados..." – eu tenho aqui que corrigir, obrigatoriamente, se trata do Estado – "em uma máquina biopolítica letal". Uma máquina antipovo.

O Estado é o elemento nuclear do político, transformando o político em uma arma letal. O lado político e não o lado social. Mas o capitalismo não faz isso. Não é o capitalismo, é o regime soviético. O capitalismo não faz nenhuma articulação, nem fictícia nem não fictícia, entre o social e o político. Porque o social desaparece, a atividade econômica vira um assunto privado, o Estado fica sozinho com o político. O que é que faz o Estado burguês? O Estado burguês exerce o poder. O poder de polícia, o poder de recolhimento de tributos, o poder de ordenação das normas dos contratos que fazem o capitalismo funcionar. O privado e o social ficam fora da esfera estatal. Por quê? Por que a economia é que responde ao social e a burguesia, em termos de projeto de dominação, não pretende que o Estado se encarregue do social. Se algo de caráter social tem que ser feito, é a burguesia que tem que fazer. Sob que forma? A forma do patronato, a forma da beneficência privada, da caridade privada, que é o que vigorou no século 19.

Então, não há articulação nenhuma por parte do capital. Ao contrário, há uma disjunção. E Marx não falava dessa articulação. Quem elaborou a pergunta é que está falando. Agora, o Estado soviético não fez uma articulação fictícia, fez uma articulação concreta. Porque o político, o Estado soviético leninista e stalinista, é que se dava a tarefa de fazer a economia funcionar, de dar emprego para os trabalhadores e de fazê-los trabalhar. E, ao mesmo tempo, de proporcionar-lhes uma vida decente. Então, o social era uma articulação inerente ao projeto soviético, conforme o termo que se emprega na pergunta.

Depois a questão diz: "...e o regime soviético e o capitalismo..." Respondo: o capitalismo não, o regime soviético sim, porém este não tem nada de fictício. E aí a máquina biopolítica letal está presente no capitalismo, mas foi desenvolvida às últimas consequências no regime soviético. Por que não está desenvolvida às últimas consequências no regime capitalista? Porque no regime capitalista a burguesia tem o seu espaço de liberdade. Não os trabalhadores, mas a burguesia sim.

Então, a burguesia limita o poder do Estado e atenua seu caráter biopolítico. O Estado burguês não é um Estado inteiramente livre, mas cerceado pelo poder da burguesia, mesmo num regime bonapartista. Por que é cerceado pelo poder da burguesia? Porque a missão do Estado burguês é manter em funcionamento o capitalismo, a liberdade do capital privado. Assim, o Estado burguês jamais poderá se chocar com as necessidades do capital. Tem que respeitar o capital e seus limites são os limites das necessidades do capital.

O regime soviético não teve limite algum e, realmente, o homem ficou desprovido do político. O homem deixou de ser o homem político, no regime soviético. E isso justamente se verificou na prática, o povo soviético era um povo apolítico, um povo que se recusava a discutir política. Toda discussão política era crime e, para não incorrer em crime, proibiam os filhos de discutir política desde que começavam a falar. Apenas o partido tinha direito de falar de política. Para falar de política tinha que entrar no partido, ouvir o que a direção do partido tinha a dizer e repetir. Então o povo soviético tornou-se um povo apolítico e tornou-se um ser biológico em estado puro. Fato este que no capitalismo não se chega a realizar. Todo mundo discute política, esbraveja contra o Estado, ridiculariza o Estado, e o capital, que tem o poder real, é intocável. Pelo simples fato de ser intocável. É isso que a questão não deixa claro. O que faço é tentar esclarecer e dar uma resposta à questão.

Depois, a conclusão é uma pergunta vazia: "O que é uma ação política revolucionária?" Uma ação política revolucionária é uma ação que faz a revolução. Mas não está em questão a revolução aqui, o que está em questão é a articulação da política com o social.

O Estado soviético não teria um limite externo, ditado pela economia mundial?

Não, ao contrário, a economia mundial seria vítima do sistema soviético. Se ele tivesse funcionado o capitalismo estaria em apuros. Ele foi limitado pela economia mundial porque não funcionou. É simples. Você põe de um lado algo que funciona e do outro lado algo que não funciona, o que vai acontecer? Todo mundo vai reivindicar o que está funcionando. O que todos reivindicavam no mundo soviético? Reivindicavam o Estado de bem-estar social do capitalista, que era o que estava funcionando.

Por isso os capitalistas diziam orgulhosamente: "Nós entregamos a mercadoria. Vocês distribuem a riqueza, só que não entregam a mercadoria." Nas lojas não havia nada, não havia um produto para comprar. Ninguém tinha automóvel, todo mundo andava a pé. Foram obrigados a criar uma poupança, que depois destruíram, pois o dinheiro era falso e tiveram que reconhecer que era falso quando caiu o sistema soviético. Todos tinham poupança porque não podiam gastar o dinheiro, não tinham o que comprar, e o governo, de repente, disse: "Bom, a poupança de vocês vai valer um centésimo do que vocês têm depositado. Só o que podemos honrar é um centésimo." E todo mundo ficou sem poupança.

Os soviéticos queriam aquilo que havia no Ocidente. Diziam assim: "Escuta, tudo, menos a continuação do regime soviético." Estavam dispostos a aceitar qualquer sacrifício. Ninguém se revoltou porque não funcionava. Sabiam que o capitalismo traria sofrimento, mas dali a um tempo funcionaria e poderiam viver como viviam os europeus e os ocidentais. É o que funciona. Ganhar um salário, ir na loja e ter o que comprar. É tão simples quanto isso. É como se dizia de Cuba: "Cuba é excelente, tem saúde pública, tem segurança, tem escolas, tem educação pública e gratuita. Só faltam três coisas: café da manhã, almoço e janta." Ou seja, para ficar perfeito precisavam de mais essas três coisas, que não existiam. Todo mundo era obrigado a comer um sanduíche, aqueles almoços que eram de tipo soviético. Havia pessoas que recebiam dinheiro dos parentes da Flórida, mas isso não funcionava. Agora estão voltando para o capitalismo. Alguém tem uma solução? Não quiseram liberar os trabalhadores para organizar uma economia melhor e agora estão aguentando as consequências.

Na Rússia teve uma revolução camponesa e uma revolução operária, estava funcionando. Contudo, os bolcheviques reprimiram o que estava funcionando. Esse foi o problema. A economia espontânea, saída da revolução, estava funcionando. Em Cuba ocorreu algo parecido até 1967, quando conseguiram estatizar tudo, até os barzinhos e as quitandas. No lugar do proprietário, colocaram um funcionário do governo. Aí parou de funcionar, parou de funcionar tudo.

O povo se insurge, exercita o poder e tudo funciona, porque o povo faz funcionar. Funciona de maneira caótica, de maneira imperfeita, mas o povo é que encontra soluções para os problemas e, se o deixam, criará saídas. Após as revoluções estava funcionando a economia capitalista, de certa maneira, só que sem o capital. Ou seja, uma economia de mercado sem o capital.

Sem o regime de extração da mais-valia?

Até veladamente, mas numa relação de forças favorável à força de trabalho. Se existe um sistema de economia de mercado com a relação de forças favorável à força de trabalho, o capital se torna uma força socializada. A força de trabalho precisa comandar o processo político. E o que fez o Partido Bolchevique? O que fez o Partido Comunista Cubano? Substituíram o comando da burguesia pelo comando do partido. E o que poderia fazer esse comando do partido? Imitar o comando burguês, exigir produtividade. Então, voltou o capitalismo, só que um capitalismo de Estado, em vez de deixarem o povo organizar a produção, uma vez que a burguesia tinha saído do cenário. Ela não mandava mais nas fábricas e restava apenas o mercado...

Mas Lenin, naquela época, não procurou formar uma aliança com os empresários?[3]

Sim, porque ele achava que tinha que restaurar a eficiência do trabalho nas fábricas, por isso a aliança com os empresários, ou o Partido Bolchevique substituindo os empresários no comando. Ele não acreditava nos trabalhadores. O que Lenin fez foi substituir o comando burguês pelo comando do partido. E o que é que pode fazer o comando do partido? Imitar a forma de comando burguês. Foi assim que funcionou. De qualquer maneira voltaremos, de forma menos superficial, a esse tema quando discutirmos a Revolução Russa, que está em nosso programa de trabalho. Por enquanto, me limito a essa resposta superficial.

---

[3] Em março de 1921, no 10º Congresso do Partido Bolchevique, Lenin propôs a adoção da Nova Política Econômica (NEP), que consistia num conjunto de medidas que de certa maneira reintroduziam o capitalismo no campo e ofereciam concessões e autorizações ao grande capital industrial internacional. As medidas tinham como objetivo recapitalizar o setor agrícola e artesanal e reativar o setor fabril, de modo a permitir a acumulação de capitais necessária à industrialização e, assim, garantir o funcionamento da economia soviética, devastada pelos anos de guerra civil e pelo boicote comercial internacional. Lenin classificou a NEP como "um passo atrás para dar dois passos à frente".

Marx analisa de maneira "otimista" a derrota da Revolução de Junho de 1848 na França, pois essa derrota pôs de um lado a contrarrevolução e de outro lado o partido efetivamente revolucionário. A partir de então, a classe trabalhadora sabia quem era seu inimigo. Nos dias de hoje, os trabalhadores, não agindo como classe, deixam de identificar de forma clara o inimigo?

Sim. Na verdade nesse caso o trabalhador se incluiria na classe burguesa. E a pergunta deveria dizer: "Nos dias de hoje a classe operária tem inimigo?" Vou comentar isso, mas antes queria ressaltar o seguinte na pergunta: a derrota da Revolução de Junho de 1848 poderia ser entendida com otimismo porque a classe operária aprendeu a lição de que a burguesia é o seu inimigo. Na realidade, ela aprendeu qual é seu inimigo e naquele momento se separou definitivamente da burguesia. A burguesia deixou de ser uma força revolucionária e o proletariado se tornou uma força antiburguesa. Então, o otimismo diz respeito às perspectivas que se abriram de luta do proletariado contra o capital sem nenhuma sombra, nenhum véu que ocultasse essa luta. E, "a partir de então, a classe trabalhadora sabia quem era seu inimigo".

Voltando, nos dias hoje a classe operária tem inimigos? Não, ela não se comporta como se tivesse inimigos. Hoje se comporta como uma parte da classe burguesa, como a ala assalariada, pois aceita o domínio do capital como algo natural. A classe operária hoje aceita essa condição e o que ela reivindica? Reivindica empregos e não questiona o capital, o poder do capital. Não se exige, no Brasil e no mundo, nem liberdade sindical. Mas podemos dizer que na Europa ocidental, pelo menos, liberdade sindical existe. Aqui não existe liberdade sindical. Os juízes têm o direito de proibir greves, onde é que está a liberdade sindical? Não tem ninguém reivindicando liberdade sindical! Ninguém. Seria o mínimo. A classe operária hoje em dia é uma ala da classe burguesa. É um servo voluntário da burguesia, é um membro da família. É o fâmulo do burguês, o proletariado de hoje, pois o termo latino indica que é um membro da família, ainda que escravo. O operário quer fazer parte da fábrica como assalariado, ter participação nos ganhos de produtividade. A reivindicação é essa. Que é algo pró-forma, pois na verdade a reivindicação é vazia, a verdadeira reivindicação é o aumento salarial.

as origens das aspirações modernas de liberdade e igualdade

Em dezembro de 1848, os franceses elegeram Luís Bonaparte[4] presidente. Sua eleição demonstrou que o sufrágio universal, identificado com a revolução, era, na verdade, compatível com a manutenção da ordem social?

Sim. O sufrágio universal, naquela época de retomada do processo da Revolução Francesa, era uma palavra de ordem revolucionária. Mas o sufrágio universal não é uma panaceia que faz funcionar, em todos os casos, a democracia. A democracia ateniense não tinha sufrágio universal, funcionava por meio da presença direta do povo ateniense,[5] a assembleia do povo, e tinha a designação dos magistrados por sorteio. O povo não elegia os magistrados e o sorteio funcionava muito bem.

O sufrágio universal em si não é uma necessidade do processo democrático. E no caso em discussão foi colocado a serviço de uma ordem burguesa. Por quê? Porque Napoleão III foi um resultado da derrota, em junho de 1848, dos trabalhadores, da classe operária. Tudo que for posto em funcionamento depois da derrota da classe operária funcionará a favor da ordem burguesa. O que determina que uma instituição funcione de forma revolucionária é a relação de forças a favor da revolução. Se a relação de forças estiver contrária à revolução, qualquer instituição funcionará no sentido contrário à revolução e a favor da ordem burguesa. Não é que o sufrágio universal seja uma instituição favorável à ordem burguesa, mas numa relação de forças favorável à burguesia funcionará a favor da ordem burguesa. Como está funcionando, por exemplo, hoje em dia. Nos lugares que se dizem "democráticos", e devemos

---

4   Carlos Luís Napoleão Bonaparte (1808-1873), sobrinho de Napoleão, foi eleito presidente da França em dezembro de 1848, depois da Revolução de Fevereiro, que levou à queda do rei Luís Filipe I. Em 2 de dezembro de 1851, deu um golpe de Estado, fazendo-se coroar imperador com o nome de Napoleão III. Manteve o poder até 1870, quando, na esteira da derrota na Guerra Franco-Prussiana, foi deposto pela Assembleia Nacional – que proclamou a 3ª República –, e se exilou na Inglaterra. Marx examinou o processo da Revolução de 1848 ao golpe de 1851 em *O 18 Brumário de Luís Bonaparte* (Boitempo Editorial, 2011).

5   Clístenes (565 a.C.-492 a.C.) estabeleceu as bases da democracia em Atenas ao introduzir o princípio da isonomia, que dava a todos os cidadãos o mesmo direito a participar do governo da cidade, independentemente de sua renda ou do clã a que pertencessem. É importante ressaltar que só tinham esse direito os cidadãos – homens livres e filhos de pais atenienses. Mulheres, escravos e residentes estrangeiros estavam excluídos da vida política.

colocar o termo entre aspas, como a relação de forças está fortemente a favor da burguesia no mundo inteiro, todas as instituições republicanas – na verdade são instituições republicanas, não têm nada de democráticas – neste momento funcionam a favor da ordem burguesa e contra o povo. Enquanto não mudar a relação de forças será assim.

E temos que ter uma noção clara do que é uma república e do que é uma democracia em termos de suas origens e sentido histórico. A república aparece como um sistema político contrário à monarquia, ou seja, todos que exercem algum poder público, algum poder de Estado, uma magistratura, como se dizia, são responsáveis perante o povo. Não existe ninguém com o direito divino ou tradicional de exercer o poder. O direito emana do povo, o poder emana do povo. Emana do povo! E é exercido em nome do povo. Os magistrados são de alguma maneira escolhidos pelo povo ou têm o aval do povo, não necessariamente por sufrágio universal. Algum aval que expresse a vontade do povo e exerça em seu nome esse poder, isso é a república, que se opõe à monarquia. Na monarquia há uma família que não depende da vontade do povo para deter em suas mãos o poder de Estado e nomear seus magistrados, que não dependem da vontade do povo para exercer suas funções. Isso se opõe à república.

A democracia significa o poder na mão do povo. Logo, significa que ninguém exerce o poder em lugar do povo. É o povo que exerce o poder e não abre mão do direito de exercer esse poder. Ele não emana, ele não designa representantes. Ele exerce o poder. A Constituição Francesa de 1793 dizia: toda decisão de deputados – eles elegiam os deputados – tem que ter o aval direto do povo. Não entrava em vigor se o povo todo não aprovasse. Logo, o Parlamento decidia uma lei e o povo, reunido em assembleias primárias – qualquer grupo de 200 cidadãos formava uma assembleia primária –, tinha que dizer que aceitava a lei votada no Parlamento, senão esta não entrava em vigor. O povo não abria mão do seu direito de exercer o poder, mas, como era obrigado a trabalhar, apenas algumas pessoas tinham a possibilidade de ir ao Parlamento e ficar discutindo. Nem todo mundo podia participar. Por isso, quando era decretada uma lei, se o povo achasse boa, não se manifestava. Se achasse ruim, tinha que se reunir em assembleias e votar contra. Se a maioria das assembleias primárias decidisse contra, a lei cessava e não entrava em vigor. Razão pela qual nenhuma lei podia entrar em vigor imediatamente e era necessário aguardar certo tempo para que essas assembleias primárias se manifestassem.

Em segundo lugar, a Constituição de 1793 estabelecia que o povo tinha o direito de se insurgir, de armas na mão, contra o poder tirânico. Qualquer ação do Estado que considerasse abusiva dava ao cidadão o direito de se armar e destituir os autores dessa lei abusiva. Isso é democracia. Em Atenas todo mundo se reunia em assembleia. Todo mundo. Tudo que era considerado povo. O resto era considerado estrangeiro. Era um *demos*, e havia uma lista dos incluídos no *demos*.

Lembro-me da diferenciação que você faz entre *okhlos* e *demos*.

Okhlos é multidão. Quer dizer, é o povo multitudinariamente na praça pública se impondo pela força do seu número. Isso não é uma instituição na verdade, é uma espécie de insurreição. Todo mundo na frente do Parlamento e, pela força do número, se impõe. O Parlamento volta atrás. Isso é o poder do povo, da multidão. Não é algo organizado, como assembleias primárias se reunindo e tomando decisões. A assembleia primária faz um debate, uns são a favor, outros são contra, se esclarece, se elabora, se escreve uma ata e há prazos que vencem e, uma vez vencidos os prazos, a lei está em vigor ou decai. Esses prazos eram determinados e respeitavam as necessidades das instituições democráticas, com a democracia formal funcionando. Mas democracia é o poder na mão do povo, que não delega o poder além dele, mas mantém em suas mãos o poder permanentemente.

Assim, se a definição de democracia é essa, não pode ser uma democracia o que está em funcionamento hoje em nenhum país do mundo. Agora, existem instituições republicanas funcionando até razoavelmente bem em alguns lugares, como na Suíça, bem como na Suécia e na Dinamarca, apesar de serem monarquias, com monarcas sem poder.

A PRIMAVERA DOS POVOS

Ainda em *A Era do Capital*, Hobsbawm considerou que 1848 foi a primeira revolução potencialmente global. Teríamos outro paradigma de revolução mundial?

Essa resposta é bem simples. Não foi global, foi europeia. Mas ele se referia ao mundo ocidental e se referia ao centro do mundo ocidental, no caso a Europa. O próprio Marx não pensava em revolução mundial, pensava em revolução europeia, mas que, pela força expansiva que desencadearia, terminaria se estendendo por todo o mundo. Evidentemente que hoje em dia não se pode mais pensar nesses termos. De qualquer maneira, não existe mais o mesmo paradigma. Por quê? Porque a humanidade hoje está muito mais compartimentada, mesmo na própria Europa, do que estava na época de Marx.

Na época de Marx existia um proletariado europeu que estava unificado pelo território atingido pela Revolução Francesa, que excluía a Rússia. Na época, a Rússia não foi atingida pela Revolução Francesa. A Polônia foi. Mas não passou além da fronteira da Polônia com a Rússia. Esse é um fato histórico. Essa área atingida pela Revolução Francesa era um mundo onde se gestava uma revolução que, com o desenvolvimento da indústria e do proletariado industrial, poderia dar à luz uma nova sociedade.

Creio que nesse ponto Marx se equivocou a respeito da Rússia, mas essa é uma opinião minha. Apesar de ser um país politicamente muito instável e fora do terreno atingido pela Revolução Francesa, a Rússia era candidata a uma revolução democrática, não a uma revolução proletária. E, de certa maneira, os partidos que se desenvolveram na Rússia eram partidos que se propunham a revolução democrática. Mas como já havia ocorrido a revolução democrática na Europa, surgiram todos aqueles problemas que discutiremos quando tratarmos da Revolução Russa.

De qualquer maneira, a Rússia não estava nesse terreno e o paradigma, naquele momento, era a revolução europeia, era o paradigma de uma revolução mundial futura, uma vez que os fundamentos revolucionários, criados pela Revolução Francesa, se espalhassem pelo resto do mundo. Ou seja, uma vez que as revoluções burguesas ocorressem pelo resto do mundo, esse seria o terreno da revolução mundial. Mas aí as revoluções burguesas ocorreriam de outra maneira, não do mesmo modo da Revolução Francesa. Teriam um sentido de criação de missões soberanas no resto do mundo, e isso até agora não aconteceu.

Podemos dizer que no fim da opressão imperialista sobre o resto do mundo isso teria que acontecer. A dominação imperialista, hoje em dia, é uma presença muito forte, bloqueando todos os caminhos para uma revolução mundial. Mas é uma opinião minha. O que se pode dizer, dentro dos parâmetros do marxismo, é que era uma revolução potencialmente europeia, não potencialmente global. Isso dá para corrigir tranquilamente. E teríamos outro paradigma de revolução mundial, mas não naquele momento.

Na medida em que se estendessem transformações sociais semelhantes às criadas pela Revolução Francesa, que já não poderiam mais ser criadas pela burguesia, mas teriam que ser criadas pelo proletariado, se poderia ter um novo paradigma de revolução mundial. Como isso poderia acontecer? Entramos no futuro e isso é complicado. Mas o próprio Marx pensou em revolução europeia. Quanto a isso não restam dúvidas, basta ler seus escritos.

Em *A Era das Revoluções*, Hobsbawm avaliava: "Ser um revolucionário em 1848 equivalia virtualmente a se opor às aspirações nacionalistas eslavas, e o tácito conflito entre as nações progressistas e reacionárias contribuiu em muito para condenar as revoluções de 1848 ao fracasso." O que era o nacionalismo nessa época?

Essa é uma discussão longa, pois na realidade Marx não fez uma distinção entre nações progressistas e nações reacionárias. Ele fez uma distinção entre nações que estavam em processo de desenvolvimento e aquelas que o bloqueavam. Evidentemente as primeiras eram nações burguesas, mas que estavam tendo um desenvolvimento enquanto nações, dentro do processo de revolução burguesa aberto pela Revolução Francesa. Esse era o conjunto, essa era a área da sociedade ocidental que estava desenvolvendo um proletariado industrial, que estava criando condições para uma revolução europeia. E as forças contrárias eram lideradas pela Rússia. A Rússia era o centro de gravidade da Santa Aliança contrarrevolucionária. Em todas as revoluções que ocorreram na Europa, as tropas russas sempre foram utilizadas. Por exemplo, na Revolução de 1849, na Áustria, foram chamadas tropas russas para invadir a Hungria.

Os países que estavam tendo esse tipo de desenvolvimento aberto pela Revolução Francesa eram os da Confederação Germânica, Itália, França e Espanha, que teve a sua revolução em 1820. Os países nórdicos já tinham incorporado as conquistas da Revolução Francesa sem uma convulsão social violenta, em especial a Dinamarca e a Suécia. E a Polônia era uma espécie de filha da Revolução Francesa, o único país eslavo que era uma espécie de povo filial da Revolução Francesa.

O resto da Europa não estava engajado nesse processo. Algumas nações estavam incluídas no processo da Confederação Germânica. Assim, por exemplo, a Tchecoslováquia, que era eslava, estava incluída e certamente teria se tornado uma província da Confederação Germânica. A mesma situação ocorria na Croácia e na Eslovênia.

E a Rússia, dentro do processo contrarrevolucionário da Santa Aliança, criou o movimento pan-eslavista, que era na realidade um movimento de unificação dos eslavos. Não era um movimento de libertação, mas de unificação sob domínio russo, o que é algo muito diferente. Portanto, não é uma questão de nações progressistas e nações reacionárias, mas de que existia uma potência imperial que liderara a contrarrevolução na Europa por meio do movimento pan-eslavista. E era obrigatório ser contra esse país. Não era uma discriminação de nações, tanto assim que a Polônia era eslava, mas era considerada como um apoio da revolução, uma nação se desenvolvendo dentro daquele processo da Revolução Francesa. A Revolução Francesa, que era o marco dentro do qual se definia a ascensão dos povos a um nível superior de desenvolvimento.

Para João Bernardo,[1] **"Engels e Marx transpuseram a luta de classes para o plano nacional, considerando que umas nações seriam 'revolucionárias' e outras 'contrarrevolucionárias'". O marxismo soube lidar com a questão do nacionalismo?**

Marx não estava lidando com a questão do nacionalismo. A questão do nacionalismo surgiu justamente por causa do Império Russo. A luta pela libertação das nações do Império Russo naquele momento não se colocava, mas sim a continuação da Revolução Francesa na área atingida pela Revolução Francesa. A Rússia era a potência que estava organizada e tinha potencial para sufocar o desenvolvimento da Revolução Francesa. Então, para mim, essa era a posição de Marx. Não era uma discriminação entre nações.

---

1   João Bernardo (1946-), escritor e militante político português. Ele deixou Portugal com o fracasso da experiência do conselhismo, entre 1974 e 1978, e, depois de passar por vários países, instalou-se no Brasil. Escreveu diversos livros, dos quais se destacam *Marx Crítico de Marx*, obra em três volumes publicada pela editora portuguesa Afrontamento em 1977, *Democracia Totalitária* (Editora Cortez, 2004), *Capitalismo Sindical* (Editora Xama, 2008) e *Economia dos Conflitos Sociais* (Editora Expressão Popular, 2009). O trecho citado na pergunta está no artigo *Marxismo e Nacionalismo (I): O antieslavismo de Engels e de Marx*, disponível em <http://passapalavra.info/2009/05/4140>.

O MANIFESTO DO PARTIDO COMUNISTA

Marx e Engels, no *Manifesto Comunista*,[1] escreveram: "Com o rápido aperfeiçoamento dos instrumentos de produção e o constante progresso dos meios de comunicação, a burguesia arrasta para a torrente da civilização todas as nações, até mesmo as mais bárbaras." Haveria um progressismo acrítico nessa análise sobre o papel da burguesia?

Na medida em que a burguesia instaura na sociedade as relações de produção superiores às pré-capitalistas, ela arrasta os países onde não existem essas relações capitalistas para essas novas relações. O assalariamento é uma relação social superior às relações de servidão, ou de semisservidão, que existiam nos países onde a economia ainda estava baseada em relações pré-capitalistas. Essa é uma verdade muito geral e abstrata que decorre de uma comparação entre as relações servis e as relações de assalariamento. No processo concreto de expansão da burguesia, ela não criou relações superiores às dos países onde passou a dominar. Pelo contrário, manteve as relações de dominação pré-capitalistas. Manteve as castas na Índia e o latifúndio na América Latina com todos os elementos de relação servil e essa mistura de relações de assalariamento e servis. Na África o capitalismo criou relações de servidão, e também de

---

[1] *O Manifesto Comunista* (Boitempo Editorial, 2007), de Karl Marx e Friedrich Engels, foi publicado em Londres no fim de fevereiro de 1848.

assalariamento, e por outro lado bloqueou todo o progresso, na medida em que bloqueou o desenvolvimento de nações soberanas, bloqueou a possibilidade de países periféricos se constituírem como nações e terem um desenvolvimento político. Estabeleceu alianças com as classes sociais retrógradas desses países para manter o status quo.

Em suma, no plano das relações internacionais concretas, a burguesia europeia foi um fator de atraso para o mundo. Por quê? Porque se espalhou pelo mundo como burguesia dominadora e paralisou o desenvolvimento das nações. Numa passagem de *A Ideologia Alemã*,[2] Marx disse que a criação de um tear, que substituiu a mão humana na Europa, terminaria revolucionando as relações sociais na China. Claro que sim, mas se não invadissem a China e não estabelecessem uma dominação da burguesia europeia na China. Se a burguesia europeia competisse com a China em termos de uma produção industrial mais barata, terminaria destruindo as relações atrasadas e preservando uma relação de respeito à soberania da nação chinesa. E isso a burguesia não fez. Ela estabeleceu uma aliança com a burguesia compradora chinesa e se tornou uma força de opressão, de dominação estrangeira na China e, assim, impediu o desenvolvimento da nação chinesa como nação moderna. O desenvolvimento da nação chinesa como nação moderna só se iniciou como possibilidade com a Revolução Chinesa, primeiro em 1911 e depois em 1949.[3] Mas as duas terminaram regredindo para um

---

[2] *A Ideologia Alemã* (Boitempo Editorial, 2007) foi escrita por Marx e Engels entre 1845 e 1846. Nela, os dois apresentaram, pela primeira vez e de forma estruturada, sua concepção materialista da história e fizeram a crítica da filosofia de Hegel e dos hegelianos de esquerda, entre os quais Ludwig Feuerbach.

[3] A Revolução de 1911 ou Revolução Xinhai levou à derrubada da dinastia Qing e ao estabelecimento da República da China. Começou com a Revolta de Wuchang, em 10 de outubro de 1911, e se espalhou pelas províncias do sul, culminando com a abdicação do imperador Pu Yi em 12 de fevereiro de 1912. Estabeleceu-se um governo central provisório, mas o país continuou fragmentado politicamente nos anos seguintes, com o retorno por duas vezes da monarquia, a instalação de um regime militar e a eclosão de conflitos entre as forças nacionalistas do Kuomintang e as do Partido Comunista Chinês entre 1927 e 1937. A ocupação japonesa, em 1937, obrigou os dois lados a fechar uma complicada trégua para combater o inimigo comum. Os confrontos foram retomados em 1947. Em sucessivas operações militares, os comunistas conquistaram a Manchúria no fim de 1948, Beijing em janeiro do ano seguinte e Nanjing e Xangai em abril. Os comunistas proclamaram a República Popular

sistema de dominação do mandarinato.[4] O Partido Comunista Chinês acabou ocupando o lugar social dos mandarins.

Resumindo, essa afirmação de Marx e Engels contida no *Manifesto Comunista* não é verdadeira no plano concreto, mas é verdadeira no plano abstrato. Entretanto Marx não tinha condições de fazer uma análise concreta do que estava por acontecer. Tanto é assim que ele tinha uma posição equivocada sobre a Índia, pois acreditava que a dominação inglesa traria progresso. Ocorreu o contrário, a dominação inglesa manteve a Índia como um país de castas até os dias de hoje. Mas, naquele momento, Marx não tinha condições de avaliar, pois a dominação inglesa na Índia estava começando e o desenvolvimento industrial europeu também estava começando. No plano abstrato ele tinha razão e pensava que no plano concreto também terminaria por acontecer. Mas no plano concreto houve várias interferências, que se cruzaram.

O equívoco de Marx aparece na Rússia, quando dizia que era potencialmente um país onde a revolução poderia estourar antes do que na Europa ocidental. E vimos que quando estourou, caiu no desastre. Não havia condições de fazer uma revolução proletária com aquele proletariado e com aquela direção do proletariado, que era o Partido Bolchevique. Não havia condições e aqui não há culpados, porque as condições históricas não estavam maduras para que isso acontecesse.

No *Manifesto*, Marx e Engels também afirmaram: "A burguesia produz, sobretudo, seus próprios coveiros. Seu declínio e a vitória do proletariado são igualmente inevitáveis." Não haveria um determinismo histórico nessa análise?

Não. Determinismo não. Mas, em relação à decadência da burguesia, sim. A vitória é que não se pode garantir. O conflito entre forças antagônicas é

---

    da China em 1º de outubro de 1949 e os nacionalistas fugiram para Taiwan em dezembro, encerrando a revolução de 1949 e o ciclo político iniciado em 1911.

4 O mandarinato era o sistema político de seleção dos funcionários públicos do Estado chinês imperial. Foi instituído na dinastia Sui (518-618) e abandonado no final da dinastia Qing (1644-1911). Vito Letizia examina o tema no capítulo *A Pesada Herança Histórica da China Moderna*, em *A Grande Crise Rastejante* (Editora Caros Amigos, 2012), ou em <http://cemap-interludium.org.br/2011/10/17/a-pesada-heranca-historica-da-china-moderna/>.

perfeitamente possível de ser previsto como inevitável. O proletariado, na medida em que é uma força antagônica à burguesia, ao entrar em conflito com esta, se desenvolve e atinge um ponto culminante. Nesse ponto pode haver uma revolução profunda e a derrubada do sistema baseado no modo de produção capitalista, a partir da vitória proletária. Mas essa vitória não é fatal. Toda batalha sempre é uma questão aberta. Não se pode dizer que toda batalha terá um vencedor inevitável. Logo, a batalha é inevitável, mas não qual será o vencedor.

Marx acreditava que na Europa ocidental, na área atingida pela Revolução Francesa, caso houvesse essa batalha, se poderia afirmar que a vitória do proletariado estava garantida, dada a força que tinha naquela época. Então Marx podia confiar na vitória, sem ser determinista. Se houvesse naquele momento uma revolução europeia, sem dúvida o proletariado seria vitorioso. No momento posterior, as condições poderiam ser diferentes.

Depois da morte de Marx e Engels as condições mudaram e não se poderia prever a vitória com a mesma segurança. Por quê? Porque o proletariado deixou de ser anticapitalista naquele grau em que era no tempo de Marx. Deixou de ser e, portanto, na hora de uma revolução o proletariado poderia se dividir. E como é que ficaria a vitória? Ficaria incerta. Mas no tempo de Marx não se dividiria, pois o proletariado estava unanimemente contra o capitalismo, abrangendo, inclusive, franjas de classes sociais diferentes. Havia toda aquela imensa pequena burguesia, que residia nas cidades, que também era anticapitalista. Eram forças revolucionárias arrastadas pelo proletariado. Mas depois daquele momento temos que examinar detalhadamente cada processo e fazer um prognóstico.

Para Marx e Engels, "os proletários nada têm de seu a salvaguardar; sua missão é destruir todas as garantias e seguranças da propriedade privada até aqui existentes" e "o que caracteriza o comunismo não é a abolição da propriedade em geral, mas a abolição da propriedade burguesa". Essa abolição pode ser diferente da estatização da propriedade individual?

Sim, é outra coisa, a propriedade individual não muda o modo de produção. E, além disso, é duvidoso que seja benéfica a abolição da propriedade individual, a não ser que haja uma disposição voluntária, de viver em casas comunitárias, por exemplo. Mas não existe uma teoria marxista que permita afirmar que a propriedade individual é menos progressista que a propriedade coletiva. É mais progressista morar em casas coletivas ou cada família ter sua própria casa? Marx não desenvolveu uma teoria dizendo que viver em habitações coletivas era mais progressista. Quem dizia isso eram os socialistas utópicos. Marx ofereceu a teoria de que as forças produtivas devem se tornar propriedade social e isso não é a mesma coisa que a estatização. Por que não é a mesma coisa? Porque o Estado não é uma necessidade de uma sociedade não antagônica, de uma sociedade não dividida em classes antagônicas. O Estado serve para garantir a exploração de uma classe por outra. Para isso existe o Estado como instituição coercitiva, instituição com o monopólio do poder de coerção. Isso em termos básicos de definição do Estado. Portanto, qual é a razão de existir um Estado acima da sociedade? Porque o Estado é uma instituição que por natureza se coloca acima da sociedade e garante relações sociais de exploração.

Por que uma propriedade estatal? Quem é esse Estado se o Estado deve perecer? E quando perecer, ficará nas mãos de quem? Então, Marx não pensou em propriedade estatal. Na realidade, Marx pensou em sociedade anônima, como podemos ler na quinta seção do livro 3 d'*O Capital*. Qual é a propriedade da sociedade anônima? A sociedade anônima é um progresso em relação à propriedade individual dos meios de produção. Uma sociedade anônima, que significa a propriedade democratizada, como os capitalistas gostam de dizer. Ou a propriedade tornada social, como dizia Marx. Porém, tornada social de maneira privada. Por quê? Porque tem um controle, uma equipe, um grupo privado que controla toda a sociedade anônima, que não é dono, mas controla. E controla dentro dos critérios da propriedade privada dos meios de produção.

Não adianta que uma sociedade anônima passe a ser propriedade dos trabalhadores. Por exemplo, na Rússia, quando caiu o Muro de Berlim, distribuíram ações para os operários. O que os operários fizeram com as ações? Venderam, pois queriam ganhar dinheiro. O salário não era alto e a venda funcionou. E se não vendessem, o que fariam? Vamos supor que eles não vendessem e decidissem fazer a empresa funcionar. E teriam que fazê-la funcionar contra as outras, porque existiriam concorrentes. Estariam na situação de uma empresa burguesa, ou seja, teriam que cortar custos, não poderiam aumentar os salários, teriam que trabalhar horas extras não pagas, para poder concorrer com as outras empresas, que também estariam batalhando. Eles teriam que produzir o máximo possível e ocupar o maior espaço possível no mercado e, portanto, levar outras empresas à falência. É assim que se comportariam, caso não vendessem as ações. O que aconteceu na Rússia foi isso, os trabalhadores venderam as ações, o gerente comprou e pronto. Ficou bom.

A propriedade tem que ser coletiva, o que significa que todas as fábricas são propriedade de toda a sociedade. E haverá um gerenciamento do uso da força de trabalho de tal maneira que seja possível uma equalização do nível de vida e uma organização racional do processo produtivo. Por prudência, Marx disse assim: os produtores vão colocar em grandes armazéns os seus produtos, e na medida em que o armazém estiver lotado, farão outra coisa. Continuarão a receber salário, aprenderão a fazer outra coisa, buscarão soluções. Mas é preciso que a propriedade seja coletiva na sociedade inteira, não coletiva dos trabalhadores da fábrica. E os trabalhadores, hoje em dia, quando decidem ocupar uma fábrica e procuram fazê-la funcionar sob o controle operário, acreditam que é um progresso. Não é um progresso. Eles estão confinados ao sistema capitalista, apesar de a fábrica estar nas suas mãos. Não adianta entregar uma fábrica para os trabalhadores se não houver a estatização sob controle deles, a propriedade coletiva sobre os meios de produção mesmo, mas em termos nacionais. Assim funcionará, pois esse é o espaço da revolução.

Não se pode equalizar propriedade estatal e propriedade coletiva. Simplesmente estatizar e colocar um Estado para gerir a economia significa uma regressão do sistema produtivo. Implica uma regressão porque o Estado não é tão eficaz quanto o capital para gerir a economia. Nesse ponto, a burguesia tem razão.

O Estado funcionaria através da coerção. Não há outra maneira de funcionar, e a coerção não funcionaria, pois é um retrocesso em relação ao capitalismo. O capitalismo não funciona pela coerção. As pessoas procuram emprego na fábrica, negociam o salário e têm que produzir, senão são demitidas. Funciona assim. O Estado, como detentor dos meios de produção, fará da mesma maneira?

Não poderá, pois não vai demitir e deixar as pessoas no desemprego. O que o Estado terá? Operários na fábrica, que terão que produzir. Como? Vigiando. Vigiando os operários. Porque vai demitir e vai fazer o que com eles? Colocá-los onde, se o Estado é o empregador universal? O capitalista individual pode colocar os trabalhadores para fora de sua fábrica e eles procurarão outro emprego, que se virem. Agora o Estado demite e diz para os trabalhadores procurarem outro emprego. Mas outro emprego onde? Assim, o Estado terá que ficar com os trabalhadores naquela fábrica. E como é que faz para que trabalhem? Eles se sentam e não trabalham, e aí se coloca um gerente com poder de punição, até de enviá-los para a cadeia.

    O simples fato de usar a coerção direta já é um retrocesso. Nós já entramos na área do escravismo. Quem é que trabalha sob a coerção de um feitor? É o escravo. Quem é que vai vigiar os trabalhadores? A polícia? Não, é o gerente. E para o gerente é melhor ter muitos operários na fábrica trabalhando pouco para poder planejar com mais folga. Porque se tiver um pequeno número de trabalhadores precisando trabalhar muito, para montar a produção, que o Estado controla, pode se atrapalhar, pois é considerado o responsável pelo funcionamento da fábrica. Então, o que o gerente faz? Faz um pacto com os operários para não trabalhar. E o gerente fica sossegado, cumpre as metas que tem, e os trabalhadores ficam lá. Era assim nas fábricas soviéticas. Quando chegava a hora de entregar a mercadoria, todo mundo trabalhava feito louco e depois sossegava. Havia picos de produção forte e depois o mês inteiro sem trabalho. Todo mundo dentro da fábrica sem fazer nada, tomando cafezinho. E o gerente olhando. Assim se estabelecia um pacto entre o gerente e os trabalhadores, só que isso gerava uma ineficiência de dez vezes, ficava a um décimo da eficiência capitalista.

    O Estado não tem condições de ser o empregador universal. É tão simples quanto isso. Isso precisa ser entendido, isso é antissocialismo, é o regresso para antes do capitalismo. Não é um avanço, é um retrocesso perante o capitalismo, porque tem que ter um vigia na fábrica para fazer os operários trabalharem. Isso é anterior ao capitalismo. Isso é escravismo.

    Nessa situação, todos ficavam com saudades do capitalismo. Ninguém é ameaçado de prisão se não trabalhar na hora em que precisam que trabalhe.

E, além do mais, no capitalismo há o produto e o salário ganho vale alguma coisa e pode comprar. A propriedade estatal tem que ser separada do socialismo, completamente separada. Isso é importante. Na verdade, hoje em dia ninguém está a favor da propriedade estatal. As pessoas estão a favor do capitalismo mesmo.

Logo após uma revolução se aposta na capacidade do povo para estruturar a sua vida futura?

No momento da crise revolucionária?

Sim, os trabalhadores acabam experimentando, de maneira provisória, precária, cheia de deficiências, mas experimentam modos de gerir as coisas.

Não, reitero, não. No primeiro momento o que se tem é a desorganização.

Sim, mas o problema é que a desorganização implica consequências sociais. Ou seja, problemas de abastecimento, problemas de manutenção da própria vida e questões ideológicas.

Sim, essas são formas provisórias. Ou você está falando do momento posterior da revolução, quando os trabalhadores se insurgiriam contra o Estado?

Sim, nesse momento.

Mas esse momento não existe, é um momento totalmente imaginário. Nunca houve tal momento, porque tudo se coloca da seguinte maneira: os trabalhadores fazem uma revolução contra o capital e derrubam o capital. Então, o que acontece? Acontece que os trabalhadores ficam soltos. Não há uma propriedade estatal, quer dizer, há uma propriedade abstrata do povo, tanto assim que a própria Revolução Russa se recusava a falar de Estado, os bolcheviques prefeririam falar em comissários do povo. Queriam fazer o Banco do Povo, não o Banco do Estado Russo, ou seja, queriam se livrar da propriedade estatal. Eles eram, naquele momento, marxistas. Assim, a rigor não há essa passagem para a propriedade estatal. Lenin achou que seria necessária uma transição de capitalismo de Estado. Ele achou.

Lenin se deparou com a completa desorganização do exército e a organização das forças contrarrevolucionárias?

Não. Não se deparou. Ele inventou, ele inventou que a Rússia tinha que passar por uma fase de capitalismo de Estado. Ele não se deparou com nada, a não ser com o processo revolucionário normal, onde o mercado continua existindo, não a dominação do capital, mas o mercado com os trabalhadores trabalhando menos e produzindo menos. Essa é a situação normal de um processo revolucionário. Você antes falava em momentos de experimentação de novas formas de propriedade, logo não estava discutindo os momentos contrarrevolucionários. E, de qualquer forma, você está pensando na Rússia e nós estamos pensando em termos gerais.

Mas não fica difícil pensar em termos gerais?

É obrigatório pensar em termos gerais. Por quê? Na própria Rússia, e em todas as revoluções, na Revolução Francesa também, o povo trabalha menos, continua comercializando, sem a dominação do capitalista. Os camponeses vão continuar vendendo seus produtos, porém não é mais o fazendeiro que os vende. São os produtores diretos que vendem. Existe um processo espontâneo que faz parte de toda revolução, logo, não precisamos ficar estudando a possibilidade de esse processo espontâneo ser dominado por uma contrarrevolução. Porque senão você terá que me explicar de onde vem a contrarrevolução.

Ela vem sempre da própria revolução, que nunca dizima completamente seus inimigos.

Não. Essa aí é a ideia burguesa. A ideia burguesa combate a revolução dizendo: "A própria revolução mata seus filhos."

Mas para uma revolução ocorrer, para que a classe trabalhadora se organize e seja capaz de se constituir numa força revolucionária, ela estará em embate contra algo. É deste algo que esperamos a contrarrevolução, como ocorreu na Rússia.

O capital foi derrotado, aí vai renascer das cinzas e vai começar de novo toda a revolução? O capital foi derrotado na Rússia como foi derrotado na China, e daí? Vamos ficar elaborando quanto à possibilidade de uma contrarrevolução?

Não, não estou elaborando, mas apenas dizendo que estamos acostumados a pensar, por exemplo, nos constrangimentos de Lenin com a contrarrevolução.

Não. Esse é um caso específico do Partido Bolchevique. Não se pode pensar a revolução nesses termos. Não, mas eu estou preocupado com o que você falou, porque independentemente de termos que discutir esse tema na Revolução Russa, por trás do que você está falando há uma ideia de que a revolução cria uma contrarrevolução no seu interior. Então, é assim que condenam a Revolução de 1917, ao dizer: "Toda revolução cria a contrarrevolução a partir do próprio processo revolucionário." Então, a Revolução Francesa criou a contrarrevolução da Gironda.

Não estou querendo dizer que é a própria revolução que cria a contrarrevolução, pois a revolução consolidada é um embate contra o capital.

Mas é o que está por trás do que você está falando. A revolução não é consolidada, há uma batalha, o capital é derrotado, acabou. Da revolução vai nascer o quê? A burguesia inventa que será a contrarrevolução. Em algum momento você disse que não estava pensando na contrarrevolução, mas nos constrangimentos de Lenin. Não há nenhum constrangimento, pois se você pensa nos constrangimentos de Lenin, pensa que Lenin estava sendo, como ele dizia, acuado pela contrarrevolução. Lenin tinha o direito de inventar o que quisesse. Mas ele não estava sendo constrangido por contrarrevolução alguma. A burguesia diz que a revolução cria constrangimentos na direção revolucionária, de tal maneira que ela é obrigada a fazer tudo o que a burguesia já tinha feito. Logo, a revolução gera a contrarrevolução. Essa foi a minha preocupação quando você falou dos constrangimentos de Lenin. E eu só estou te colocando, te alertando para não cair nessa, pois todo livro de direita sobre a Revolução Russa diz que a revolução fatalmente termina no despotismo. Se o capital for derrotado, o que é que vai ter? Vai ter um processo, e esse processo vai conter o quê? Um mercado e as pessoas vão continuar vendendo, evidente. As pessoas vão terminar criando meios de sobrevivência. Quem tem coisa para vender vai vender e o pessoal vai se virar. Então, ninguém tem constrangimento nenhum com isso. Agora pode ser que um chefe de Estado, naquele momento, estivesse constrangido, mas ele tinha que inspirar rotina. Temos que estudar caso a caso e saber que raio de constrangimento foi esse que teve Lenin. Mas não que isso seja inerente a toda revolução. Só discutindo a Revolução Russa mesmo para entender o que é que se passou pela cabeça de Lenin.

Só queria discutir com mais atenção esses momentos em que há condições espontâneas de organização da sociedade, sem que seja necessariamente dirigida com punho forte, seja pelo Estado capitalista, seja por um Estado socialista.

Mas isso é o purgatório. Porque a condição básica do processo de libertação da humanidade é a liberdade. A condição básica de libertação da humanidade é a liberdade. Não existe nenhuma possibilidade de avançarmos sem ser com o consenso geral, esse é o princípio básico. Se supõe que a Revolução Francesa, por ser uma revolução ocorrida numa situação de forças produtivas pouco desenvolvidas – em que o modo de produção que estava terminando era o feudalismo e havia um modo de produção mais eficaz, que se candidatava a reorganizar as relações de produção –, que esse modo de produção mais eficaz terminaria sendo vitorioso. Então isso produziu o quê? Os franceses precisavam de uma revolução burguesa. Nesse caso havia uma nova classe dominante em gestação, em desenvolvimento, nascendo no seio da revolução.

Agora, no caso da Rússia não. No caso da revolução proletária não tem uma nova classe dominante sendo gestada pela revolução. Não tem isso, tanto que ela caiu sozinha. Quer dizer, Lenin não podia prever, mas agora nós vimos. Eles foram incapazes de criar uma economia melhor que a capitalista e acabaram desabando. Não tinha nenhuma nova classe dominante capaz de organizar a economia de uma maneira mais eficaz. Não existia isso. A humanidade não vai espontaneamente criar uma coisa ineficaz. Contudo, pela força, uma direção política equivocada pode criar uma situação que impede o progresso.

A ASSOCIAÇÃO INTERNACIONAL DOS TRABALHADORES

Para Jacques Droz,[1] a Associação Internacional dos Trabalhadores (AIT)[2] era uma "grande alma dentro de um corpo pequeno". Ele se referia à heterogeneidade de grupos nacionais e locais e ao

---

[1] Jacques Droz (1909-1998), historiador francês especializado na história da Alemanha e do socialismo, foi professor da Sorbonne até 1972 e editor da *História Geral do Socialismo* (1972-1978), publicada no Brasil pela editora Horizonte Universitário. Entre suas principais obras estão *Histoire de l'Allemagne* (História da Alemanha, de 1945), *L'Allemagne et la Révolution Française* (A Alemanha e a Revolução Francesa, de 1949), *Les révolutions allemandes de 1848, d'après un manuscript de E. Tonnelat* (As revoluções alemãs de 1848, conforme um manuscrito de E. Tonnelat, de 1957), *Le Socialisme Democratique 1864-1960* (O socialismo democrático 1864-1960, de 1966), *De la Restauration à la Révolution 1815-1848* (Da restauração à revolução 1815-1848, de 1967) e *Histoire des Doctrines Politiques en Allemagne* (História das doutrinas políticas na Alemanha, de 1968).

[2] A Associação Internacional dos Trabalhadores (AIT), ou 1ª Internacional, foi fundada em 28 de setembro de 1864 em Londres, reunindo as mais diversas correntes do movimento dos trabalhadores. Realizou cinco congressos gerais entre 1866 e 1872 e funcionava sobre uma base federativa, sendo dirigida por um conselho geral com trabalhadores e intelectuais de vários países, responsável pelas sínteses e linhas diretivas. No Congresso de Haia, de 1872, o único dirigido por Marx e Engels, aprovou uma resolução que conferia poderes mais amplos ao Conselho Geral, que passou a ter a tarefa de garantir em cada país a "rígida observação dos princípios, estatutos e regras da Internacional" e "o direito de suspender ramos, seções, conselhos ou comitês federais e federações". Essa resolução fundamentou a expulsão dos anarquistas e dos blanquistas da AIT, e, combinada com decisão de mudar a sede do Conselho Geral de Londres para Nova York, por conta da forte repressão posterior à derrota da Comuna de Paris, levou ao colapso da Internacional. A partir de então, o movimento

pluralismo dos objetivos. Lá havia, inclusive, uma burguesia liberal republicana e democrática. Essa diversidade era um problema?

Não. Na realidade não era uma heterogeneidade de grupos nacionais, eram diferentes estágios de desenvolvimento da revolução burguesa desencadeada pela Revolução Francesa. Então, havia uma indústria nascente em vários lugares e em outros ainda predominava o sistema de produção artesanal.

Por isso o desenvolvimento da AIT, que era de proletários fabris, era muito pequeno em alguns lugares e bem desenvolvido em outros lugares, por exemplo, na Bélgica. Mas a questão que Droz colocou é uma questão que se autodissolve, porque se o proletariado, nos lugares onde já estava desenvolvido, achou necessário criar uma Internacional, era porque ela era necessária. Não cabe a nenhum historiador julgar se o proletariado fez certo. O que aconteceu como resultado de um movimento dos trabalhadores não cabe a nenhum intelectual ficar julgando se era oportuno ou se não era oportuno.

Evidentemente que havia as dificuldades do desenvolvimento europeu, porque o grau de desenvolvimento era muito diferente de um país para outro. Mas existia uma unificação do proletariado, ou seja, havia trabalhadores alemães trabalhando na Bélgica, publicações alemãs na Inglaterra, na França, e o proletariado europeu circulando pela Europa. A unificação factual dos trabalhadores fabris era uma realidade e se eles sentiam necessidade da Internacional, de se organizar, estava resolvido e não cabia dizer que era muito cedo para fazer uma Internacional. Não vou julgar, vou aceitar o que os trabalhadores fizeram.

E acho que existia a possibilidade de vitória, mas eles tiveram um embate importante e a Comuna de Paris foi derrotada, retrocederam e depois retomaram. É importante observar que a disparidade favorecia a unificação, porque na 2ª Internacional,[3] quando já havia um desenvolvimento mais ou

---

operário cresceu de maneira praticamente independente em cada país, mantendo-se apenas uma ligação tênue entre as distintas organizações nacionais.

[3] Em 14 de julho de 1889, por iniciativa de Engels, o Congresso Internacional de Paris, do qual participaram delegações de 20 países, fundou a 2ª Internacional, também chamada de Nova Internacional. No ano seguinte a organização adotou uma constituição e criou o Bureau Socialista Internacional, com representantes de cada seção nacional filiada e um escritório central, em Bruxelas. Entre as ações da 2ª Internacional estão a campanha pela jornada de trabalho de oito horas e as declarações de 1º de maio como Dia Internacional

menos amplo das relações capitalistas, os partidos da Internacional tiveram uma vida bem separada uns dos outros. Então a 2ª Internacional não foi tão internacional quanto a 1ª.

A AIT foi formada numa conjuntura de crescimento econômico, interrompido apenas de 1866 a 1868, e as lutas reivindicativas ganharam espaço. Essa conjuntura deu um sentido mais econômico para as lutas?

A AIT nunca teve um caráter de centro organizador enfocado nos problemas econômicos, sempre teve um caráter muito fortemente político. Na periferia da AIT, principalmente na Inglaterra, havia movimentos sindicais que eram mais vastos que a AIT, e se concentravam nas questões econômicas. Mas a AIT não repercutiu isso. Acho que não dá para dizer que a AIT, em algum momento, tenha tido preocupações econômicas predominantes.

Isso era mais aplicável às *trade unions*[4] na Inglaterra.

Sim.

---

dos Trabalhadores, em 1889, e de 8 de março como Dia Internacional da Mulher, em 1910. Com a eclosão da 1ª Guerra Mundial, em 1914, os líderes socialistas – à exceção dos russos e sérvios – votaram a favor de conceder os créditos militares pedidos por seus respectivos governos. Durante o conflito, duas conferências – a de Zimmerwald em 1915 e a de Kienthal em 1916, ambas na Suíça – reuniram os militantes da esquerda da Internacional para se opor à guerra e aos dirigentes socialistas que a apoiavam. A 2ª Internacional foi dissolvida em 1916, dado que os partidos nacionais que a compunham não se mantiveram unidos contra a guerra, cada qual apoiando seus governos.

4   *Trade unions* é a denominação inglesa dos sindicatos operários e de trabalhadores organizados em defesa de seus interesses materiais e direitos. A burguesia via um grande perigo nessas associações; fortemente reprimidas, por meio de intimidação e violência policial, elas se mantinham com reuniões secretas. Em 1824, com a eliminação dos Combination Acts de 1799-1800, que proibiam as associações operárias e de trabalhadores, as *trade unions* passaram a se organizar setorialmente, estimulando a criação de federações que unificavam várias categorias de trabalhadores, e, em 1830, permitiram a fundação da primeira entidade geral dos operários ingleses, a National Association for the Protection of Labour, que chegou a contar com cerca de 100 mil membros. Tiveram papel decisivo no processo de busca de unificação das lutas operárias para além dos Estados nacionais, contribuindo na constituição da AIT.

Para Marx, o objetivo de qualquer organização política de trabalhadores reconhecida era rever suas relações com os capitalistas e proprietários de terras.[5] Elas não podiam ser idênticas em Newcastle, em Barcelona, em Londres e em Berlim. A AIT tinha, então, como função "estabelecer uma solidariedade perfeita entre essas organizações". Por que essa solidariedade devia ser internacional?

Porque a economia estava internacionalizada e o que determina a Internacional é a internacionalização do processo produtivo. Rosa Luxemburgo,[6] quando descreveu a sociedade alemã, em *A Acumulação do Capital*, disse: "Hoje, consumimos aqui, na Alemanha, produtos fabricados por empresas de todo o mundo." Então, havia empresas locais, na Ásia e na América, que fabricavam alguns produtos que os europeus consumiam e tinha empresas europeias fabricando produtos na Índia, na China, que eram manufaturas evidentemente decorrentes de beneficiamentos de produtos agrícolas da região e que eram consumidos na Europa. A Inglaterra era um país que não podia se abastecer a partir de sua própria produção agrícola e consumia produtos vindos da Europa continental e dos Estados Unidos. E Rosa Luxemburgo contava que o algodão vinha do Egito para os teares alemães e vinha dos Estados Unidos ou do Brasil

---

5   Esse comentário de Marx faz parte de uma entrevista concedida ao jornal *The World* e publicada em 18 de julho de 1871. Em sua edição de *A Guerra Civil na França*, a Boitempo Editorial incluiu a entrevista entre os apêndices.

6   Rosa Luxemburgo (1871-1919), militante revolucionária polonesa com decisiva atividade política na Social-Democracia Alemã, na 2ª Internacional e na fundação do Partido Comunista da Alemanha, em 1919. Junto a Karl Liebknecht (1871-1919) formou a Liga Espartaquista em 1915, depois de romper com o Partido Social-Democrata, que votara a favor da concessão dos créditos de guerra ao governo alemão. Em novembro de 1918, aproveitando a convulsão social que levou ao fim da 1ª Guerra Mundial e à abdicação do kaiser Guilherme II, os espartaquistas iniciaram uma ofensiva para instituir a república dos sovietes na Alemanha. Em janeiro de 1919, Rosa e Liebknecht comandaram uma rebelião de trabalhadores em Berlim, duramente reprimida pelo governo da recém-proclamada República de Weimar, majoritariamente social-democrata. Foram presos e assassinados por integrantes de tropas paramilitares. Apenas em 1999 uma investigação independente concluiu que os assassinos haviam recebido ordens e dinheiro dos governantes social-democratas. Filósofa e economista, entre suas obras se destacam *Greve de Massas, Partido e Sindicatos*, de 1906 (em *Rosa Luxemburgo – Textos escolhidos, vol. I*, Editora Unesp, 2011), e *A Acumulação do Capital*, de 1913 (Coleção Os Economistas, Editora Nova Cultural, 1988, 2 volumes).

para os teares ingleses, e assim por diante. A economia internacional já estava estabelecida e isso implicava uma internacionalização do movimento dos trabalhadores que produziam esses produtos.

Ou seja, o capitalismo unifica o mundo internacionalizando o processo produtivo, mas não permite que a humanidade se unifique, porque essa internacionalização do processo produtivo ocorre através da exploração e, assim, bloqueia a unificação da humanidade. Uma exploração, no caso dos países periféricos, que é brutal, com massacres e tudo mais, que é a dominação imperial. Entretanto, ao bloquear a unificação da humanidade, internacionaliza a vida material e a Internacional se coloca como uma tarefa, espontaneamente.

A ideia de um mundo só veio do fato, por exemplo, de as pessoas perceberem que a China se tornara um objeto de preocupação dos ingleses e um século antes não o era. A China tinha um império totalmente independente no século 18, que decidia o que acontecia, e se podia contar lendas e histórias da China. Histórias fragmentárias. Depois não. Depois veio a dominação e os atos do imperador chinês foram imediatamente controlados pelo *Foreign Office*[7] de Londres que, de repente, enviava uma esquadra para impedir que a China fizesse isso ou fizesse aquilo. A vida na China estava amarrada à vida da Inglaterra. Então, o mundo estava unificado, mas de uma maneira que bloqueava a unificação da humanidade, o que criava a necessidade da Internacional.

Marx disse: "Seria bastante improvável, por exemplo, que nós esperássemos ganhar essa guerra contra o capital se baseássemos nossas táticas, digamos, na economia política de Mill".[8] A AIT tinha uma filosofia? Qual era a importância do pensamento de Marx?

Na AIT, Marx foi até uma figura importante como líder intelectual, mas não como líder dos enfrentamentos da luta de classes. Líder da luta de classes, não. Ele teve certa importância como líder intelectual. Mas no movimento prático dos trabalhadores ingleses, e menos ainda no resto da Europa, praticamente não teve importância nenhuma. Por exemplo, na França era

---

7   Ministério das Relações Exteriores do governo britânico.
8   Marx fez o comentário sobre Mill na entrevista ao *The World* já citada.

considerado uma liderança de segunda ordem, não era reconhecido como uma autoridade do movimento operário, uma linha de pensamento com prestígio no movimento operário.

Naquele momento, quem detinha esse prestígio? Proudhon?[9]

Havia Proudhon, havia a corrente de Proudhon, que era mais forte que a corrente marxista. E havia a corrente alemã. Eugéne Varlin,[10] que era um grande líder operário na França, não reconhecia a autoridade de Marx. Enquanto autoridade prática, Marx teve muito pouca força, não teve muita influência. Agora, ele era chamado para dar palestras, então tinha apenas o prestígio intelectual.

Na parte da agitação apareceram Blanqui e Bakunin.[11]

---

9   Pierre-Joseph Proudhon (1809-1865), filósofo francês, fundador e um dos mais influentes teóricos do anarquismo. Sua obra *O que é a Propriedade? Pesquisa sobre o Princípio do Direito e do Governo* (Editora Martins Fontes, 1988), de 1840, chamou a atenção de Marx, com o qual passou a manter correspondência e uma relação de amizade. Essa relação foi rompida em 1847, quando Marx publicou *A Miséria da Filosofia* (Editora Ícone, 2004), em que criticava violentamente seu livro *Sistema das Contradições Econômicas ou Filosofia da Miséria* (Ícone, 2003), de 1846. Proudhon defendia a associação dos trabalhadores em cooperativas – inclusive de crédito – e a propriedade coletiva dos meios de produção, em oposição à propriedade capitalista ou estatal. Participou da Revolução de 1848 em Paris e ficou preso entre 1849 e 1852, por causa de suas críticas a Napoleão III. Publicou em 1863 *Do Princípio Federativo* (Editora Imaginário, 2001), no qual definiu a anarquia como "o governo de cada um por si próprio", o que significava "que funções políticas deveriam ser reduzidas a funções industriais, e que a ordem social deveria surgir de nada além de transações e trocas", e seu sistema econômico como uma "federação agroindustrial" que poderia prover "arranjos federais específicos para proteger os cidadãos dos Estados federados do feudalismo capitalista financeiro, tanto no interior como fora deste sistema", e dessa forma acabar com a reintrodução do "trabalho assalariado".

10 Louis Eugéne Varlin (1839-1871), operário francês, participou ativamente da organização da seção francesa da AIT, tendo se constituído em liderança emblemática na organização e nos combates travados durante a Comuna de 1871. Foi assassinado pelas tropas de Versalhes após a derrota da Comuna.

11 Mikhail Aleksandrovitch Bakunin (1814-1876), teórico e militante revolucionário russo, um dos fundadores do anarquismo. Em 1840, foi para Berlim, onde aderiu à corrente de jovens hegelianos de esquerda e passou a colaborar com as correntes socialistas. Em 1844, em Paris, teve os primeiros contatos com Marx e Proudhon, com o qual manteria laços pessoais e políticos estreitos. Participou das barricadas populares de Dresden em maio de

Na França, Blanqui, que era mais antigo, mas depois de 1871 desapareceu. Bakunin era mais forte nos países ibéricos, Portugal e Espanha. Um pouquinho na Itália, também.

1849, foi preso e passou os 12 anos seguintes entre prisões alemãs, austríacas e russas, até ser exilado na Sibéria. Fugiu em 1861 e no fim desse ano chegou à Itália, onde manteve contatos com Garibaldi e continuou a expansão de sua organização, a Associação dos Socialistas Revolucionários. O grupo aderiu à 1ª Internacional em 1868 e foi expulso no Congresso de Haia, de 1872. As divergências entre Bakunin e Marx estavam centradas em questões de método e da necessidade ou não de uma etapa transitória entre a derrocada do Estado burguês e o comunismo, que Marx conceituava como ditadura do proletariado, o que no entender de Bakunin representava uma tendência autoritária e antipovo. Anarquistas e autonomistas fundaram a Internacional de Saint Imier, ativa durante a Comuna de Paris de 1871. Em 1874, Bakunin participou de uma tentativa de levante em Bolonha; depois, adoentado, estabeleceu-se na Suíça até sua morte. Entre suas obras destacam-se *A Reação na Alemanha* (Editora Assírio & Alvin, Portugal, 1976), de 1842, *O Princípio do Estado e Outros Ensaios* (Editora Hedra, 2008), de 1871, *Estatismo e Anarquia* (Coedição Ícone e Imaginário, 2003), de 1873, e *Deus e o Estado* (Editora Hedra, 2011), de 1882. Em 2015, a Hedra e a Imaginário lançaram *Obras Escolhidas – Mikhail Bakunin*, reunindo seus principais textos.

A COMUNA DE PARIS

Segundo Droz, o socialismo anterior a 1848 estava em declínio na França. Apesar da vitalidade da teoria de Proudhon, havia um vazio ideológico depois de 1848, pois o marxismo estava em vias de elaboração. A partir da década de 1860, o movimento dos trabalhadores franceses conheceu uma expansão sem precedentes e começou a tomar um caráter moderno. Qual foi a importância de Marx?

Depois de 1848 veio o império, foi um momento de retrocesso político na França. E nos anos 1860 houve uma reativação do movimento dos trabalhadores, mas na realidade foi a derrota de Napoleão que propiciou a Comuna de Paris. Se Napoleão não tivesse sido derrotado, não teria havido a Comuna de Paris. Se Napoleão tivesse sido vencedor, não teria ocorrido. Foi toda uma série de circunstâncias que desencadearam a Comuna de Paris, mas foi um período em que uma parte da burguesia retrocedeu e, a partir de 1849, passou a aceitar o absolutismo. Porque o absolutismo alemão era um absolutismo temperado, não era um absolutismo tirânico. Permitia uma atuação política burguesa bastante ampla. A burguesia influía no governo, não era o monarca que decidia arbitrariamente os destinos da Alemanha. A burguesia tinha voz ativa no processo de administração do Estado alemão. Embora, constitucionalmente, toda decisão fosse sempre do monarca, o Parlamento era ouvido e a burguesia se contentava com isso.

E na Itália também houve o processo de unificação nacional, que foi longo e só terminou em 1870, e o retrocesso da burguesia. E uma parte da pequena burguesia, com a prosperidade que acontecia nessa época – e essa foi uma época de prosperidade –, também se acomodou um pouco. Estava em curso a expansão colonial, que teve adesão da pequena burguesia. Então ocorreu um processo de acomodação e a nova etapa foi sendo gestada pelo desenvolvimento do proletariado industrial, que começou a criar sua organização própria, enquanto proletariado industrial. Surgiram aquelas organizações de trabalhadores da indústria mesmo, os lassallianos[1] e depois os marxistas, tudo nos anos 1860.

Droz considera que a Comuna de Paris não foi feita pelos mesmos atores da Revolução de Junho de 1848. Ela não foi feita pelo proletariado moderno, pois ao lado dos trabalhadores estavam a pequena burguesia, ligada à produção e ao comércio, e os intelectuais. Por que, ao contrário de junho de 1848, os trabalhadores não estavam mais isolados? Por que essa aproximação entre as organizações dos trabalhadores e o restante da sociedade não existe mais?

A primeira coisa a responder aqui é o seguinte: tanto a Revolução de 1848 quanto a de 1871 foram feitas pelos mesmos atores. Quer dizer, por uma massa da pequena burguesia – que ainda existia nas cidades, na época da Comuna de Paris de 1871 – e pelos trabalhadores. Mas os trabalhadores da indústria, por exemplo, eram minoria na Comuna de Paris. Com certeza, havia um pouco mais do que em 1848, o que não significava uma mudança qualitativa. Foi o povo todo de Paris, toda aquela massa de trabalhadores do pequeno comércio, de pequenos comerciantes, que fez a revolução de 1871. E fez uma revolução proletária, embora os trabalhadores não fossem maioria no seu interior. Assim, não aceito essa ideia de Droz em relação aos agentes. O que é que ele quer dizer

---

[1] Ferdinand de Lassalle (1825-1864), considerado um dos pais da moderna social-democracia alemã. Ativo propagandista e destacado orador, defensor dos ideais democráticos, foi contemporâneo de Marx, ao lado de quem participou na revolução alemã de 1848. Em 1863, fundou a Associação Geral dos Trabalhadores Alemães, mas seus integrantes eram mais conhecidos como lassallianos. Morreu jovem, em Genebra, três dias depois de ser mortalmente ferido em um duelo pela mão de sua ex-noiva, Hélène von Dönniges. É autor de *O que é uma Constituição* (Edijur, 2012), livro no qual apresentou o conceito sociológico de Constituição, ao estabelecer que esta deve descrever rigorosamente a realidade política do país, sob pena de não ter efetividade, e *A Essência da Constituição* (Freitas Bastos Editora, 2014).

com isso? Que em 1871 a revolução foi feita pelo proletariado industrial? Não é verdade. Ah, mas aí ele continua, estava presente uma pequena burguesia, em 1848, que trabalhava na produção e no comércio, e os intelectuais. Então: "Por que, ao contrário de 1848, os trabalhadores não estavam mais isolados?" Mas o equívoco anterior é que põe essa pergunta. Porque se os trabalhadores não a fizeram isoladamente, a revolução foi feita por todo mundo. Assim como foi feita por todo mundo em 1848. Nos dois casos.

Só que em 1848 a burguesia deu um golpe, cortando as concessões que fizera especificamente aos trabalhadores. E os trabalhadores se insurgiram sozinhos, mas não era obrigatório que o fizessem sozinhos. Foi a liderança dos trabalhadores que resolveu se insurgir. Eles podiam não ter se insurgido, podiam ter ficado unidos à pequena burguesia e aguardado o amadurecimento da situação para se insurgir junto com a pequena burguesia. Poderia ter acontecido isso. Não aconteceu, mas são circunstâncias históricas particulares da Revolução de 1848. O povo francês, que, aliás, era o povo todo, não era apenas Paris, era toda a França. E toda a França achou que era necessário impor a república. Mas toda a França não achou que era necessário se insurgir contra os cortes das concessões sociais aos trabalhadores. Toda a França não achou isso. Se toda a França não achou, coube apenas aos trabalhadores. Tratava-se do socialismo, não se tratava da Revolução de 1848, que foi pela república.

Agora, em 1871, foi apenas em Paris, mas igualmente todo mundo fez a revolução. E os trabalhadores não tinham nenhuma reivindicação particular a levantar, a não ser continuar a revolução de todo mundo. Como Droz acha que em 1871 foram só os trabalhadores da indústria que fizeram a revolução, por que eles conseguiram se unir em 1871 e não conseguiram se unir em 1848? Essa questão não se coloca, porque eles não estavam sozinhos.

E a segunda questão diz respeito à atualidade. Diz assim: "Por que essa aproximação entre organizações de trabalhadores com o restante da sociedade não existe mais?" É porque não existe mais aquela pequena burguesia de antes, uma pequena burguesia antigrande capital. Mudou. A sociedade é outra. Não que a pequena burguesia da época fosse anticapitalista, mas era antigrande capital. Isso criava um laço de união. Hoje em dia isso não existe mais.

Qual foi o destino dessa pequena burguesia?

Desapareceu o pequeno comércio. As cidades eram cheias de pequenas butiques de artesãos, de sapateiros remendões, de funileiros. Quando eu era criança ainda tinha funileiro na aldeia onde morava, aqui no Rio Grande do Sul, Estância Velha, perto de Novo Hamburgo. Lá tinha um funileiro, que consertava panelas. E hoje em dia não há mais. Mas na época de Marx era uma massa gigantesca, as cidades eram habitadas por multidões de pequenos comerciantes, pequenas quitandas, etc. Não havia grandes lojas. As grandes lojas de departamentos foram aparecendo nos anos 1890. Com o desenvolvimento do capital comercial as pequenas lojas foram sufocadas e perderam espaço, foi a destruição do pequeno comércio. Era a evolução do sistema capitalista, a unificação de grandes empresas, o surgimento de grandes corporações substituindo uma multidão de pequenas empresas. Esse foi um processo natural do sistema capitalista.

O apoio dessa pequena burguesia, na época, importava para os trabalhadores, mas não era suficiente.

Foi suficiente para vencer a burguesia. Se não foi suficiente para impor a revolução a toda a França, aí é outra discussão. Mas foi suficiente para a vitória, o elo existente entre o proletariado e esse pequeno comércio bastou para a vitória em Paris. E hoje em dia não dá para pensar numa aliança entre o proletariado e o pequeno comércio que tenha a mínima viabilidade. Não dá para pensar. O capitalismo evoluiu, as relações econômicas que existiam antigamente desapareceram, o pequeno comércio, hoje em dia, é residual.

Paul Singer[2] adoraria que fosse possível uma aliança entre o pequeno comércio e os trabalhadores.

Eu também adoraria. Acredito que seria melhor que tivéssemos um monte de pequenos comércios, pequenos comerciantes, do que ter essas grandes redes, esses grandes supermercados. E inclusive seríamos mais bem atendidos. Somos

---

2 Paul Singer (1932-), economista e professor brasileiro, autor, entre outras obras, de *Introdução à Economia Solidária* (Editora Fundação Perseu Abramo, 2002) e *Uma Utopia Militante: Repensando o Socialismo* (Editora Vozes, 1998).

mais bem servidos pelo pequeno comércio do que pelo grande comércio. E depois o monopólio, o controle dos preços, o controle do abastecimento, impõem as marcas e toda uma série de manipulações.

Para István Mészáros,[3] há um equívoco nas análises de Marx sobre a Comuna de Paris. Em *Para Além do Capital*, ele disse: "Encontramos um equívoco semelhante na recusa em chamar o Estado do proletariado de Estado, denominando-o em vez disso de 'a forma política de emancipação social' e a 'forma comunal de organização política'. Enaltecendo o fato de que, na Comuna, 'as funções do Estado [eram] reduzidas a poucas funções para propósitos nacionais gerais', esquece-se que um Estado de emergência extremo – como a Comuna de Paris necessariamente foi – não pode ser o modelo do desenvolvimento futuro do Estado do proletariado e de suas complexas funções internas e internacionais em circunstâncias normais." Por que a tradição marxista se identifica tanto com o Estado?

É verdade, é nossa maldição. Porque a Revolução Russa foi uma revolução autêntica. Autêntica, não há como negar. E criou-se essa ideia, de que aquele tipo de orientação encaminhada pela Revolução Russa é a orientação revolucionária necessária, a de que é preciso ter um Estado para gerir o processo de desenvolvimento da humanidade até o socialismo. Mészáros acredita nisso. E a tradição marxista decorre do papel que tiveram os Partidos Comunistas durante todo um período histórico em que os marxistas dominaram o movimento sindical e lideraram as lutas reivindicativas. E se criou uma espécie de consenso de que a única revolução socialista possível é aquela, a que aconteceu.

Pode perguntar para qualquer trabalhador, se houver uma revolução socialista, você é a favor ou contra? O que é que ele vai pensar? Ele vai pensar: Rússia! Se ele é ou foi um simpatizante do Partido Comunista, vai dizer: "Sim, sou a favor!" Se ele

---

3   István Mészáros (1930-), filósofo húngaro, discípulo de Georg Lukács (1885-1971), com quem trabalhou na Universidade de Budapeste até 1956 – após o esmagamento do levante popular pelas forças militares do Pacto de Varsóvia, lideradas pela antiga URSS, ele se exilou na Itália. Entre suas obras destacam-se *Para Além do Capital – Rumo a uma Teoria da Transição* (2002), *O Desafio e o Fardo do Tempo Histórico* (2007), *A Crise Estrutural do Capital* (2009) e *A Obra de Sartre* (2012), todos publicados pela Boitempo Editorial.

não for, vai dizer: "Ah, mas pelo amor de Deus, aquele negócio lá não funcionou, era uma tirania." Ele dirá o que a imprensa burguesa disse para ele, que era um despotismo, uma tirania, o que também é verdade. Nem a imprensa burguesa precisa mentir nesse aspecto. Todo mundo tem a referência da Rússia, porque é a que existe. Não tem ninguém com modelo próprio de socialismo na cabeça.

João Bernardo avaliou que Marx defendeu um socialismo autoritário no episódio da Comuna de Paris ao criticar os comunardos por não terem tomado o Banco da França. Marx pensava no poder e que era preciso tomar o Banco da França para manter o poder.

Mas tomar o Banco da França não seria uma medida autoritária contra os trabalhadores. Seria uma medida autoritária contra os banqueiros. Os trabalhadores não seriam contrários, onde é que está o autoritário aí? Eles não tomaram porque não sabiam muito bem se precisariam de um Banco da França, que eles controlariam, pelo tipo de liderança que estava na direção da Comuna de Paris. Não tinham uma compreensão clara do que fazer com o Banco da França e não o tomaram. Mas se tivessem tomado, qual seria o autoritarismo? Nenhum autoritarismo.

Acredito que João Bernardo projeta o socialismo real para as ideias de Marx.

Para as ideias de Marx? Seria uma manipulação.

Como se Marx fosse um estadista controlador. Como se o banco fosse só mais um braço de expansão daquela espécie de embrião ultratotalitário que estaria em gestação bem na Comuna de Paris.

Mas o problema era a moeda. O banco levantaria a questão da moeda. Se a revolução tivesse durado – é que ela não durou –, como é que se faria? Seria necessário emitir moeda. Teria que se fazer o redesconto dos títulos do comércio, o comércio cedia duplicatas e alguém tinha que descontar as duplicatas. Quem é que ia descontar? O Banco da França. Assim, se a burguesia fugiu, quem estava no poder teria que colocar o Banco da França para funcionar.

É necessário alguém que receba o título e que dê o dinheiro, porque os cidadãos têm que pagar salários e o que eles têm nas mãos é um título. Eles não vão gastar com títulos, com duplicatas. É uma questão prática. Imediata. Só que como não chegou a acontecer, porque a Comuna de Paris durou pouco, então a ocupação ou não ocupação do Banco da França era indiferente. Mas se tivessem ocupado, não seria um ato autoritário. Seria um ato de violência contra o sistema bancário. Ponto final.

Para Marx, os trabalhadores "não têm nenhum ideal a realizar, mas sim querem libertar os elementos da nova sociedade dos quais a velha e agonizante sociedade burguesa está grávida".[4] Os ideais da Revolução Francesa de 1789 não estavam presentes na Comuna de Paris?

Não eram ideais, eram conquistas democráticas que haviam sido furtadas, que o povo francês tinha perdido e tratava de recuperar. Que ideal? Não tem nada de ideal. Eles tinham liberdades, tinham o autogoverno. Eles tinham a democracia. Então, não era um ideal. Está se reduzindo o movimento concreto a um movimento de ideias. Não foi isso. Não foi um movimento de ideias. Eles sabiam que, no apogeu da Revolução Francesa, tinham o direito de se governar, depois perderam isso. Reinstalou-se o absolutismo e depois, nas Revoluções de 1830 e 1848, aquelas conquistas da Revolução Francesa não foram retomadas. Pelo contrário. Instalaram o império de Napoleão Bonaparte. Luís Napoleão, sobrinho de Napoleão Bonaparte. Então, foi um movimento prático.

Para Marx, "a classe trabalhadora pode sorrir para as rudes invectivas desses lacaios com pena e tinteiro e do didático patronato de doutrinadores burgueses bem intencionados, a verter suas ignorantes platitudes e extravagâncias sectárias em tom oracular de infalibilidade científica". Hobsbawm, em *A Era do Capital*, contou que o objetivo de Marx em *A Guerra Civil na França* era "dar indicações aos revolucionários no futuro"; no entanto, ele "permaneceu em silêncio enquanto a Comuna ocorria". Os intelectuais têm responsabilidades diante de um acontecimento da magnitude da Comuna de Paris?

Isso é justamente o que pensa Hobsbawm. Marx não tinha nenhuma responsabilidade com a Comuna de Paris e a ideia que está por trás do discurso de

---

4 Esse trecho e o da pergunta seguinte estão no livro *A Guerra Civil na França*.

Hobsbawm é que os sábios têm que guiar os incultos. Marx, de Londres, em vez de ficar em silêncio, devia dizer o que o operário tinha que fazer? Não tem cabimento. Os únicos que tinham capacidade de achar o caminho certo eram os trabalhadores de Paris, por mais que seja desenvolvido o estudo político de uma liderança. Os que fizeram a revolução é que teriam a capacidade de fazer a revolução prosseguir. Só eles. Não tem problema que todos sejam analfabetos. Os analfabetos que fizeram a revolução é que tinham a capacidade de fazer a revolução prosseguir. Porque a revolução é todo mundo ou não é a revolução. Não tem como mudar isso. Então, o que Marx tinha que fazer de Londres?

Em uma análise posterior, Marx poderia questionar?

Poderia apontar num caso posterior. Aliás, ele nem disse que tinham que tomar, ele disse assim: "O fato de não ter tomado o Banco da França indica uma fraqueza." Realmente, havia fraquezas no processo. Mas não há como dizer: "Não. Voltem! Tem que tomar o banco!" Ficar comandando, querer teleguiar a revolução, mesmo se ela estivesse parada lá nos subúrbios de Paris, mandar recados, não tem cabimento, tem que deixar as pessoas fazerem.

Hobsbawm, no fundo, usa como modelo um revolucionário intelectual prático, tipo Lenin ou Trotsky?

Que é o revolucionário profissional que sabe dirigir a revolução. O povão não sabe. É o contrário! O revolucionário profissional é o que vai travar a revolução. Sempre. Infalivelmente. O fato de ser profissional significa que ele tem interesses políticos diferentes do povo. Pelo simples fato de ser profissional, ele tem um interesse profissional. O povo não. O povo tem um interesse humano. É diferente.

Marx e Engels, na *Mensagem do Comitê Central à Liga dos Comunistas* que circulou em março de 1850, escreveram: "É nosso interesse e tarefa tornar a revolução permanente até que todas as classes proprietárias em maior ou menor grau tenham sido alijadas do poder, o poder estatal tenha sido conquistado pelo proletariado e a associação dos proletários tenha avançado, não só em um país, mas em todos os países dominantes no mundo inteiro, a tal ponto que a concorrência entre os proletários

tenha cessado nesses países e que ao menos as forças produtivas decisivas estejam concentradas nas mãos dos proletários." Havia uma revolução permanente em curso na Europa no século 19? Há alguma diferença entre as concepções de Marx e Trotsky sobre a revolução permanente?

Esse trecho pode gerar engano: "É nosso interesse e tarefa fazer a revolução permanente até que todas as classes proprietárias, em maior ou menor grau, tenham sido alijadas do poder, o poder estatal tenha sido conquistado pelo proletariado e a associação dos proletários tenha avançado, não só em um país, mas em todos os países..." Tudo bem isso. A ideia de Marx é uma boa ideia. Mas todas as classes proprietárias estarem alijadas do poder não ilumina o futuro desse processo, que se desenrolará posteriormente em alguns lugares, na Rússia em particular. E ali o problema era das classes proletárias. Ou classes oprimidas. Que deveriam todas ascender ao poder. Se supõe que todas as classes proprietárias teriam que ser derrotadas. Mas Marx se referia também à contrapartida desse alijamento das classes proprietárias, quer dizer, a ascensão dos mais oprimidos, de níveis mais baixos da sociedade, ao primeiro plano da cena política.

Por exemplo, na Revolução Francesa, no começo foi o Parlamento que se revoltou e depois foi um segmento da burguesia, depois foi a classe média e finalmente o povo miúdo, toda aquela massa de gente que antes não fazia política, passou a fazer. Ou fazia política a reboque das lideranças burguesas e passou a fazer uma política própria. Esse é um processo que só se faz na revolução, pois, em geral, as classes mais baixas estão muito atravancadas com os problemas de sobrevivência para fazer política. E quando fazem política, fazem dentro do quadro que lhes é apresentado pela classe dominante e vão apoiar movimentos das classes dominantes. E depois voltam pra casa. Não tem consequência maior. Vendem o voto, no caso das nossas republiquetas bananeiras, por exemplo. Quando explode a revolução, as pessoas amadurecem em dias. As pessoas se transformam em poucas semanas.

Isso é revolução, mas esse é um processo. Primeiro apoiam os grandes que se revoltam contra a tirania, depois quando os grandes fazem suas sacanagens, vão apoiar os que se opõem. E assim vai. Até que eles diretamente saem ao poder. Esse processo é uma sucessão. E isso, eventualmente, se estende a outros países. E quando Marx diz "em todos os países dominantes do mundo", está se referindo ao Ocidente. Os outros países, Marx não esperava que fossem se mexer. E para ele, quais seriam os países dominantes? Seriam Inglaterra, França, Alemanha, Itália e, secundariamente, Espanha e Portugal. E os países nórdicos não se oporiam ao processo revolucionário, pois povo já tinha capacidade de fazer ouvir a sua voz nesses países há muito tempo. São países de estrutura democrática, embora o regime político não seja democrático. Não se pode sacanear o povo desses países desde a Idade Média. A revolução permanente é isso.

E no final da pergunta tem a questão de Trotsky e Marx. E acho que Trotsky entendeu tudo errado. Ele se referia à revolução permanente, à revolução de Marx em princípio, mas considerava que, quando aplicada à Rússia, significava que os proletários industriais dirigiriam os camponeses. Não foi bem assim. Não é um problema de quem dirige quem. Mesmo porque a direção está nas cidades. Não digo que está no proletariado industrial. Está nas cidades. Quem toma as cidades é o proletariado industrial. No caso da Rússia, o proletariado com o apoio dos camponeses alistados no exército. Mas, de qualquer maneira, são os que estão nas cidades que tomam o poder. A liderança da cidade sobre o campo é uma coisa natural no sistema capitalista. Não é um problema de saber quem segue quem. É um problema de saber se vão ou não vão ascender ao primeiro plano da cena política.

Trotsky deveria ter uma ideia um pouco mais clara do que era o campo na Rússia e o que significava o camponês ascender ao primeiro plano da cena política. Ele entendeu tudo errado. Ele achou que o problema era saber se o camponês seguiria ou não o proletariado. É claro que o campo seguiria a cidade. O problema era saber se o camponês russo se revoltaria e se essa revolta seria a revolução. Essa era a questão na Rússia. E Trotsky não respondeu! Fora isso, repetiu o rosário de Marx e não resolveu o problema da Rússia.

Tanto assim que não resolveu, que quando se encontrou com o problema, achou que o camponês era contrarrevolucionário porque não seguiu o proletário. Não é que o camponês não seguiu o proletário, pelo contrário, o camponês fez a revolução. E a revolução camponesa tem características próprias que precisam ser respeitadas. Tão simples quanto isso. Quem é que era o mais oprimido na Rússia? O camponês, não o operário. Ao não ter respeitado isso, a revolução emperrou e querer fazê-la continuar, protegida por um gigantesco aparelho de repressão, não deu certo. Mas essa é a crítica que se tem de fazer a Trotsky. A concepção de Trotsky é a mesma de Marx. O problema de Trotsky não era uma concepção diferente da de Marx. Ele não soube traduzir para a realidade prática russa a teoria que tomou de Marx. Só isso.

Ele não entendeu o que era a revolução permanente...

Não, ele entendeu o que era a revolução permanente na Europa. Na Europa ocidental era óbvio isso. Os operários tomariam o poder e não havia mais ninguém para tomar o poder. Os camponeses na Europa ocidental eram livres e já tinham acesso à terra. E na Rússia seria a mesma coisa? Lenin dizia que a revolução era democrática, operária e camponesa. E Trotsky dizia que não, que era operária e os camponeses a seguiriam. Trotsky estava certo em relação a Lenin. Mas em relação a Marx, faltou aplicação prática de sua teoria.

E Marx não fez teoria em abstrato, fez teoria olhando para o caso francês em particular, porque aconteceu. Mas no caso alemão, o processo revolucionário de 1848 foi travado e não chegou até o proletariado. O que faltou foi o proletariado entrar em cena.

Na Rússia, faltava o proletariado entrar em cena, mas e os 80% de camponeses russos? Quando eles fossem entrar em cena, o que aconteceria? Sim, eles seriam dirigidos pelo proletariado. Eles foram dirigidos pelo proletariado e aceitaram sua direção. Veremos depois como se deu esse processo. Mas o que isso significava em termos de processo revolucionário na Rússia? Significava a revolução democrática operária e camponesa de Lenin? Ou significava a revolução permanente de Marx dentro de um processo específico para a Rússia? Trotsky não resolveu. Era um problema que ele tinha o dever de resolver e não resolveu. Depois se atrapalhou na hora de decidir o que fazer na Rússia. Ele entendeu, é a mesma teoria, só que ele não soube aplicar corretamente à Rússia. É a minha resposta. É o que tenho a responder. Outros estudiosos vão responder de outro jeito. E vamos esmiuçar um pouco mais depois, quando tratarmos da Revolução Russa.

Jacques Rougerie[5] afirmou em *Le Procès des Communards* que a Comuna de Paris marcaria a continuidade das revoluções burguesas. Os anos de 1789, 1793, 1830, 1848 e 1871 marcariam na história da França, e particularmente na de Paris, momentos altos de um mesmo e único ciclo revolucionário. Isso significaria que a Comuna seria o último episódio do ciclo da revolução burguesa na França, ainda que com um forte ou predominante conteúdo popular. Para isso, Rougerie mostrou como os jornais, a linguagem, os partidos, as canções, etc. da Comuna eram uma retomada das revoluções anteriores. E demonstrou que a proporção numérica entre patrões e operários em 1871 era a mesma do ano 2 da Revolução Francesa.[6] Esse posicionamento provocou grandes debates e recebeu muitas críticas, principalmente dos marxistas que defendiam o caráter proletário da Comuna de Paris. Nesse sentido, o que podemos considerar como continuidade e o que podemos marcar como rupturas da Comuna em relação às revoluções anteriores?

Escrevi um artigo, que foi publicado no *Olho da História*,[7] onde afirmo que a Comuna de 1871 foi na realidade uma retomada da Comuna Insurrecional de Paris de 1792. Não é nem do ano 2, é do ano 0. No ano 2 se deu a institucionalização, depois que foi mudado o calendário, inclusive, pois em 1792

---

5   Jacques Rougerie (1932-), historiador francês, especializado no estudo da Comuna de Paris e conferencista da Universidade Paris 1 Panthéon-Sorbonne. Entre suas obras estão *Procès des Communards* (O processo dos comunardos, Julliard, 1964), *Paris Libre 1871* (Paris Livre 1871, Seuil, 1971) e *Paris Insurgé – La Commune de 1871* (Paris insurgente – a Comuna de 1871, Gallimard, 2006).

6   Em 22 de setembro de 1792 foi proclamada a república na França e a Convenção decidiu adotar, em oposição ao calendário cristão, o Calendário Revolucionário, que se iniciaria naquela data – dia 1º do ano 1. O novo calendário recomeçou a contagem dos anos e reformulou a divisão do tempo: o dia passou a ser dividido em 10 partes (ou horas) e a semana a ter 10 dias. O calendário manteve os 365 dias do ano solar, dividindo-os em 12 meses de 30 dias que receberam novos nomes, celebrando as estações do ano e os períodos de plantio e colheita. Para completar o ano, foram criados 5 dias extras, dedicados a festividades e celebrações. O Calendário Revolucionário foi referendado pela Constituição de 1793 (ano 2) e só foi abolido em 1805, por Napoleão.

7   *O Olho da História* <www.oolhodahistoria.org> é uma revista online publicada pela Oficina Cinema-História, Núcleo de Produção e Pesquisas da Relação Imagem-História, com sede na Faculdade de Filosofia e Ciências Humanas da Universidade Federal da Bahia.

o calendário não estava mudado. Isso foi antes da Batalha de Valmy, que foi a batalha que decidiu que a Revolução Francesa sobreviveria. Valmy foi em setembro e a Comuna Insurrecional foi na madrugada de 9 para 10 de agosto. E não poderia ser senão a continuidade, Jacques Rougerie está totalmente certo nesse ponto. Ninguém inventa nada. O povo não fica inventando, mas se apega a certas coisas que aconteceram e funcionaram. Ou que funcionaram e não venceram, mas aquela era a forma de organização que o povo achou que era a que valia a pena se apegar, que era a democracia radical.

Agora eu me pergunto: a revolução socialista não é uma democracia radical, por acaso? Na realidade, quem faz? Quem insiste em dizer que é diferente, que não é isso, é porque acha que o socialismo é outra coisa. Que outra coisa? O povo inventa? A primeira coisa que o povo sabe é que fez uma revolução que impôs a democracia radical e que não vai abrir mão dela de qualquer maneira. Se quiser dar o nome de socialismo ao que vier depois, tudo bem. Não tem porquê abrir mão e em troca fazer uma barganha: larga um pouco da democracia radical que tem um pouco mais de socialismo. É assim que funciona? Ninguém faz essa barganha. Então, é continuidade. O que é que tem de ruptura? Tinha um potencial que ia além do ano 2, além da Comuna Insurrecional. A Comuna de Paris tinha um potencial maior. Ela teria força para ir além, se fosse uma comuna francesa, mas como era uma comuna só de Paris, ficou isolada e foi derrotada.

Se ela tivesse conseguido repercutir...

Se ela tivesse conseguido, mas aparentemente a sociedade francesa ainda não estava apta a se libertar de certa tradição napoleônica, que tinha a imagem que carregava consigo, a imagem da Revolução Francesa. Os camponeses não a seguiram e só o fariam se houvesse uma grande rede de cidades, e não apenas Paris. E com Paris cercada, os camponeses resolveram não segui-la. Naquela época, os camponeses eram uma massa gigantesca na França, e ao não seguir a Comuna, não lhe deram possibilidade de vitória. O processo era esse, retomar a democracia radical da Comuna Insurrecional de 1792 e depois prosseguir. O potencial seria muito maior se houvesse a vitória. Não ficaria parado na Comuna de 1792. Derrubaria o capital, com todas as implicações dessa derrubada. O que era impossível sonhar em 1792 era possível imaginar em 1871. A continuidade é importante.

É, inclusive se analisarmos o nome das instituições – Comitê de Salvação Pública –, o reaparecimento de jornais como *O Amigo do Povo*...

Os federalistas, tudo.

E como os camponeses viam esse processo?

Achavam que não era o caso de retomar a Revolução Francesa, pois já haviam ganhado o que queriam: terra. Eles ainda achavam que o sistema econômico funcionaria com base na propriedade individual da terra. E estavam corretos.

Mas as condições de vida dos camponeses na França, naquele momento, não eram horríveis?

Estava ruim, pois eles tinham lotes de terra pequenos e havia o comércio da terra.

E ao mesmo tempo eles não queriam mudar...

Eles não tinham um horizonte que fosse além daquilo. Que mal ou bem eles sobreviviam e estavam apegados àquilo, que era o fruto da revolução que tinham colhido. Acho que os camponeses estavam certos.

Por quê?

Porque aquele lá era o ponto de partida deles e não deviam abrir mão. O ponto de partida deles era a Revolução Francesa, que tinha proporcionado aquela conquista. Por que é que abririam mão daquela conquista? Os comunardos garantiam isso? Não. Eles falavam em propriedade socialista.

Em propriedade coletiva?

Não, em propriedade coletiva não. Socialista, quer dizer, a terra seria estatal.

Os camponeses poderiam ver uma proposta de propriedade estatal como ameaça ao que tinham conquistado?

Possivelmente sim, mas não há muitos testemunhos de camponeses falando a respeito da Comuna de Paris. Dá para esmiuçar bastante a Comuna de Paris, mas esmiuçar as ideias dos camponeses contemporâneos àqueles acontecimentos, isso não se sabe muito bem. Mas se sabe que eles se agarravam à propriedade da terra que tinham conquistado. Eu acho que eles estavam certos.

E não tem como comparar com os processos que ocorreram na Rússia e na China. Na Rússia não havia esse sentimento de propriedade comparável ao sentimento que tinham no Ocidente. Assim como não havia na China, em que o camponês não pensava em ser proprietário de um lote de terra. No Ocidente houve todo um processo histórico, que passou pela Idade Média, pelo feudalismo e pela liberação dos camponeses com a entrega da terra. E esse processo todo não aconteceu na China e na Rússia, e por isso seus camponeses tinham outra ideia sobre o processo de libertação.

Em 1848, Engels e Marx apresentavam-se como entusiastas da luta pela unificação alemã, com uma forte resistência à autodeterminação dos povos eslavos. Eles pareciam preocupados com o fortalecimento de impérios como o Russo e o Otomano, que eram as forças da contrarrevolução europeia. Poderíamos dizer que a mistura de questões sociais com questões nacionais nesse período deixou os marxistas mal posicionados para debater a questão nacional e o imperialismo no final do século 19 e no início do século 20?

Não dá para inocentar Marx nessa história. Marx fazia uma diferenciação, mas é uma bobagem dizer que ele era antieslavo. A Confederação Germânica estava desenvolvendo um processo revolucionário. O Império Russo desenvolvia um processo de pan-eslavismo, que significava sua expansão. Você seria a favor do quê naquela situação? A favor da expansão do Império Russo, que era o sustentáculo principal da Santa Aliança contrarrevolucionária? O momento histórico de Marx era aquele e havia uma força contrarrevolucionária poderosíssima. Era preciso se opor a ela. Era um dever. Então, ele apoiou a Polônia, que era eslava. Mas não apoiou a Tchecoslováquia, onde havia um partido pan-eslavista alinhado ao Império Russo. Como é que vai apoiar um negócio desses? Os dois são eslavos. Um, apoiamos e o outro, não apoiamos. Acabou. É tão óbvio que nem demanda explicação.

    Acho que não se pode inocentar Marx completamente. Marx fazia a distinção. O Império Otomano era conservador. Não era um império agressivamente contrarrevolucionário. Não fazia parte de Santa Aliança nenhuma. Não estava em expansão, pelo contrário, estava desmoronando. Mas no tempo de Marx os países islâmicos pareciam ser o atraso que não se movia a não ser empurrado pelo Ocidente. E Marx tinha essa ideia, o que fazia com que fosse tolerante com a ação do imperialismo ocidental. Isso dá para dizer.

    Marx fazia essa distinção do Império Otomano e do Império Russo e errou a respeito do Império Otomano. Errou. Devia ter tomado uma clara posição anti-imperialista. A questão do Oriente foi um escândalo, truculência imperialista violenta contra o Império Otomano. Uma incoerência, por parte de Marx. Ou seja, ele era antirrusso quando a Rússia atacava a Polônia, mas não era antirrusso quando a Rússia atacava o Império Otomano. Por quê?

O PARTIDO SOCIAL-DEMOCRATA DA ALEMANHA

Droz considera que o importante desenvolvimento do movimento dos trabalhadores alemães ocorreu menos em razão da atuação de Lassalle, Marx e Engels e mais em razão do precoce dinamismo das associações dos trabalhadores, as *arbeitervereine*. Como funcionavam essas associações?

As *arbeitervereine* eram associações com uma origem pré-capitalista, diferentemente dos clubes, que são uma criação da burguesia inglesa. As *arbeitervereine* foram associações populares, criadas pelas pessoas comuns, pelos companheiros das corporações, pelos artesãos, e tiveram um grande desenvolvimento durante 1848 e 1849, principalmente no movimento pela Constituição do Reich de 1849. Elas tinham as finalidades mais variadas e as cores políticas mais variadas. Eram pelo desenvolvimento cultural e pelo lazer também. Existiam, por exemplo, *arbeitervereine* de caçadores, de praticantes de tiro ao alvo, de cantores. Aqui, no Rio Grande do Sul, existem duas sociedades de canto, no caminho de Gravataí para Gramado, que são a União da Paz e a Sociedade Concórdia, duas *arbeitervereine* criadas pelos alemães daqui, para se reunir e cantar juntos. Portanto, são organizações populares que, quando surgiu o grande movimento político de 1848 e 1849, adquiriram um caráter político.

Quando estudamos a Social-Democracia Alemã, vimos que constituiu um mundo à parte, pois tinha sua própria escola, sua olimpíada, etc., que

era um pouco dessas *arbeitervereine* e, de certa forma, o Partido Social-Democrata canalizou e...

É, mas isso aí não foi espontâneo da Social-Democracia.

Digo naquele sentido de falar que o presidente do Partido Social-Democrata era a segunda pessoa mais importante da Alemanha, porque de fato comandava quase que outra sociedade, à parte da Alemanha oficial.

É, mas foi uma coisa pensada. Eles pensavam o mundo proletário separado do mundo burguês. Espontâneas foram as *arbeitervereine*, que eram a forma de organização popular. Cantar era uma atividade que os alemães gostavam de fazer em conjunto e faziam em sociedades de canto. Havia as *arbeitervereine* e havia a noção de partido. Partido como parte da sociedade. Como uma cisão social. Sobre a revolução democrática de 1849, Engels, que redigiu aquele livro em colaboração com Marx, o *Lutas de Classes na Alemanha*, falou em três partidos. Não era nenhum aparelho partidário, eram três grandes divisões do movimento político pela Constituição do Reich.

Entendia-se partido como sendo uma grande corrente. Uma corrente que provinha de uma divisão profunda, então havia os três partidos: monarquistas constitucionalistas, republicanos e democratas. Os republicanos ainda estavam com aquelas ideias da Revolução Francesa de refazer as leis justas da república romana. Os democratas queriam a Constituição de 1793.

E os monarquistas?

Os monarquistas eram pela monarquia constitucional, que era revolucionária naquele momento na Alemanha, que tinha uma monarquia absolutista. Então, três grandes cisões, grandes correntes que representavam, segundo Marx, três camadas sociais. Não necessariamente três classes. Os monarquistas constitucionalistas representavam mais a burguesia e uma parte da nobreza. Porque nem toda a nobreza da Alemanha era absolutista, uma parte era esclarecida, pendia para as tendências políticas burguesas. E a pequena burguesia, que era gigantesca naquela época, era, em geral, republicana, mas incluía monarquistas também. A pequena burguesia, ainda que muito variada, era onde estava a força dos republicanos. E depois tínhamos o proletariado, que era democrata. Havia também democratas anarquistas entre as corporações de ofício, principalmente os líderes das corporações. Mas o forte dos democratas eram os trabalhadores, os companheiros das corporações de ofício, que eram um nível mais baixo, e os trabalhadores das pequenas indústrias, das manufaturas, que trabalhavam principalmente para o Estado. A Alemanha era pouco industrializada naquele momento.

E essas indústrias já tinham linhas de produção?

Não, elas tinham o sistema fabril, porque o sistema mercantil anterior era de trabalho em domicílio. E o sistema fabril era todo mundo na fábrica, em horário fixo, e trabalhando coletivamente. Mas era pequena a parte da população implicada no sistema fabril. O forte ainda eram os níveis mais baixos das corporações de ofício, que eram os companheiros, que tinham um estatuto social de proletário e não tinham nenhuma perspectiva de ascender ao nível de mestre. Embora na Alemanha as corporações fossem mais abertas do que na França, por exemplo. Ser companheiro na França, principalmente no período pré-revolucionário, era ser trabalhador a vida inteira, com trabalho pesado e horários muito ruins. E ser membro de uma corporação na Alemanha, mesmo num nível mais baixo, não eliminava totalmente as possibilidades de ascensão.

Por que essa diferença?

Pela forma de constituição das corporações, que eram mais de iniciativa popular e com menor interferência do poder estatal. O poder estatal era mais fraco na Confederação Germânica. E o poder das corporações era maior. Tanto assim que Hegel pretendia manter as corporações porque não as via como uma força contrarrevolucionária na Alemanha. E na França eram, pois tinham privilégios reais e eram fechadas. Os mestres formavam um grupo fechado e ninguém mais ascendia à condição de mestre. E na Alemanha permanecia certa abertura, a interferência era um privilégio real. Os mestres compravam os direitos das corporações e existia uma fidelidade ao rei. Na França, os mestres das corporações de ofício eram reacionários. Na Alemanha, nem sempre. Eram conservadores, na melhor das hipóteses, mas não eram reacionários.

Mas a *arbeiterverein* era aquilo que o povo aprendeu a fazer para se organizar. E quando surgiu o movimento político, as *arbeitervereine* se transformaram. Antes de cantar, discutiam política, ou até nem cantavam, ficavam o tempo todo num bate-boca político superalvoroçado, porque era a guerra pela Constituição do Reich que estava em andamento. Imagina? As pessoas não tinham mais sossego para ficar cantando cânticos tradicionais. E depois voltariam a cantar. Mas naquele momento não tinham mais a tranquilidade de espírito suficiente para simplesmente cantar, voltar para casa e dormir. Tinham que discutir. Então, o caráter era político e muitas se organizaram especificamente para fins políticos. E Lassalle se baseou nisso. Aliás, o nome de sua organização incluía o termo *arbeiterverein*.

Droz destaca duas organizações que foram importantes para a formação da classe trabalhadora alemã: a Verbrüderung (Fraternidade) e a *Neue Rheinische Zeitung* (*Nova Gazeta Renana*). Por que elas foram importantes?

Acho que Droz compara coisas diversas. Porque a Verbrüderung era uma organização política que juntou tendências muito diversas. Ela não tinha uma unidade de pensamento muito clara. Abrangeu um grande número de trabalhadores e foi um centro de aglutinação dos trabalhadores alemães naquele período conturbado. A *Neue Rheinische Zeitung* era outra coisa. Era um jornal que teve influência por causa das posições políticas que eram debatidas nele. Então, as duas não competiam.

Acho importante pensar o caráter desse jornal. Marx propunha uma questão interessante: fazer um jornal para informar, para trazer informações para a classe trabalhadora, e não fazer um jornal de doutrina do socialismo. O oposto da proposta dos jornais de esquerda nos dias de hoje, que têm muito mais doutrina do que informação.

E na *Nova Gazeta Renana* Marx pretendia criar um centro político esclarecido do processo revolucionário. Que tivesse as informações necessárias e a capacidade, portanto, de adotar orientações mais adequadas ao desenvolvimento do processo revolucionário. Então, são duas coisas diferentes e acho que a Verbrüderung teve seu papel e foi um instrumento que milhares de trabalhadores alemães tiveram à disposição para se organizar. Mas era uma organização que tinha um caráter de fraternidade, não tinha o caráter de orientação política bem definida, pois várias perspectivas conviviam nela. Era assim que funcionava.

Mas é preciso dizer que Marx fracassou na *Nova Gazeta Renana*, porque entraram, justamente, pessoas com a ideia contrária, a de fazer do jornal um centro de doutrinação. E Marx entrou em choque com esse pessoal, não funcionou tão bem.

Existia uma *Gazeta Renana* de que Marx...

A *Gazeta Renana*, a primeira, aquela de que Marx foi redator-chefe antes de se exilar na França, em 1842, porque a *Gazeta Renana* foi proibida. Quando estourou a campanha pela Constituição do Reich, Marx e Engels, que estavam em Londres, foram para a Alemanha e criaram em Colônia a *Nova Gazeta Renana*...

E, na verdade, o grande objetivo seria manter...

Um centro. Um centro informativo, mas, ao mesmo tempo, aglutinador dos pensamentos esclarecidos.

Mas não doutrinador, que é o interessante.

Dos que buscavam entender o processo e dos que estavam escolhendo o seu caminho, e se procurava que as escolhas fossem feitas da maneira mais eficiente possível.

Engels, na introdução ao texto de Marx *As Lutas de Classes na França*, contou com entusiasmo o crescimento dos votos social-democratas: 102 mil em 1871, 352 mil em 1874 e 493 mil em 1877. Após a lei de exceção, os votos diminuíram para 312 mil em 1881, mas voltaram a subir nos anos seguintes: 550 mil em 1884, 763 mil em 1887 e 1,417 milhão em 1890. O que significava esse crescimento dos votos do Partido Social-Democrata?

Significava coisas muito variáveis, e o decênio de 1880 significou uma afirmação clara da classe trabalhadora contra a burguesia. Porque é preciso dizer que o decênio de 80 do século 19 foi um período conservador na Europa. Foi o decênio posterior à revolução da Comuna de Paris e à industrialização da Alemanha. E naquele momento a industrialização da Alemanha se fazia em condições de trabalho bastante duras, e numa situação política de inconformidade geral com a derrota de 1849, que ainda estava fresca na memória dos trabalhadores.

E os trabalhadores eram democratas, aliás, o nome do Partido Social-Democrata, criado pelos marxistas, era mais ou menos obrigatório, porque aquela democracia que tinha sido frustrada em 1849 estava presente na cabeça de todo mundo. Era um movimento antiburguês, porque a burguesia tinha se acomodado, tinha se enquadrado no absolutismo, principalmente depois de 1871, que foi a grande virada da burguesia alemã.

Agora vou fazer uma digressão um pouco fora do assunto, porque estive lendo um livro muito esclarecedor sobre a cultura alemã. Hoje em dia, todo mundo pensa na Alemanha como sendo um país de pessoas sérias, trabalhadoras e organizadas. Mas, na realidade, a Alemanha era um país que se caracterizava pelo romantismo, pela explosão de sentimentos, sendo que o símbolo do jovem alemão era Werther,[1] que se suicidou por causa do seu amor. Muitos jovens se suicidaram porque achavam que era bonito se suicidar por amor, quando não conseguiam ser correspondidos, ou quando razões de família frustravam o casamento. Só que depois veio o Reich alemão, que quiseram em 1849 e veio em 1871, criado por Bismarck. Esse Reich alemão era o Reich conservador. Ele tinha um caráter progressista, em termos da Constituição da nação alemã, mas ao mesmo tempo era conservador das instituições políticas vigentes, inclusive a monarquia absoluta.

Você disse que o Reich alemão era progressista para a Constituição da nação e conservador para suas instituições. Não há uma contradição nessa formulação?

Não. Aconteceu em 1849 uma campanha pela Constituição do Reich. Uma guerra civil com barricada. E morreram centenas de pessoas. Principalmente

---

1 Vito Letizia se refere ao personagem central do livro *Os Sofrimentos do Jovem Werther* (LP&M Pocket, 2004, e Editora Nova Alexandria, 2011), de Johann Wolfgang von Goethe (1749-1832). Inicialmente publicada em 1774, a obra alcançou grande sucesso, deu início à moderna prosa alemã e tornou-se um marco do romantismo. Nela, Werther conta ao amigo Wilhelm a história de seu amor impossível por Charlotte, prometida em casamento para outro. Sem conseguir esquecê-la, acaba se suicidando.

no Palatinado, houve lutas do exército revolucionário contra o exército regular. Na campanha pela Constituição do Reich havia três correntes. O Reich sob uma monarquia constitucional, que teria um primeiro-ministro responsável ante o povo, ante o Parlamento eleito pelo povo. Havia uma corrente pelo Reich republicano e uma corrente pelo Reich democrático, seguindo a Constituição de 1793 da Revolução Francesa. Ou seja, três possibilidades de Reich, o que implicava três tipos de instituições: democráticas, republicanas ou monarquistas. Com Constituição e tudo, mas monarquistas.

E quando veio o Reich, em 1871, a partir da derrota da França na Guerra Franco-Prussiana de 1870, veio com a monarquia absolutista, uma quarta possibilidade. Um quarto modelo de instituições para o Reich alemão. É evidente que isso ia contra todo mundo. A burguesia, a pequena burguesia e os trabalhadores não queriam isso. Quem quis isso foi um setor da nobreza, não foi nem toda a nobreza, pois uma parte da nobreza já era constitucionalista. E o povo estava inconformado. Os trabalhadores acharam que era dever deles lutar pela democracia, em suma, levantar a bandeira da Revolução de 1848 e da campanha pela Constituição do Reich de 1849.

Então, o Partido Social-Democrata não poderia se denominar partido socialista. E como é que ficava o Reich? Tinha que ser um Reich democrático. E isso implicava se apresentar nas eleições legislativas, não existia candidato para cargo executivo, deixemos bem claro isso. Não se pretendia concorrer para cargos executivos, pois não se pretendia administrar o aparelho de Estado burguês. Mas os trabalhadores pretendiam ter deputados nesse Parlamento, que era o Parlamento do Reich. O Reichstag. Apesar de o partido socialista ser ilegal, como os trabalhadores não o eram, se candidatavam individualmente. Era permitido se candidatar sem ter partido e se podia fazer a conta, pelo nome dos candidatos e pela quantidade de votos que recebiam, para assim saber quantos eram os votos socialistas. O partido socialista fazia campanha pelos candidatos e todo mundo sabia que eles representavam o Partido Social-Democrata Alemão. Isso significou um movimento contra a burguesia e contra o capital.

Por que contra o capital? Porque era um movimento no qual havia uma repulsa, uma rejeição, dos métodos brutais de exploração do capital. Uma rejeição muito difundida, inclusive entre uma parte da nobreza esclarecida, que achava que tinham que ser eliminadas aquelas relações sociais brutais estabelecidas nas fábricas. Ou seja, havia um segmento de nobreza esclarecida que era anticapital. E os trabalhadores eram anticapital porque se consideravam explorados de maneira brutal e queriam reivindicar seus direitos de ter condições de trabalho mais dignas. Eles e as pessoas românticas da sociedade eram contra o capital porque rejeitavam aquele sistema fabril, pois achavam que aquela brutalidade não devia existir.

O próprio Stuart Mill, na Inglaterra, dizia que o capitalismo teria que, em algum momento, parar de crescer e pensar em se colocar como prioridade a redistribuição da riqueza, mais do que simplesmente fazê-la crescer. Isso de um dos teóricos do pensamento capitalista, do pensamento burguês britânico. Um livro de Stuart Mill foi adotado como livro de texto em todas as universidades da Inglaterra, era uma ideia que circulava entre as pessoas, não era uma ideia de revolucionário! O sistema fabril era um sistema brutal. Havia aqueles bairros operários, cinzentos, miseráveis, e os operários trabalhavam naquelas fábricas mal arejadas, fumacentas, em más condições. Como naquele filme, *Daens – Um Grito de Justiça*,[2] que mostra como eram as condições de trabalho na Bélgica, em que homens e mulheres compartilhavam os banheiros, que não tinham portas. Todo mundo tinha que ver....

No banheiro?

No banheiro. Para saber se os trabalhadores não estavam gazeteando o contramestre tinha que olhar se eles estavam no banheiro, o que estavam fazendo.

Que falta de privacidade.

Os trabalhadores eram tratados como animais. Então, esse movimento era um movimento contra o capital, por causa desse sistema fabril, que era rejeitado por uma parte da população além dos trabalhadores. E era contra a monarquia absolutista e a classe burguesa, que tinha aderido à monarquia absolutista. Era um movimento anticapitalista e antiburguês. E claro que Marx ia contar os votos que expressavam isso.

---

2   *Daens – Um Grito de Justiça* (1992), do diretor belga Stijn Coninx (1957-)

Naquela época, fazer conta dos votos fazia sentido. Nos anos 1890 isso mudaria um pouco, pois eram anos de abertura de ideias, de circulação de ideias revolucionárias e as condições de trabalho já tinham melhorado. E a sociedade alemã se sentia atraída pela social-democracia e as melhores cabeças da Alemanha se tornaram social-democratas. Os melhores jornais e as melhores revistas da Alemanha eram da social-democracia. Já era outro tipo de movimento, era um movimento social amplo, que transcendia a classe operária.

Estava claro que era só a participação no Poder Legislativo? E nos dias de hoje, seria válida essa fórmula?

Sempre. Até 1914. Droz conta o caso de um deputado que se candidatou a prefeito de uma cidadezinha, e foi um tremendo bate-boca contra essa candidatura. O que é que ele ia fazer numa prefeitura? Faria a revolução? O que é que ele queria na prefeitura? Vamos ter claro na cabeça: nós temos alguma coisa a fazer na Presidência? Não. Não há nada a fazer na Presidência. É necessário um movimento social de altíssima força para poder segurar qualquer reforma. Reforma! Não estou nem falando em revolução.

Por exemplo, é básico fazer uma reforma nas leis de propriedade do solo urbano e do solo rural. Vamos deixar o socialismo para as calendas gregas, mas reformar as normas de propriedade do solo urbano e do solo agrícola é urgente e necessário para que a sociedade brasileira mude. Inclusive garantindo a propriedade privada, desde que não seja abusiva. Tem que eliminar os abusos da apropriação do solo urbano e rural, senão não vai mudar. Como fazer isso sem um movimento social de uma força absolutamente descomunal por trás? Pois fazer isso é ter a burguesia e a classe média inteirinha contra de cara. Portanto, se não houver um movimento social favorável, não vai dar para fazer isso. E se não der para fazer isso, fazer o quê na Presidência? Brigar contra os bancos? Eles quebrariam a nossa moeda, pois cortariam o fluxo de dólares para o Brasil, que é o que sustenta nossa moeda. Há um fluxo permanente de capital externo que entra no Brasil e sustenta nossa moeda na estabilidade em que se encontra. E como é que ficaria? Teria inflação.

Como acabar com isso? Com o movimento social afirmando que não quer esses dólares – mas isso já seria outro planeta. Significaria dizer: "É cruzeiro de novo, gente!" Eu sou a favor dos mil réis. E vamos sustentar a nossa moeda. Primeiro, redistribuindo a renda. E se fecharem as fábricas, vamos ver o que fazemos. Vamos perguntar para os administradores que saíram das universidades se querem administrar essa fábrica. Não precisa entregar para os operários, que podem fazer bobagem. Entrega para o administrador. Mas o detalhe é que o administrador não é proprietário, ganha um salário, e esse cidadão está a serviço da fábrica. Não entra como dono, entra com duas pedras no sapato e tem que perguntar para os operários se aceitam as medidas que ele propõe. Acabou. Ter que perguntar para o operário o que é que tem que fazer na fábrica já é socialismo. E a pior coisa é entregar para o trabalhador, que vai se considerar proprietário.

E de quem seria a propriedade dessa fábrica?

De ninguém. Distribui. Quem quiser, que compre ações das fábricas. É o que Marx dizia: "A burguesia nos deu um modelo excelente de propriedade social, a sociedade de ações." Livro 3, seção quinta de *O Capital*. É o natural, é o espontâneo, é o que o povo acha que é bom. Agora, para quebrar o poder instaurado, tem que ter um movimento social forte. Não adianta dizer que é por emprego e por saúde e educação de boa qualidade e gratuitas para todo mundo, pois vem o burguês e pergunta quem é que vai pagar? E está certo ele e não adianta dizer que o Estado garante. Garante com o quê? O Estado não produz nada. Por exemplo, em Cuba estão dissolvendo o sistema, porque ninguém está conseguindo pagar.

Teria que ser pelos impostos.

Cobrar impostos de quem? Tem que estar produzindo alguma coisa. O Estado cubano até tem sorte, porque tem um fluxo de dólares que vem de Miami.

Dos refugiados...

E é isso que permitiu que o Estado se segurasse todo esse tempo. Mas se não houvesse esse fluxo de dólares vindo de Miami... Havia aqueles grandes cartazes que diziam: "*Para defender el socialismo, es necesario tener fe.*" Imagina? Só dizer isso é uma baita de uma fé. Ter fé no socialismo. E o pessoal, na madrugada, escrevia em baixo: "*Si. (Família en el exterior).*" E o governo cubano precisava daqueles dólares. A vida funciona dentro das leis da natureza, não adianta querer fugir.

Fizemos uma digressão, vamos voltar ao tema.

Nos anos 1890 veio esse encanto por uma sociedade mais livre, uma sociedade menos brutal, porque em 1889 foi derrotada a ditadura na França. E o general (Georges) Boulanger foi obrigado a se exilar. Em suma, foi a *belle époque*, que começou nos anos 1890. Uma sociedade humanista, com tendências democráticas florescendo em toda a parte, e o socialismo se tornou uma perspectiva atraente. As pessoas de espírito mais educadas, as melhores cabeças, viviam na social-democracia e isso passou a representar uma parte gigantesca da sociedade. O que a tornou conservadora, pois as pessoas queriam continuar com o progresso, e a teoria de Eduard Bernstein[3] veio nessa época. Ele dizia: "Escuta, nós estamos indo para uma sociedade melhor sem guerra civil. Isso não é bom?" É bom.

E virou uma polêmica, se é reforma ou revolução. Mas no fundo, o que ele estava fazendo não era a análise da conjuntura da década de 1890?

Escuta, mas estava melhorando demais, estava ficando superbom. Os trabalhadores estavam ganhando mais dinheiro, estavam sendo respeitados como pessoas importantes. Todo mundo tirava o chapéu para trabalhador. Os trabalhadores qualificados tinham possibilidade de comprar um piano e mandar as filhas irem estudar. Em suma, era uma sociedade educada, uma sociedade bonita. E os trabalhadores sabiam que tinham conquistado aquilo, foi a luta deles que conquistou. E diziam: "Por que precisamos fazer uma guerra civil? A guerra civil vai esganar a nossa vida, porque nós queremos melhorar. De repente, podemos chegar até a uma transformação social de grande envergadura sem uma guerra civil. Por que não?"

---

3 Eduard Bernstein (1850-1932), político e teórico alemão, dirigente da 2ª Internacional e do Partido Social-Democrata Alemão. Era um crítico das posições de Marx, pois considerava que outros fatores, além dos econômicos, determinam os fenômenos sociais, e que a concentração capitalista não era inevitável nem o empobrecimento crescente do proletariado. Defendia a melhoria gradual das condições de vida dos trabalhadores, dando-lhes meios de ascender às classes médias. Deputado no Reichstag por longos períodos – de 1902 a 1906, 1912 a 1918 e 1920 a 1928 –, foi contra a liberação dos fundos de guerra para o governo em dezembro de 1915, divergindo da maioria dos deputados do partido, que apoiava a medida. Bernstein também se opôs à derrotada revolução alemã de 1918 e durante curto período foi secretário-assistente do ministro do Tesouro. Contrário aos bolcheviques, apoiou as iniciativas da contrarrevolução na Rússia a partir de 1919.

Rosa Luxemburgo, que era polonesa e tinha vindo do Império Russo, achava necessário assaltar o poder. Os alemães se dividiram. Uma parte achava realmente que era preciso assaltar o poder e outra parte que se devia esperar que a situação piorasse para tentar esse assalto e evitar uma guerra civil. Uma guerra civil teórica, porque pela teoria o Estado burguês tem que ser derrubado. Sim, a teoria está certa, mas não se faz uma revolução na base da teoria. Faz-se uma revolução na base das necessidades práticas. A teoria tem que coincidir com a necessidade prática, senão não vai funcionar.

Em suma, o crescimento dos anos 1890 foi diferente, foi algo belíssimo e que fez da social-democracia um paradigma no planeta. Todo mundo queria ser a Social-Democracia Alemã, que tinha jornais em toda parte, os melhores jornais da Alemanha, as melhores revistas. A revista que mais vendia era a *Meggendorfer Blätter*,[4] que era uma revista humorística. Desde o alto aparelho de Estado até os proletários, todo mundo comprava e as piadas eram políticas.

Inclusive para o partido russo, o modelo era a Social-Democracia Alemã.

Para todo o mundo, o modelo era a Social-Democracia Alemã dos anos 1890. Quando Engels falava que acabara o tempo das barricadas, pois um canhão de retrocarga destruía uma barricada em cinco minutos, de certa maneira estava fazendo uma concessão. Ele estava dizendo: olha, vamos adiar nossas barricadas porque esse negócio está bom demais. Não podemos pôr em risco esse grande instrumento revolucionário que nós criamos, que é a Social-Democracia Alemã. Ou seja, se nos lançarmos às barricadas, seremos derrotados e depois teremos todo um período de reação nas nossas costas.

E tem toda a questão militar, de que Engels gostava.

Se ele fizesse a carreira militar, seria um general brilhante.

---

4   A *Meggendorfer Blätter* foi uma popular revista satírica publicada entre 1888 e 1944, caracterizada pela alta qualidade artística, determinada pelo seu primeiro editor, Lothar Meggendorfer (1847-1925), que definiu seu conteúdo e aparência, com o uso de ilustrações e caricaturas para artigos, piadas e poemas. A Universidade de Heidelberg, na Alemanha, digitalizou boa parte da publicação, que está disponível em <www.ub.uni-heidelberg.de/helios/fachinfo/www/kunst/digilit/meggendorferblaetter.html>.

O PROGRAMA DE GOTHA

O Programa de Gotha[1] expressou um momento em que o pensamento de Lassalle tinha mais importância que o de Marx para os trabalhadores alemães?

Acho bobagem discutir e querer escolher qual era o mais importante. O movimento de Lassalle tinha tido uma importância histórica crucial, tanto é que Marx dava importância para esse movimento, apesar de o programa de Lassalle ser um programa ruim. Marx não prestava atenção nesses detalhes, mas queria saber se os trabalhadores estavam organizados contra a burguesia ou não. E o partido de Lassalle era um instrumento válido para isso. E o interessante era que Lassalle era contra a greve.

Lassalle morreu cedo, em um duelo, e seu sucessor, que era um seguidor estrito de suas ideias, manteve essa diretriz de não fazer greves. Só que os lassallianos faziam greves porque, naquela época, havia um sistema monetário

---

[1] O Programa de Gotha foi adotado em maio de 1875, no congresso de fundação do Partido Social-Democrata da Alemanha, realizado na cidade de Gotha. O partido foi formado a partir da unificação entre os lassallianos e o grupo de Eisenach – Wilhelm Liebknecht (1826-1900) e August Bebel (1840-1913), entre outros militantes do Partido Social Democrático Operário Alemão, fundado em 1869 –, do qual Marx e Engels eram próximos. A pedido do grupo de Eisenach, Marx endereçou uma carta com observações sobre o programa do novo partido. O documento passou à história como *Crítica do Programa de Gotha* (Boitempo Editorial, 2012), que pode ser baixado em formato eletrônico em <www.dominiopublico.gov.br>.

rígido, baseado no padrão ouro. E o poder aquisitivo da moeda era de uma estabilidade quase perfeita e não tinha um processo inflacionário que comia o salário dos trabalhadores. Quando uma fábrica entrava em aperto, o que faziam os patrões? Baixavam os salários. Salário nominal. E os trabalhadores entravam em greve. Isso é algo que os trabalhadores nunca aceitaram. Então, o movimento lassalliano teve a sua importância.

O movimento social-democrata teve a sua importância, na medida em que definiu a burguesia como o verdadeiro inimigo dos trabalhadores. E definiu, junto com a burguesia, o Estado prussiano. Não definiu só a burguesia, o Estado prussiano. E o programa lassalliano, de certa maneira, colocava um pouco de lado o Estado prussiano como alvo, porque queria uma colaboração do Estado para a promoção do bem-estar dos trabalhadores alemães. Queria ajuda na criação de cooperativas de produção dos trabalhadores. E os trabalhadores colocavam a perspectiva de realizar uma parte, pelo menos, do seu programa com a ajuda do Estado prussiano. E isso era algo absolutamente reacionário, a rigor, no entender de Marx. Mesmo assim, Marx aceitou, porque era um instrumento através do qual os trabalhadores alemães se organizaram e atuaram contra o capital, porque faziam greves, apesar das diretrizes de não fazer.

Isso que é o interessante, porque Marx discordava de muitos pontos, mas em nenhum momento publicou que romperia com o movimento de Lassalle.

Porque não tinha cabimento, o entusiasmo dos trabalhadores quando fizeram a União. A narração do congresso...

Rolf Hecker, que trabalha na organização das obras completas de Marx e Engels, a MEGA,[2] foi à Universidade de São Paulo falar sobre o projeto.

---

2   MEGA é a abreviação de Marx-Engels-Gesamtausgabe, que significa obras completas de Marx e Engels em alemão. O primeiro volume da MEGA foi publicado em 1927. David Riazanov, responsável pelo projeto, previa lançar 40 volumes. Em 1930, ele foi expulso do Partido Comunista da URSS e banido do projeto, sendo condenado e executado por traição nos processos de Moscou de 1938. O Instituto para Marxismo-Leninismo do PC retomou a tarefa e lançou a Marx-Engels-Werk em 39 volumes em russo, alemão e inglês. Em 1975 foi lançado o projeto russo-alemão da segunda MEGA, que foi interrompido com

Lá, disse que o texto era apenas uma crítica de Marx a alguns pontos da Social-Democracia Alemã, mas que os antigos organizadores da obra de Marx, por serem leninistas, colocaram logo a palavra "programa" no título. Ou seja, *Crítica do Programa de Gotha* é um título atribuído a um rascunho de Marx.

Marx não era idealista. Por exemplo, discordo de uma parte da *Crítica do Programa de Gotha*. E vou dizer que não sou marxista? Não, não tem nada a ver. Sou contra a educação infantil na fábrica, acho que a criança tem que brincar. Pode ser que eu esteja errado e Marx esteja certo, mas tem importância isso? Não tem. Vamos ver o que o povo quer. Vamos ver o que as crianças querem. Se as crianças não gostam, então está resolvido. Criança quer brincar e acho que criança tem que brincar porque fui criança e lembro com saudades até hoje do curto período em que brinquei.

Por que curto?

Curto porque depois, quando me mudei para Porto Alegre, já vivia enclausurado. Em Porto Alegre morava em casa e não brincava na rua, como a gurizada costumava fazer. Meu pai não deixava brincar na rua. Não por razões de segurança, mas porque achava que filho de médico não podia se comportar como um moleque. Aquelas bobagens. Até os 8 anos, quando morávamos no campo, brinquei e fiquei com saudade daquela infância. Talvez por isso eu tenha essa ideia de que criança tem é que brincar. Por uma questão de experiência pessoal, e de repente posso estar errado. Mas acho que não tem a menor importância. Depois, a sociedade toda vai decidir. Os pais vão ouvir os filhos, a comunidade vai ouvir, vai querer fazer o que é melhor, pois ninguém é contra as crianças. Não vejo como um progresso colocar a criança na fábrica, para aprender desde

---

o fim da URSS. Só foi retomado em 1990, pela Fundação Internacional Marx Engels, que planeja lançar 114 volumes. Esse trabalho está em curso e seus organizadores se propõem a realizar alterações filológicas na organização do material, retirando todo o conteúdo político associado aos interesses da extinta URSS. O professor Rolf Hecker é presidente da Sociedade Berlinense para promoção da edição MEGA, editor da revista *Beiträge zur Marx-Engels-Forschung. Neue Folge* (Contribuições à Pesquisa sobre Marx e Engels. Nova Série), e autor, entre outras obras, de *Marx como Pensador* (Editora Anita Garibaldi, 2011), na qual apresenta os novos resultados obtidos da análise da obra e da biografia de Marx.

cedo a ser um operário. Vejo como um retrocesso. Mas como não temos essa sociedade funcionando, vou dizer que Marx estava errado e eu estou certo?

Marx, quando defendeu isso, em 1875, sobre o Programa de Gotha, estava muito influenciado pelo movimento prático ou pela Comuna de Paris, que no documento sobre educação falava em ensinar a criança a trabalhar.

Era uma tendência na época, dos movimentos utópicos, principalmente de Fourier,[3] que influenciou e impressionou Marx e Engels, pois era o único movimento utópico feminista. Não que eles fossem feministas, mas achavam que devia haver a igualdade. E Fourier era o único dos socialistas utópicos que tinha essa ideia da igualdade dos sexos. Então, resolveram seguir essa tendência. Mas o importante era o movimento real. Os trabalhadores queriam se unificar contra a burguesia. Não havia o que questionar. Não tem maneira errada e maneira certa de se organizar. Se estão contra a burguesia e contra o capital, está resolvido. O Programa de Gotha era um programa, não era um partido.

O programa pode mudar, não tem nada definitivo.

Quando o partido tomar o poder, derrubar a burguesia, o movimento real vai mudar. E vamos ser contra? Bom, vamos supor que somos contra. E aí? Vamos organizar uma repressão? Um aparelho repressivo? É aí que está o "x" da história.

Podemos dizer, por exemplo, que Lassalle teve mais influência na formulação do programa?

Lassalle sumiu da Social-Democracia Alemã, foi se esvaecendo. A Social-Democracia Alemã virou um movimento marxista. Todo mundo achou

---

3   François Marie Charles Fourier (1772-1837), filósofo autodidata e socialista francês, um dos pais do cooperativismo e crítico feroz do capitalismo de seu tempo, da industrialização, do liberalismo e da família patriarcal. Defendia a criação de unidades de produção e consumo denominadas falanges, ou falanstérios, baseadas em uma forma de cooperativismo integral e autossuficiente. Autor de *Théorie des Quatre Mouvements et des Destinées Générales* (Teoria dos quatro movimentos e dos destinos gerais), de 1808, e de *Traité de l'Association Domestique-Agricole* (Tratado da associação doméstica agrícola), de 1822. Inspirou algumas correntes anarquistas, mas Marx e Engels o consideram um socialista utópico.

normal fazer greve, ponto final. Acabou o movimento lassalliano. Todo mundo achou que o kaiser era o inimigo dos trabalhadores. Tanto assim que o kaiser instituiu as primeiras leis de seguridade social na Alemanha em 1883. As primeiras. E os trabalhadores não elogiaram a iniciativa e o kaiser disse que eles eram ingratos. Os lassallianos tinham sumido a tal ponto do movimento social-democrata alemão que nem as coisas realmente benéficas que o kaiser fez para os trabalhadores foram incorporadas de bom grado. O kaiser quis colocar a seguridade social sob o controle do Estado. E Marx dizia que o Estado não deve controlar a seguridade social. Se o trabalhador paga para sua seguridade, tem que controlar esse dinheiro. O Estado não pode controlar esse dinheiro. O Estado burguês não é gestor idôneo das reservas dos trabalhadores para fins de seguridade social.

Marx falava que é o trabalhador que tem que educar o Estado e não o contrário.

Nós estamos vivendo uma era de retrocesso. E numa era de retrocesso ideias reacionárias viram preconceito. O Estado não é gestor idôneo. Tem que ter isso claro na cabeça.

Por exemplo, o Fundo de Garantia do Tempo de Serviço (FGTS) tem um rendimento muito menor do que se os recursos fossem aplicados em uma poupança. E ninguém questiona isso.

A maioria das pessoas nem sabe. E os que sabem acham que é inevitável, que é assim que funciona. O PT, por exemplo, nessa história entrou de má-fé. Por quê? Porque esse Fundo de Amparo ao Trabalhador (FAT), que vem dessas contribuições, é um maná, é um dinheiro que cai do céu, e dá uma liberdade de ação, de iniciativa e financiamento. E o PT quer ter esse dinheiro. Então, os trabalhadores não são informados de que entregam o dinheiro a juros a perder de vista, que estão dando de graça o dinheiro deles para o capital e para os empresários.

Por exemplo, o seguro-desemprego no Brasil é pago durante quatro meses, mas poderia ser por mais tempo. Ninguém pensa nisso. Como o trabalhador não o recebia, quando passou a receber pontualmente, achou que era grande coisa. Quando tem uma pequena vantagem é para ela que o trabalhador olha. Tudo bem, o capitalismo brasileiro está funcionando. O Brasil pegou pouco da crise, porque está acoplado à economia chinesa, o que impediu que aqui a crise batesse forte. As pessoas não vão protestar e criar um escarcéu para de repente ficar sem o seguro-desemprego. Melhor deixar como está.

A *Crítica ao Programa de Gotha* é considerada pelos marxistas como um dos breves momentos em que Marx discutiu o problema da transição para o socialismo. Essa transição é um problema teórico?

Bom, dá para responder de forma simples, a transição para o socialismo não é um problema teórico, é um problema prático. Por quê? Porque a transição para o socialismo só é feita pela população inteira. Não pode estar ausente desse processo nenhum segmento da população. E o segmento mais importante desse processo é o segmento mais explorado, o mais baixo da sociedade, o que na sociedade burguesa teve menos direitos e menos força de impor a sua opinião. A participação tem que ser tão ampla que um esquema teórico não pode resolver. Assim, pela amplitude dos participantes, não existe esquema teórico que possa ter a pretensão de abranger a realidade inteira da sociedade, em todos os seus detalhes. É uma pretensão descabida.

A pergunta ia no sentido da teoria da transição desenvolvida posteriormente pelos marxistas, quando, no fundo, Marx não estava fazendo um programa de transição, estava apenas demonstrando uma tendência – qual é a classe, o que precisaria ser bloqueado –, nenhum tipo de programa ou de receita.

Mas é algo muito judicioso o que Marx propunha. Por exemplo, ao explicar que os trabalhadores produziriam coletivamente nas fábricas e entregariam seu produto em um armazém-geral comum, ele dizia assim: "A sociedade entrega-lhe um bônus, consignando que prestou tal ou qual quantidade de trabalho (depois de descontar o que trabalhou para o fundo comum), e com este bônus ele retira dos depósitos sociais de meios de consumo a quantidade equivalente ao trabalho que prestou. A mesma quantidade de trabalho que deu à sociedade de uma forma, recebe-a desta sob outra forma diferente." Parando um pouquinho para pensar, chegamos à conclusão de que existia algum mercado, tanto assim que Marx dizia: "...e com este bônus ele retira dos depósitos..." Ele queria dizer que esse bônus não era negociável, que não era uma moeda. Mas claro que viraria moeda.

Sim, porque, se tiver troca, será por alguma coisa.

Mas isso é um detalhe. Porque Marx imaginava que a moeda seria outra coisa, por isso ele dizia: "...e com este bônus ele retira dos depósitos sociais de meios de consumo a quantidade equivalente ao trabalho que prestou." Não é negociável. Esse bônus não é negociável. Representa o direito do trabalhador sobre o trabalho que ele fez. Direito de ser remunerado como todos os outros, dentro de um critério de equalização precário, que é a cada um segundo sua contribuição ao bem geral da sociedade. E que não é uma igualdade boa, isso também Marx explicava na sua crítica ao Programa de Gotha: "Por isso o direito igual continua sendo aqui, em princípio, o direito burguês, ainda que agora o princípio e a prática já não estejam mais em conflito, enquanto que no regime de intercâmbio de mercadorias, o intercâmbio de equivalentes não se verifica senão como termo médio, e não nos casos individuais." Mas é uma igualdade que terá que funcionar na transição. E o trabalhador terá que receber uma remuneração que não é justa, mas é a que estará disponível. Então, o Estado vai remunerar, talvez imerecidamente, mas não negociar, porque é a garantia do direito que o trabalhador tem de receber.

Só que há um armazém-geral. E se o produto não tiver saída? Terá que ser solicitado, gentilmente, ao trabalhador que pare de produzir porque não se está vendendo. O que já cria um mecanismo, que é um mecanismo de mercado. Só que é um mercado livre, quer dizer, um mercado onde não existe o poder de mercado, o poder do monopólio, o poder do poderoso do mercado. É a mercadoria que fala como pessoa física. A mercadoria fala: "Olha, estou aqui muito mal acompanhada. Tem muitas pessoas iguais a mim." A mercadoria fala.

Ou pode ser que esses mecanismos de mercado sejam ineficientes...

Nesse caso, então, o trabalhador que está produzindo, está trabalhando desnecessariamente e tem que ser mandado para casa, ficar sossegado. Tomar chá e cuidar do jardim dele, enquanto não for chamado para outra coisa. Isso depende do trabalhador, Marx não disse, pois sabia que é um problema prático. Marx estava preocupado, pois se desenvolvesse um esquema, todo mundo iria querer discutir seu esquema socialista. E a discussão do problema iria para o brejo. Porque o socialismo utópico é uma atração.

Todo mundo gosta de projetar uma sociedade futura, justa, humana, igualitária. E aí há aqueles debates sobre o futuro, sobre como seremos, da mesma forma que a criança discute o que vai ser quando crescer. Adulto gosta de discutir a sociedade futura. E Marx queria fugir disso. Mas há algumas chaves. É um armazém-geral e a mercadoria se autorregula. Ele não disse: "Vai para a loja!" Como foi na Rússia: "Vai para o depósito da loja." E a loja vai querer empurrar para os trabalhadores aquelas mercadorias. Ideias fugazes, que não se disseminam, mensagens severinas e ponto. Marx não falou mais nada. Depois, na vida prática, isso vai se resolver. Ou seja, não é uma questão teórica.

O PROGRAMA DE ERFURT

O programa de Erfurt[1] teve Kautsky[2] como principal redator. Isso expressava a hegemonia do pensamento marxista no movimento dos trabalhadores alemães?

Sim, Kautsky era o principal representante da corrente marxista da Social-Democracia Alemã. Só porque Lenin escreveu um livro que renegava

---

[1] O Partido Social-Democrata Alemão aprovou o Programa de Erfurt em outubro de 1891, no congresso na cidade de Erfurt. Ele substituiu o Programa de Gotha e ficou em vigor até o início da 1ª Guerra Mundial. O texto foi elaborado fundamentalmente por Karl Kautsky, ex-secretário de Engels e teórico oficial da social-democracia, e fixou objetivos de longo prazo, como a conquista do poder político para realizar o socialismo, e de curto prazo, como o incremento do poder político e econômico do movimento operário, elevando a consciência política dos trabalhadores. Isso criou uma dicotomia entre reforma e revolução que marcou a trajetória do partido e da 2ª Internacional nos anos seguintes.

[2] Karl Johann Kautsky (1854-1938), teórico marxista tcheco e um dos principais dirigentes do Partido Social-Democrata Alemão e da 2ª Internacional. Aderiu ao marxismo ainda estudante, fundou a revista marxista *Die Neue Zeit* (O Novo Tempo), da qual foi editor entre 1883 e 1917. Kautsky chegou a propor que os social-democratas se abstivessem na questão do apoio à concessão dos créditos de guerra ao governo alemão, mas aceitou a decisão majoritária. Em 1917, mudou de posição, passando a opor-se à 1ª Guerra Mundial, e ficou em minoria no partido. Crítico da Revolução Russa, manteve intensa polêmica com Lenin. Entre suas obras se destacam *O Socialismo Jurídico* (Boitempo Editorial, 2012), publicado em 1887, em colaboração com Engels, *A Questão Agrária* (Editora Instituto Teotonio Vilela, 1998), publicado em 1899, *O Caminho do Poder* (Hucitec, 1979), de 1904, *A Origem do Cristianismo* (Editora Civilização Brasileira, 2010) e *As Três Fontes do Marxismo* (Editora Centauro, 2004), ambos de 1908, e *A Ditadura do Proletariado* (Editora Ciências Humanas,1979), lançado em 1918.

Kautsky,[3] nós temos que desautorizá-lo como líder? Ele tinha as suas tendências conservadoras, mas que eram direitos também. Aquelas tendências a que me referi antes. Não é porque Kautsky procurava evitar as passagens dos textos de Marx que foram escritas no tempo da Revolução de 1848 e que considerava inadequadas em 1894. E daí? É uma opinião dele. Mas Kautsky representava uma corrente marxista, tanto assim que enquanto Marx viveu, teve total confiança nele. Representava a corrente marxista, sim. Inclusive os erros do marxismo. Em seu livro *A Questão Agrária* estão presentes os erros marxistas também. Não só os acertos.

Esse momento dentro da Social-Democracia Alemã também era hegemônico em relação aos lassallianos?

Não. Não era hegemônico. O lassallianismo se esvaiu. Foi se misturando com o marxismo, foi perdendo força, foi sumindo. Quem é que se reivindicava de Lassalle em 1895? Praticamente ninguém, apenas os que tinham conhecido Lassalle, os mais velhos, mas a corrente não tinha força, não tinha expressão. Aquilo era passado, não tinha mais importância. Kautsky era o legítimo representante marxista na Alemanha.

Diante de um horizonte que se abria com as revoluções de 1848, Marx escreveu no *18 Brumário*: "As revoluções anteriores tiveram de recorrer à memória histórica para se insensibilizar em relação ao seu próprio conteúdo. A revolução do século 19 precisa deixar que os mortos enterrem os seus mortos para chegar ao seu próprio conteúdo." Já Walter Benjamin,[4]

---

3   Vito Letizia se refere ao texto *A Revolução Proletária e o Renegado Kautsky*, publicado originalmente em 1918. A última edição em português está em *O Estado e a Revolução – A Revolução Proletária e o Renegado Kautsky*, publicado pela Sundermann em 2005. O texto também está disponível online, em <www.marxists.org/portugues/lenin/1918/renegado/cap02.htm>.

4   Walter Benedix Schonflies Benjamin (1892-1940), filósofo, sociólogo e crítico literário alemão. Participou na adolescência da Juventude Livre alemã, de orientação socialista, e nos anos 1920 integrou a Escola de Frankfurt, ao lado de intelectuais como Theodor Adorno (1903-1969), Max Horkheimer (1895-1973) e Herbert Marcuse (1898-1979), que tinham como proposta buscar inspiração no marxismo para analisar a sociedade contemporânea. Benjamin traduziu para o alemão as obras fundamentais de Charles Baudelaire e Marcel Proust. Publicou em 1921 o ensaio *O Capitalismo como Religião* (incluído na coletânea de

diante de um horizonte que se fechava nos anos 1940 – 1ª Guerra Mundial, derrota da revolução alemã e ascensão do nazismo –, escreveu, em *Teses sobre o Conceito de História*: "Articular o passado historicamente não significa conhecê-lo 'tal como ele propriamente foi'. Significa apoderar-se de uma lembrança tal como ela lampeja num instante de perigo. Importa ao materialismo histórico capturar uma imagem do passado como ela inesperadamente se coloca para o sujeito histórico no instante do perigo. Para ambos, o perigo é único e o mesmo: deixar-se transformar em instrumento da classe dominante. Em cada época é preciso tentar arrancar a transmissão da tradição ao conformismo que está na iminência de subjugá-la. Pois o messias não vem somente como redentor; ele vem como vencedor do anticristo. O dom de atear ao passado a centelha da esperança pertence somente àquele historiador que está perpassado pela convicção de que também os mortos não estarão seguros diante do inimigo, se ele for vitorioso. E esse inimigo não tem cessado de vencer." Pensando no percurso histórico da Social-Democracia Alemã, qual deve ser nossa relação com o passado? Ele é um fardo que pesa sobre nossa cabeça ou um horizonte que se encontra na história, mas escondido pelas narrativas oficiais?

É uma pergunta para historiador. Quer dizer, como o historiador tratará a abordagem histórica do processo revolucionário? Acho que o historiador está sempre falando do presente. Do seu presente. E quando fala do passado, está sempre estabelecendo relações com o presente. E essas relações não têm nenhum sentido particular, em termos de tratar do passado, de enterrar o passado, de dar nova conotação ao passado. O passado é algo de que o homem não consegue se libertar. Por quê? O homem não consegue se libertar do passado porque ele está presente. O que é que está presente? Por exemplo, nós temos presente o que veio

---

mesmo título publicada pela Boitempo Editorial em 2013). Com a tomada do poder pelos nazistas, fugiu da Alemanha e em 1935 se instalou em Paris, onde no ano seguinte publicou *A Obra de Arte na Era de sua Reprodutibilidade Técnica* (Editora L&PM, 2014). Em 1940, ao começar a ocupação nazista, fugiu de Paris e se suicidou em Port Bou, na Espanha. Nesse mesmo ano foi publicada sua última obra, *Teses Sobre o Conceito de História* (*Magia e Técnica, Arte e Política*, Editora Brasiliense, 1985). Nela apresenta, entre outras, a ideia de "estado de exceção" que marcaria a produção de vários filósofos que o sucederam.

da Revolução Francesa e da Revolução Inglesa: as Constituições, os Parlamentos. Não vem de antes, está vigente. Para o historiador, se trata de perceber como se deu o processo, as relações e as contradições que o empurraram para a frente. O passado de que tratamos é sempre o passado presente.

Mesmo a história do antigo Egito, olhamos com os olhos de hoje. Não tem como escapar disso. E isso significa buscar o fundo das últimas origens de certas ideias místicas que atravessam, hoje, a nossa sociedade. Tem um pessoal que acha que as pirâmides têm segredos que são importantíssimos para nós atualmente. Mas não há muita coisa a discutir sobre isso, não é um assunto, a rigor, polêmico. É um assunto teórico sobre como o passado incide sobre o presente. O que deve ser feito com o passado, não sei. Sei o que deve ser feito com o presente. Deve se acabar com o poder que nos subjuga e isso significa acertar contas com o passado também.

ANEXO I
Uma história que precisa ser contada
Um adendo à entrevista sobre a social-democracia europeia

Nota dos Editores: Durante as discussões sobre a social-democracia europeia foi formulada a seguinte questão: "Por que as ondas revolucionárias europeias nas décadas de 1820 e 1830 tiveram na América Latina um sentido estritamente político, não estando em questão uma revolução social?" No início de sua resposta, Vito Letizia disse que iria "falar um pouquinho" sobre isso, pois há aspectos essenciais da história do continente e do Brasil que são ignorados pela historiografia oficial e constituem os fundamentos do processo "civilizatório" iniciado com a chegada de Cristóvão Colombo ao continente.

Dado o rigor crítico da análise proposta a um tema tão complexo e as questões de método presentes neste esforço de olhar de frente a nossa história, consideramos oportuno disponibilizá-lo na forma de um adendo, contendo uma outra versão para o entendimento de acontecimentos passados e presentes, em aberto desafio às "verdades" consagradas pela história oficial. Algo que "não é teórico, é bastante prático", como claramente assinalou Vito Letizia.

Por que as ondas revolucionárias europeias nas décadas de 1820 e 1830 tiveram na América Latina um sentido estritamente político, não estando em questão uma revolução social?

Há algumas coisas sobre América Latina que são extremamente básicas, elementares, que não são levadas em conta nas análises do processo histórico. O processo histórico latino-americano sofre um defeito congênito. É algo que não dá para discutir, pois não está incluído na historiografia. Vou falar um pouquinho, porque esse assunto é essencial e o PT está envolvido.

É difícil fazer essa discussão, que é a coisa mais básica da América Latina, da América, porque a América foi uma colônia totalmente diferente de todas as colônias.

Houve sociedades civilizadas, anteriormente, que viraram colônias. E o comportamento delas, de todas as outras sociedades civilizadas, foi diferente. Os colonizados resistiram e, então, se criou uma simbiose. Havia fronteiras onde os povos colonizados resistiram por longos anos. Os gauleses até ameaçaram Roma, chegaram a tomá-la em 390 a.C.[1] Depois recuaram e ficaram nas fronteiras do norte. E mesmo quando os romanos finalmente conquistaram a Gália, por volta de 50 a.C., encontraram uma nova fronteira pela frente: os povos celtas, germânicos, ali da vizinhança, que infligiram uma derrota fragorosa aos romanos e pararam a expansão romana no seu reino.

Isso significa uma vitalidade, significa uma certa relação humana, pois os romanos foram obrigados a reconhecer que os outros eram seres humanos, que competiam com eles na disputa pelo direito de ser a humanidade. Porque a coisa funciona assim, o símio antropoide humano considera como humanidade a sociedade à qual ele pertence. O resto está fora, o resto não é humanidade, e só se torna humanidade quando é incorporado – ou como escravo, ou quando de alguma maneira se entrosa, como plebeus. Como os árabes, de uma certa maneira, e outras tribos vizinhas de Roma, que foram entrando na vida econômica

---

[1] Tropas gaulesas lideradas por Breno derrotaram os romanos na batalha do Rio Alia e invadiram Roma em 390 a.C. Os gauleses entraram na cidade, mataram os 80 senadores romanos reunidos no fórum e assaltaram o Capitólio no dia seguinte. Sem sucesso, sitiaram a colina – só depois de um cerco de sete meses e o pagamento de um resgate os gauleses deixaram Roma.

as origens das aspirações modernas de liberdade e igualdade

da cidade e terminaram se tornando parte da sociedade. Ou isso ou eles eram simplesmente exterminados, não eram reconhecidos como gente que tinha o direito de viver.

Aqui na América, a hipótese do extermínio aconteceu desde o primeiro minuto. Quando Cristóvão Colombo chegou na ilha que chamaram de Hispaniola, ele se sentiu na obrigação de tirar rentabilidade daquilo. A rentabilidade seria o ouro, porque os índios andavam com ornamentos de ouro, logo deveria haver minas de ouro no lugar. A diferença de força militar era tão grande que os europeus acreditavam poder fazer o que quisessem com os índios. Mas não conseguiram transformá-los em mineiros. Isso era evidente, porque não se tratava de algo que se fabrica. Foi um extermínio absolutamente dantesco. Torturas, para obrigá-los a trabalhar, e não o simples extermínio físico. E Cristóvão Colombo não conseguiu que produzissem, então passaram a vender os índios. Eles tinham que vender aquela gente, entende? Esse era o clima!

Os índios não davam lucro para a Espanha. Então Colombo teve que fazê-los render, fazê-los produzir alguma coisa. Tinha que escravizá-los ali, e não sair vendendo ao tráfico negreiro, como se fez depois, pois já havia tráfico negreiro que não era feito pelos castelhanos, mas pelos portugueses. Esse era o cenário, e em toda a América foi assim.

Todo o desbravamento da América foi assim, na base do extermínio. Até hoje. As pessoas não admitem, mas hoje prossegue o extermínio. Os índios em reservas são uma forma de extermínio. Porque eles não têm território, eles têm reservas, com parques zoológicos dentro. Na época em que o Brasil se tornou independente, a ideologia vigente era transformar os índios em agricultores. Havia expedições às aldeias indígenas para entregar instrumentos agrícolas, exigir que plantassem as coisas que interessavam à sociedade. Os índios aceitavam, não havia resistência possível. O caso mais dramático foi o dos Estados Unidos da América. Lá havia um projeto de exterminar os índios, e era um projeto declarado. A história de Pocahontas[2] é simplesmente ridícula, porque o

---

2   Pocahontas (1596-1617), ou Matoaka, era filha do chefe Wahunsenaca, da tribo Powhatan, no atual Estado da Virgínia. Na chegada dos ingleses, em 1607, houve uma cordialidade inicial que lhes permitiu fundarem Jamestown e trocarem alimentos por metais com os índios. Segundo a história oficial, baseada na narrativa do explorador inglês John Smith,

projeto de realizar o entrosamento foi um projeto europeu que nunca aconteceu na América. Na América, a doutrina era de extermínio, e o entrosamento era invenção de intelectuais ingleses, numa época em que os brancos estavam na América em duas ou três dúzias e eram obrigados a ter uma certa consideração com os índios, afinal eles eram hóspedes. Naqueles curtos instantes iniciais nasceu a história de Pocahontas, uma lenda que nada tem a ver com a história dos Estados Unidos e nunca aconteceu por lá. Aconteceu, repito, em Londres, onde se contava que havia índias que se apaixonavam pelos europeus.

Na realidade, a doutrina deles era o extermínio. Era uma política que não era doutrina da metrópole, pois a metrópole queria estabelecer uma fronteira, e o fez nos Montes Apalaches. Para além dessa fronteira havia índios, e havia ingleses também. Essa fronteira foi brutalmente desconsiderada quando proclamaram a independência dos Estados Unidos e começaram a exterminar o resto da população indígena. Houve uma reação internacional, já no século 17, pois os iluministas não aceitavam o extermínio. Aí os Estados Unidos resolveram criar um território indígena. O território indígena era Oklahoma. Não era um parque, era um território indígena. Um território indígena absurdo, mas de qualquer maneira um território indígena, porque todas as tribos deveriam ocupar esse território, todas as tribos dos Estados Unidos. Era a terra deles. Oklahoma é um planalto frio, batido por ventos tremendos, onde os tornados são mais frequentes. Não era uma terra agrícola, ainda que nos dias de hoje o seja, graças à irrigação. Os índios não a consideravam terra agrícola e não havia bisões para os grupos que viviam

---

Pocahontas salvou-lhe a vida em 1607, quando foi feito prisioneiro pela tribo e estava para ser morto pelo chefe powhatan. Hoje os historiadores se dividem a respeito da veracidade do caso e uma teoria é que os powhatan estavam realizando uma cerimônia de adoção e Pocahontas nem estava presente, por ser ainda criança. Smith voltou para Jamestown com a boa vontade da tribo e Wahunsenaca presenteou a colônia com alimentos várias vezes. Em 1609, atingidos pela seca, os índios deixaram de entregar alimentos e os ingleses atacaram aldeias para obtê-los. Foi o início da primeira das três guerras entre powhatans e brancos. Em 1613, os ingleses raptaram Pocahontas. Wahunsenaca aceitou uma trégua, mas a filha continuou prisioneira; em 1614 converteu-se ao cristianismo e casou-se com John Rolfe, o que levou a um curto acordo de paz. Em 1616, o casal embarcou para a Inglaterra, acompanhado de representantes powhatan, com o objetivo de estimular o interesse dos ingleses pela região. Um ano depois, Pocahontas adoeceu no navio em que voltava para a Virgínia; levada para a cidade de Gravesend, morreu em seguida, de causas desconhecidas.

de sua caça. Os caçadores de bisões não podiam se servir do bisão em Oklahoma e os agricultores não podiam praticar a agricultura.

O governo americano decidiu, então, enviar para o território indígena agricultores da Flórida. Levaram-nos fazendo grandes massacres, porque os índios resistiram. Os colonos também não queriam ir para lá, mas foram. Fizeram todos esses movimentos depois que se recuperaram da derrota do general Custer.[3] Em 1906 dissolveram o território indígena de Oklahoma porque meia dúzia de anglo-saxões invadiu e estabeleceu a criação de gado na região. Dissolveram, e criaram o Estado de Oklahoma. E aí botaram os índios em parques.

A América é um lugar onde o homem dispõe do homem de uma maneira brutal, sem limite. É uma coisa absolutamente, vamos dizer assim, nova na história. Isso cria um tipo de mentalidade de organização social destrutiva. A forma de organizar coincide com o processo de devastação do lugar, pois aqui se devasta e se organiza, e as duas coisas estão ligadas. Se devasta e se extermina, se destrói na medida das forças e agora temos a Amazônia. Depois se criam lendas, por exemplo, de que o Brasil é mestiço de africanos, índios e portugueses. Isso é bobagem. Sendo que na América Latina ocorreu um fato adicional, uma diferença entre o extermínio praticado no Brasil e a criação de uma casta inferior nos países onde viveram sociedades civilizadas pré-colombianas. Os índios dessas áreas foram transformados numa casta inferior. Não é oficial, mas criou-se uma sociedade de castas em países hispânicos como Bolívia, Peru, Equador, Colômbia, México e Guatemala. Os índios não tinham o direito de levantar os olhos e encarar os brancos.

---

3 George Armstrong Custer (1839-1876), conhecido como general Custer. Como capitão do exército dos Estados Unidos, lutou pela União na Guerra Civil, destacando-se na batalha de Gettysburg. Com o fim da guerra, Custer foi enviado para o oeste, para atuar nas chamadas Guerras Indígenas. Promovido a tenente-coronel em 1866, incorporou-se em 1868 ao recém-formado 7º regimento de cavalaria. Em 25 de junho de 1876, ele e os 210 soldados que comandava diretamente morreram numa ofensiva contra os guerreiros de Touro Sentado (1831-1890) e Cavalo Louco (1840-1877), que reuniam a maior força militar indígena da história americana. A batalha de Little Big Horn foi a mais significativa e fragorosa derrota do exército dos Estados Unidos, com quase 300 soldados mortos, e transformou Custer numa figura lendária até os dias de hoje. Mas teve como consequência um recrudescimento da ação militar, que acabou por desmantelar a aliança sioux e encerrar a guerra pouco mais de um ano depois.

Tivemos a Revolução Mexicana, em 1910, que fracassou, inclusive com a ajuda dos trabalhadores mexicanos, de origem europeia-mexicana, que se organizaram para ajudar a derrotar os índios. Foram as revoltas de Pancho Villa e de Zapata,[4] revoltas indígenas. A de Pancho Villa mais de mestiços e índios, que eram de qualquer maneira, a casta inferior do norte do país. A revolta da casta inferior do norte e da casta inferior do sul foi derrotada. E essa foi a derrota da Revolução Mexicana. Não foi uma derrota do socialismo! No México havia uma coisa mais primária, que é justamente o processo da revolução permanente, ou seja, se o proletariado representa uma casta superior, a revolução não se esgota nele. Não há como chegar ao socialismo em si, montado em uma classe superior.

Dá para discutir essas coisas, uma discussão difícil, difícil, muito difícil. Olha, nem o subcomandante Marcos[5] colocou isso na cabeça. Ele é um caste-

---

4   Emiliano Zapata (1879-1919) e José Doroteo Arango Arámbula (1878-1923), conhecido como Pancho Villa, líderes da Revolução Mexicana, insurgência camponesa e indígena que exigia a distribuição das terras e combatia a ditadura de Porfírio Díaz (1830-1915). Em 1910, Francisco Madero (1873-1913) se lançou candidato a presidente com a promessa de reformas e amplo apoio social. Díaz venceu fraudando as eleições, o que foi o estopim para a revolução. No norte, os rebeldes liderados por Pancho Villa juntaram-se às tropas do general dissidente Victoriano Huerta (1854-1916). No sul, o exército de camponeses liderado por Zapata aliou-se à revolta. Díaz foi deposto em 1911 e Madero elegeu-se presidente, mas não fez as reformas prometidas. Zapata, que se recusara a desarmar seus homens enquanto a reforma agrária não fosse realizada, iniciou uma rebelião, com apoio de Villa. Em fevereiro de 1913, enquanto os combates prosseguiam no norte e no sul, Huerta assassinou Madero e tomou o poder. Zapata e Pancho Villa se uniram às forças do movimento constitucionalista de Venustiano Carranza (1859-1920) e depuseram Huerta em 1914. Carranza assumiu a Presidência e promulgou a Constituição de 1917, sem atender às reivindicações de terra e liberdade dos indígenas e camponeses, o que levou Zapata e Pancho Villa a voltarem às armas. Carranza derrotou militarmente Pancho Villa e isolou as forças de Zapata, que foi morto por tropas governamentais em 1919, encerrando o ciclo revolucionário aberto em 1910. Pancho Villa foi anistiado em 1920 e retirou-se para uma propriedade rural, onde foi assassinado três anos depois. Em *México Insurgente* (Boitempo Editorial, 2010), publicado em 1914, John Reed (1887-1920) relata uma das etapas da revolução, que testemunhou como correspondente das revistas *The Masses* e *Metropolitan Magazine*.

5   Subcomandante Marcos é o nome de guerra de Rafael Sebastián Guillén Vicente (1957-), um dos líderes do grupo armado indigenista mexicano Exército Zapatista de Libertação Nacional (EZLN), além de seu principal teórico e porta-voz. Fez sua primeira aparição pública em 1994, ao lançar a ofensiva militar que tentou ocupar diversos municípios do Estado de Chiapas, demandando democracia, liberdade, pão, terra e justiça para os indígenas. Em 2014, Guillén decretou a "morte" do subcomandante Marcos e adotou o nome de subcomandante Galeano,

lhano, diga-se de passagem, não um índio, mas casou sua vida com a resistência dos índios. Então, digamos, é um líder, mas com seu movimento empacado, pois ele não sabe do que se trata, pois não é uma questão de ser independente do governo central. A questão é que no México há uma casta inferior e a casta superior tem que ser derrotada e nivelada na sociedade mexicana. A sociedade mexicana tem que ser um extrato só.

Essa é a sociedade. É a Nova Espanha, o México. A Nova Espanha, entende? Aqui no Brasil não tivemos uma casta inferior. Isso é uma beleza do Brasil, essa intercomunicação de todas as pessoas. Mas aqui tivemos extermínio. Extermínio e essa brutalidade que o acompanha. É um país brutal. E houve algo que é o que distingue os Estados Unidos de todo o resto da América Ibérica, que é o fato de que em toda a América Ibérica houve uma imigração europeia forte. Essa imigração europeia foi substitutiva. Foi substitutiva do povo. Do povo original. Qual era o povo original? Não estou falando dos índios, estou falando dos caipiras.

O que era o caipira? Era o que não era o empreendimento colonial. O empreendimento colonial era o capitalismo mercantil e os que estavam fora buscavam a subsistência como agregados, como pessoas exteriores. Então tinha-se uma sociedade exterior, que não era uma casta inferior. Os caipiras tinham vindo de Portugal, mas viviam da subsistência. Eles não queriam ser escravos, portanto se recusaram a ser empregados das fazendas. Mas ao mesmo tempo não tinham acesso à propriedade, e era uma camada razoável de gente. Quem eram os que estavam na economia? Os que tinham escravos. Alguns caipiras tinham um, dois escravos. O que é que eles faziam? Forneciam mandioca para as fazendas. Forneciam produtos que não podiam vir de Portugal, pois era muito caro trazê-los de lá. Eles forneciam, e era gente que trabalhava diretamente, acompanhada por dois, três escravos. Eles compravam e colocavam para trabalhar,

em homenagem ao zapatista José Luis Solís, o Galeano, morto em um conflito com o grupo Central Independente de Operários Agrícolas e Camponeses Histórica, que disputa com o EZLN o controle das estradas na região de Chiapas. O subcomandante Marcos publicou mais de 200 ensaios e 21 livros, entre eles *Desde las Montañas del Sureste Mexicano* (Barcelona, Plaza y Janés Editores, 1999), *Nuestra Arma es Nuestra Palabra* (Toronto, Siete Cuentos Editorial, 2002), *História das Cores – Edição Bilíngue* (Editora Conrad, 2003) e *Nem o Centro nem a Periferia: sobre Cores, Calendários e Geografias* (Editora Deriva, 2007).

juntos. Compravam os escravos no barateiro, compravam escravos um pouco mais velhos – porque aos 30 anos os escravos já começavam a vacilar. E a partir de então, trabalhavam juntos, era aquela coisa da senzala, o escravo vivia mais tempo, e de qualquer maneira era um empregado que se tinha à disposição.

Maria Sylvia[6] conta em sua monografia – que é muito boa – que eles tinham uma vida muito violenta. Eles refletiam a sociedade, havia muitos assassinatos entre eles, e processos judiciais por causa dos assassinatos. Era gente que estava fora da economia. E essa gente foi substituída, e seguiu fora da economia. Eles foram substituídos pelos imigrantes, que adquiriram o direito de acesso à terra, que adquiriram a cidadania, que se tornaram comerciantes, que se tornaram fabricantes de milhares de produtos, em suma, que se tornaram o povo brasileiro.

O povo brasileiro são os imigrantes. Não é o caipira. O caipira continua exterior, é o agregado do Nordeste, de toda aquela gente que é dependente do latifúndio. Aquele que não é de origem estrangeira. Porque os estrangeiros não vinham aqui para fazer isso. Eles vinham aqui porque queriam uma propriedade, porque queriam terra. Qualquer problema, contavam com o apoio das embaixadas de seus países de origem. Tinham a obrigação de ficar cinco anos na fazenda, depois eles saíam, iam embora.

Aparecida[7] é um exemplo. Sua família veio da Europa e ficou cinco anos numa fazenda, pois veio com um contrato para ficar cinco anos numa fazenda de café. Terminado o contrato, como eram carpinteiros na Europa, voltaram à carpintaria, compraram uma propriedade, compraram dois terrenos. Num deles fizeram um jardim, no outro fizeram a casa. Eram carpinteiros, entendiam de obra. Ganharam dinheiro fazendo casas. Mas tiveram que ficar cinco anos na fazenda de café, pois tinham um contrato, que respeitaram. Um contrato significava que eram considerados gente, quem assina um contrato é considerado gente. E por aqui, até então, não havia isso, a fronteira humana do Brasil era uma fronteira animalesca. Havia os que não eram considerados gente. Na lei se

---

6   Maria Sylvia de Carvalho Franco (1930-), em sua monografia *Homens Livres na Sociedade Escravocrata* (Editora Unesp, 1997), trata detidamente dos temas comentados por Vito Letizia.

7   Vito Letizia narra a trajetória da família de sua esposa, Maria Aparecida Durán, desde a chegada ao Brasil, em agosto de 1906. A fazenda de café ficava em Águas da Prata, Minas Gerais.

colocou que o índio era menor de idade. Não se podia dizer que se tratava de um animal silvestre. Na lei original[8] do Brasil, os índios constavam como menores de idade. O intuito de Darcy Ribeiro[9] era construir escolas em todas as aldeias indígenas, e obrigá-los a cursá-las.

Aqui no Rio Grande do Sul tínhamos os kaingang, que foram respeitados durante muito tempo. Levaram instrumentos agrícolas para eles, que eles jogaram fora. E os kaingang impediam, conseguiam impedir que invadissem suas terras. Havia um equilíbrio de forças, assim, por causa do general Rondon,[10]

---

8   No Império, o Regulamento das Missões de Catequese e Civilização dos Índios, de 1845, previa a criação de aldeias e missões para assentar os "selvagens" e trazê-los para o "grêmio da civilização". A República aprofundou a política protecionista que restringia os direitos indígenas. O Código Civil de 1916 equiparava os indígenas aos menores de idade, ao classificá-los como "relativamente incapazes para realizar certos atos da vida civil" e, portanto, sujeitos a um regime tutelar. A Constituição de 1934, a primeira a mencionar indígenas, manteve a tutela e a visão assimilacionista, no que foi seguida pelas Constituições seguintes e as leis específicas. O Estatuto do Índio, de 1973 e ainda em vigor, prevê no artigo 7 que a tutela abrange todos os índios e cabe à União. Um índio que não queira ser tutelado precisa requerer sua liberação, só permitida se atender a requisitos como ser maior de 21 anos e ter conhecimento da língua portuguesa. A Constituição de 1988 rompe com essa visão: reconhece que os povos indígenas têm identidade cultural própria e o direito de exercê-la. No Código Civil de 2002, os índios não mais estão na categoria de relativamente incapazes. Essas mudanças, no entanto, dependem de um novo Estatuto do Índio, parado no Congresso desde 1994.

9   Darcy Ribeiro (1922-1997), sociólogo, antropólogo e político. Funcionário do Serviço de Proteção ao Índio (SPI) entre 1949 e 1953, colaborou na fundação do Museu do Índio, que dirigiu até 1957, e foi redator do projeto de criação do Parque Nacional do Xingu, homologado em 1961. Foi ministro da Educação do governo João Goulart (1961-1964) e em 1963 assumiu a chefia da Casa Civil, onde participou da elaboração da proposta de reformas de base. Exilado pela ditadura, retornou ao Brasil em 1976. Em 1982 foi vice na chapa de Leonel Brizola ao governo do Rio de Janeiro e em seu mandato implantou os Centros Integrados de Educação Pública (Cieps). Em 1991 elegeu-se senador e foi responsável pelo projeto que originou a Lei de Diretrizes e Bases da Educação. Suas principais obras incluem *O Povo Brasileiro: a Formação e o Sentido do Brasil* (1995), *Diários Índios* (1996), *O Processo Civilizatório* (1998), *As Américas e a Civilização* (2007), editados pela Companhia das Letras, e *Tempos de Turbilhão – Relatos do Golpe de 64* (Global Editora, 2014).

10 Cândido Mariano da Silva Rondon (1865-1958), militar e sertanista de origem indígena, foi um dos pioneiros das políticas indigenistas brasileiras. Ainda estudante, participou dos movimentos abolicionista e republicano, sob influência do positivismo. A partir de 1892, atuou na construção de linhas telegráficas nos Estados de Mato Grosso e Goiás e entre 1907 e 1915 chefiou a comissão que implantou a primeira linha telegráfica a chegar à Amazônia, entre

uma certa ideologia que foi se desenvolvendo no começo do século 20. Aí tivemos a ditadura militar, e se invadiram as aldeias dos kaingang e se proibiu que falassem a língua kaingang. Acreditam? Quem falava a língua kaingang ia preso. Tinha que falar português. Tinha que entrar em uma escolinha, aprender português. A ditadura fez isso em 1964, aqui no Rio Grande do Sul.

Não há saída. Ou se entra como subalterno na sociedade ou não é gente. É a primeira vez que isso acontece na história da humanidade. Uma fronteira onde a não humanidade se manteve, a vítima não teve poder de contestar. Então aqui se criou uma sociedade substitutiva da humanidade original. O que significa uma sociedade brutal, uma sociedade com uma certa característica falsa de si mesma. E que precisa contar de outro jeito a sua verdade, pois sua verdade é insuportável. A nossa verdade é insuportável. Nós temos que dizer que nós somos bons, e como é que a gente vai dizer que a gente é bom?

Há alguns que contestam. Por exemplo, um historiador, cujo nome não recordo, mas fiquei grato por saber que existe esse tipo de gente, da qual eu discordo. Esse historiador disse algo assim: "Fazem tanta palhaçada sobre isso aí, tanto escândalo sobre o extermínio, sobre o genocídio, não sei o quê...." E continuou: "Finalmente, os portugueses não fizeram mais do que o óbvio, porque os tupinaés também já tinham sido exterminados – no lugar onde chegaram os portugueses havia antes os tupinaés, que exterminaram os tapuias, depois chegaram os tupinambás e exterminaram os tupinaés, e depois chegaram os portugueses e exterminaram os tupinambás. Qual é a novidade?" Eu digo: "Mas então conta isso, meu!" Diga que essa é a nossa ideologia. Eu não sou contra, eu sou a favor de que se conte a verdade. Então faça com que ensinem isso nas escolas brasileiras. Os tupinaés exterminaram os tapuias, os tupinambás exterminaram

---

Cuiabá e Santo Antônio do Madeira. Nas expedições, Rondon fez contato com várias etnias indígenas e realizou levantamentos cartográficos, etnográficos e linguísticos. Em 1910, tornou-se o primeiro diretor do Serviço de Proteção ao Índio (SPI), antecessor da Fundação Nacional do Índio (Funai), e desenvolveu expedições, denominadas de pacificação, junto a tribos indígenas do centro-oeste e norte do país. Em 1939, assumiu a presidência do recém-criado Conselho Nacional de Proteção ao Índio. Em 1952, encaminhou o projeto de criação do Parque Nacional do Xingu, proposto pelos irmãos Villas-Bôas. Foi promovido a marechal pelo Congresso em 1955 e homenageado em 1956, com a mudança de nome do Território de Guaporé para Território de Rondônia (transformado em Estado em 1981).

os tupinaés e nós exterminamos os tupinambás e somos os atuais dominantes do Brasil. Eu acho ótimo, pelo menos estamos contando a verdade.

Então, vamos contar a verdade, tão simples quanto isso. Não vamos ficar inventando que o Brasil é feito do índio, do negro e do português, isso não é verdade. Nós temos que encarar a verdade da nossa história. Vamos dizer como funciona, e vamos dizer assim: "Índio não tem direito, porque eles exterminaram os tupinaés e nós vamos exterminá-los, entendeu? E aqui se fala português, e quem não vai na escolinha portuguesa não tem a carteira de identidade. E não tem direito a comer pão e a sobreviver. E tem que ter CPF para poder fazer uma compra." É assim. Tem que ser assim, não é? Se é para dizer, então vamos dizer o que fazemos. Mas não, as pessoas mentem.

Isso significa que não podemos encarar a nossa história. E isso não é teórico, é bastante prático. É algo que atravessa todas as análises. Por exemplo, temos a discussão sobre o povo palestino, quer dizer, parece que nada tem a ver com o Brasil, com a América. Lá é o Oriente, uma antiga civilização, e hoje temos duas vertentes de análise. Uns dizem que está havendo um genocídio do povo palestino. Eu até tinha tendência em falar genocídio, mas aí veio o Denis Collin e me corrigiu. Ele disse: "Não, não é genocídio. Eles não querem exterminar os palestinos. Os israelenses não querem exterminar os palestinos. Querem fazer como os anglo-saxões fizeram na América." Collin não falou dos ibéricos. Querem fazer o que os anglo-saxões fizeram na América, querem transformá-los em árabes de Israel. Collin acertou na mosca, é isso mesmo.

Querem que o Fatah,[11] que se acapachou, conduza o processo de transformação dos palestinos, quer dizer, que se risque da história a nação palestina e os descendentes de palestinos se transformem, ou seja, passem a usar calças

---

11 Fatah (Movimento de Libertação Nacional da Palestina), organização política e militar fundada em 1959 por Yasser Arafat (1929-2004) e Abu Jihad (1935-1988), entre outros membros da diáspora palestina. É a maior facção da Organização pela Libertação da Palestina (OLP). Essencialmente nacionalista e laica, defende a reconciliação entre palestinos e israelenses. O Estado Palestino foi declarado independente em 1988, reconhecido pela Organização das Nações Unidas (ONU) em 2012, e se constitui territorialmente pela Faixa de Gaza e pela Cisjordânia e Jerusalém Oriental, separados fisicamente por Israel. Através de processos eleitorais, o Hamas (Movimento de Resistência Islâmica) – partidário da extinção do Estado de Israel – governa a Faixa de Gaza e o Fatah governa a Cisjordânia e Jerusalém Oriental.

jeans, não mais aquele camisolão e o *keffiyeh*[12] na cabeça, e passem a ser árabes de Israel. Que eles cursem a Universidade Hebraica de Jerusalém, se formem em pós-graduação nos Estados Unidos, para serem gente decente que falará o hebraico, deixará de falar o árabe, e para os que quiserem, como folclore, que se lembrem das músicas. Como aqui no Brasil, onde os italianos lembram as músicas italianas, isso está liberado. Então eles vão cantar as músicas palestinas nos festivais de cultura regionalista. E assim, em Ramallah haverá o festival de cultura palestina. Exatamente como os russos fizeram em relação aos povos islâmicos da Ásia Central, transformando-os em entidades culturais. E Denis Collin diz assim: "Não, ninguém quer fazer genocídio, se fizermos essa acusação, caímos num exagero que enfraquece a nossa afirmação. Porque eles vão dizer que não estão fazendo isso e vão provar. E aí?" A gente vai ficar bem mal. Então a gente tem que dizer com precisão o que está acontecendo. O que está acontecendo é isso, eles estão fazendo o que fizeram na América. Esse é o processo. E esse processo significa um povo substitutivo. Um povo substitutivo é um povo que já vem como uma casta em relação ao povo exterior.

No Brasil, esse povo substitutivo viu o negro como vadio, e vê o brasileiro como vadio. Eu sei, porque já morei numa colônia alemã, nela se dizia assim: "Não, nós não somos brasileiros, nós somos alemães, nós somos colonos." Aliás, se chamam colonos, por lá. "Nós somos colonos. Brasileiro não presta para nada."

Os alemães chegaram no final do século 19, recebendo do imperador, gratuitamente, 50 hectares cada um. Porque eram colonos europeus. O império brasileiro quis colonizar o sul com alemães. Não quis colonizar São Paulo, porque os cafeicultores não queriam a pequena agricultura, em São Paulo tinha que se rentabilizar o café. A imperatriz Leopoldina quis colocar os alemães lá, fazendo a pequena propriedade, mas os fazendeiros paulistas se insurgiram e criaram o movimento nativista. Os nativistas eram eles, observem o detalhe. Os

---

12 *Keffiyeh* (ou *kufya*) é o nome do lenço usado na cabeça pelos homens no Oriente Médio. Tradicionalmente, é branco e vermelho na Jordânia e na Arábia Saudita, branco e preto entre os beduínos e apenas branco nas grandes cidades. Seu uso está associado historicamente à Revolta Árabe (1916-1918) e mais recentemente se tornou um símbolo da luta palestina contra a ocupação israelense.

nativos eram eles. E aí decidiram transladar os alemães para o Rio Grande do Sul. Os italianos também receberam 50 hectares. E até hoje cobram o dinheiro que tiveram que pagar ao Estado, porque, como chegaram mais tarde que os alemães, a partir de 1875, com um capitalismo mais avançado no Brasil, tiveram que pagar a terra em módicas prestações. O governo resolveu cobrar e até hoje os italianos têm a mágoa de que tiveram de pagar o terreno e os alemães não tiveram de pagar. Até hoje há mágoas nessa história. "Ah, mas nós pagamos o nosso terreno." Eles não esquecem.

Mas era uma população substitutiva. Eles sabiam que aqui tinha um bando de vadios, e que era natural que essa gente não tivesse acesso à terra. Não achavam isso estranho e achavam natural que eles próprios tivessem acesso a 50 hectares. E, evidentemente, que vivessem da subsistência e de pequenos furtos. Subsistência significa o quê? A carência de qualquer produto industrial. Até comprar é um problema. A gente que vive da subsistência só comerá o que plantar. Ou seja, eles eram tolerados em cima da terra brasileira. O brasileiro era tolerado em cima da terra brasileira. Essa era a situação do Brasil. Como é que o brasileiro podia viver na subsistência? Como adquirir coisas que não fabricava? Praticava pequenos furtos. Assim, era desonesto, um ladrão, um vadio. Entende?

Os negros, dos quilombos, também faziam pequenos furtos. Havia quilombos espalhados por todo o país. Aqui no Rio Grande do Sul temos o Vale do Quilombo, todo mundo sabia que havia um quilombo lá no fundo do vale, escondido, e era tolerado. Veio a abolição da escravatura e os quilombolas ficaram parados por lá.

Temos no Brasil uma população substitutiva, isso é um gravame, é uma bola de chumbo que a gente carrega, uma falsidade que a gente carrega junto, uma dificuldade para fazer uma análise correta. É também a dificuldade de encontrar um interlocutor dos substituídos. Pataxós, membros de uma tribo do sul da Bahia, foram a Brasília para a comemoração do Dia do Índio. Um deles foi incendiado e morto.[13]

---

13   Galdino Jesus dos Santos (1952-1997), liderança dos índios pataxó hã-hã-hãe, fora a Brasília em abril de 1997, com outros líderes pataxós, para participar de manifestações pelos direitos indígenas na comemoração do Dia do Índio e discutir com autoridades o andamento da ação judicial pela nulidade dos títulos imobiliários dos invasores das terras de seu povo, a Terra

É bom lembrar que os pataxós estão brigando para que lhes devolvam seu território,[14] onde várias fazendas se instalaram. Voltando ao pataxó que incendiaram, houve um tremendo movimento de desagravo, de repulsa àqueles guris debochados que o assassinaram estupidamente. Ninguém falou uma palavra sobre as fazendas. Não houve um movimento nacional para pegar aqueles fazendeiros, levar para Brasília e incendiar, que é o que tinham que fazer. E, finalmente, entregar as fazendas para os índios. É o que deveria ser feito. Eu quero ser desumano. Já que é para ser desumano, como disse aquele historiador, que quem exterminou os tupinaés tem que ser exterminado, então vamos exterminar os que exterminaram o pataxó.

Então vamos incendiar os fazendeiros, afinal extermínio por extermínio, eu também tenho o meu. Eu quero exterminar os fazendeiros que invadem reservas, pois já é um abuso ter uma reserva. Os pataxós deveriam ter um território, que fosse considerado uma nação. E com exército próprio. Tudo bem que pudéssemos, para impedir a cobiça dos genocidas estrangeiros, nos encarregar das relações exteriores dos pataxós. Mas só deveríamos fazer isso, pois temos que vê-los como gente. E isso está ligado à ecologia, isso significa preservar os ecossistemas. Essa gente não destrói o mato. Quem vive na subsistência não destrói o mato.

Indígena Caramuru-Catarina Paraguassu. Na madrugada do dia 20, cinco rapazes de classe média o viram adormecido num ponto de ônibus na Asa Sul, atearam fogo em suas roupas e fugiram. Ele foi socorrido em seguida e levado a um hospital, mas, com mais de 90% do corpo queimado, não resistiu e morreu no dia seguinte.

14 A Terra Indígena Caramuru-Catarina Paraguassu, no sul da Bahia, é uma das mais antigas áreas tradicionais reconhecidas pelo governo brasileiro. Foi demarcada como terra dos pataxós hã-hã-hãe pelo Serviço de Proteção ao Índio em 1938, com 54,1 mil hectares. Mas a partir da década de 1940 o próprio SPI passou a promover o arrendamento de áreas para fazendeiros, o que levou à expulsão de boa parte das famílias pataxós. Entre 1960 e 1970, o governo baiano distribuiu títulos de propriedade aos fazendeiros, argumentando que não havia mais índios na região. Nos anos 1980 os pataxó hã-hã-hãe se reorganizaram e começaram a retomar suas terras, com ações de ocupação. Em 1982, a Funai entrou com ação no Supremo Tribunal Federal (STF), pedindo a nulidade dos títulos de posse. Nos 30 anos seguintes, os conflitos entre fazendeiros e índios se acumularam na região e as ocupações ganharam intensidade depois da morte de Galdino. Apesar do acirramento da violência, só em maio de 2012 – depois desta entrevista com Vito Letizia – o STF julgou nulos os títulos de posse e determinou a retirada dos invasores da Terra Indígena.

A história do Brasil tem esse gravame. Tem esse gravame e nós temos que reconhecê-lo.

Outra coisa, que vale a pena contar, o que aconteceu quando mataram aqueles garimpeiros lá em Rondônia?[15] Não faz muitos anos. Os garimpeiros estavam lá, massacrando, estuprando e garimpando diamantes na terra dos cintas-largas. Estes reagiram, pegaram vários garimpeiros e mataram, expulsando os demais dali. Mas aí, o que os cintas-largas fizeram, a coisa mais interessante foi que disseram assim: "Escuta, nós vamos vender os diamantes. Nós vamos lá e vamos vender." Eles estavam se aculturando. Eles têm o direito de se aculturar ou de continuar índios, têm direito de fazer o que quiserem. Se quiserem aderir – eu acho que eles acabarão aderindo à sociedade ocidental –, que seja com soberania. Eles vão vender diamantes. Vão criar uma economia de venda de diamantes. Veio o presidente do país, o Lula (*Luiz Inácio Lula da Silva*) e disse: "Não, índio não pode vender diamante. Nós vamos fazer uma licitação e vamos entregar para uma companhia exploradora de diamantes." Está aí o genocídio em continuidade. Estava com minha sobrinha quando vimos a notícia na televisão e ela ficou escandalizada pelos garimpeiros assassinados. E eu achei ótimo, não é?

Mas aí ela disse: "Mas que barbaridade, esses índios. Tinha que exterminar tudo, não sei o quê...." E eu disse: "Olha, eu sou neutro nessa história. Quem exterminar melhor é o vencedor. Eu não sei, não é? Os garimpeiros estão lá exterminando os índios, os índios estão lá exterminando garimpeiros. Não sei. Vamos ver quem vence. Eu acho que os índios vão perder, então não preciso ter muita pena dos garimpeiros, porque não vão ser as principais vítimas dessa parada." Foi o que eu disse para ela. Eu vou dizer o quê?

---

15   Em 7 de abril de 2004, índios cintas-largas mataram 29 garimpeiros ilegais dentro da Terra Indígena Roosevelt, em Rondônia. Os cintas-largas alegaram que estavam defendendo seu território e a segurança de suas famílias. O massacre foi o ponto mais alto de uma crise iniciada em 1999, quando foi descoberta uma grande jazida de diamantes na terra indígena. A região foi invadida por garimpeiros ilegais e tornaram-se frequentes os conflitos, com mortos e feridos. Apesar de várias operações da Polícia Federal e da Funai para retirá-los, entre 2003 e 2004 havia cerca de 4 mil garimpeiros na reserva. O esquema ilegal envolvia políticos e servidores estaduais e da própria Funai e tinha apoio de alguns cintas-largas, que recebiam uma porcentagem do valor de venda dos diamantes.

Nós estamos na pré-história segundo Marx. Estamos exterminando uns aos outros. Por isso Marx falou em pré-história. Uma sociedade, uma parte da humanidade, não reconhece a outra como sociedade humana. Ela não se inibe em exterminar a outra, é assim que funciona. Só não extermina se ela se submeter. O palestino só pode existir se ele virar árabe de Israel. Gaza não pode. É assim que funciona, e isso faz com que nós estejamos na pré-história. Esse é o fundamento. Por quê? Porque a história da humanidade é fragmentada, é a história de um pedaço da humanidade que não sabe o que é, não se reconhece como gênero. A fraternidade é falsa. Por quê? Porque a burguesia é uma classe dominante, a burguesia é incapaz de atingir a universalidade. Isso é o marxismo.

Fiz essa discussão sobre o gênero humano com o Denis Collin. Ele considera que o gênero não existe, para mim o gênero existe. O gênero humano não é uma abstração. É um fato concreto. É o extermínio de um pelo outro. Esse é o fato, o homem não atingiu o ponto de se reconhecer como gênero universal. Ele não atingiu esse grau. E no caso de uma nação individualizada, como no caso do Brasil, não reconhece o índio como ser humano. Não reconhece até hoje, porque a gente viu Lula fazer isso recentemente, com os cintas-largas. Eles não tinham o direito de comerciar os diamantes que estão no território deles. Não os exterminaram, porque numa outra época entraria o Exército lá com metralhadoras e os exterminaria, como fazia durante a ditadura. Os Villas-Bôas[16] se retiraram das expedições no tempo da ditadura,

---

16 Orlando (1914-2002), Cláudio (1916-1998) e Leonardo (1918-1961) Villas-Bôas, sertanistas, responsáveis pelo trabalho de contato com mais de 100 tribos de 14 etnias indígenas na região do Xingu. Os três participaram da expedição Roncador-Xingu, iniciada em 1943, que desbravou a região, abrindo estradas e instalando campos de pouso e postos de assistência aos índios. Orlando chefiou a expedição a partir de 1949 e passou mais de 30 anos no Xingu, na maior parte do tempo acompanhado de Cláudio. Em 1952, os irmãos propuseram a demarcação de uma área para usufruto dos grupos indígenas xinguanos, com apoio de Rondon, que apresentou seu projeto ao governo. O Parque Nacional do Xingu, primeira terra indígena homologada no país, só foi criado em 1961 e Orlando o dirigiu até 1967. Ao longo dos anos, ele e Cláudio publicaram vários livros sobre as etnias que encontraram, entre eles *Xingu: os Índios, seus Mitos* (Editora Zahar, 1970) e *Índios do Xingu* (Gráficos Brunner, 1972). Em 1994, lançaram *A Marcha para o Oeste* (Companhia das Letras, 2012), que conta a história da expedição Roncador-Xingu, e em 1997 *Almanaque do Sertão – Histórias de Visitantes, Sertanejos e Índios* (Editora Globo), em que narram seus anos de atuação como sertanistas. O irmão mais novo, Álvaro Villas-Bôas (1926-1995), trabalhou no Xingu de

porque eles iam de metralhadora. Exterminaram tribos inteiras. Por exemplo, os tupi-guarani gigantes, que eram índios que tinham dois metros de altura, exterminaram todos! Metralharam e os que sobreviveram foram mudados de lugar. Com a mudança de lugar também acabaram morrendo, pois mudaram para outro clima e não conseguiram refazer a produção de alimentos, morreram de desnutrição e doenças. Aqui no Brasil, debaixo de nossos olhos. Alguém falou? Os Villas-Bôas, quando viram isso se retiraram. Porque já não mais acompanhavam as expedições da ditadura.

Orlando Villas-Bôas chegou a dizer: "Eu achava que eles iam ser exterminados. Não. Eles não vão, porque na estatística os índios estão aumentando. A população indígena está aumentando." Mas não é mais índio, Villas-Bôas! Esses que estão lá são favelados, são os que recebem ajuda alimentar. Então, aparece no jornal o drama dos índios de Mato Grosso, que estão passando fome e tem que mandar ajuda alimentar para eles. Para eles não morrerem. Escuta, mas por que tem que mandar ajuda alimentar? Por que eles não podem mais fazer agricultura? Porque as águas deles estão contaminadas por agrotóxicos, por causa das fazendas de soja que tomaram conta de toda a circunvizinhança, eles não têm espaço suficiente para criar gado, que seria o que eles poderiam fazer no Mato Grosso. Assim, são obrigados a viver de ajuda alimentar. E os brancos ainda conseguem sonegar a ajuda alimentar aos índios, e de repente aparece nos jornais que estão morrendo, e se suicidando, e coisas desse tipo.

Você pensa que alguém reclamou? Reclamou de não terem mandado ajuda alimentar. Os índios serem exterminados é natural. Entende? É um estado de espírito. É assim, nós somos feitos desse tipo de alma. É a nossa alma. É uma alma fragmentada, é uma alma que não reconhece o próprio gênero. O nosso gênero é uma parte do gênero humano, não é o gênero humano inteiro. Só que nós mentimos e dizemos que o índio é brasileiro, é uma parte constitutiva do Brasil. Nós vivemos na pré-história e pretendemos viver na história. E mentimos, e somos incapazes de fazer história, de dizer a história, de olhar para a história. Isso estraga tudo. É um gravame que carregamos. Não é um gravame

---

1961 a 1962 e depois se fixou em São Paulo, apoiando as viagens dos irmãos. Álvaro presidiu a Funai por um curto período em 1985.

intelectual, é um gravame no nosso agir, pois a gente age assim. Na hora de agir, agimos como casta. Isso nos limita, isso nos faz conformistas.

Aqui no Brasil, como não temos uma casta inferior, temos o caipira que, podemos dizer, está na fronteira do índio. É o sem-terra. É o sem-terra natural, porque agora temos também o sem-terra artificial. Virou um negócio, porque estão sendo subsidiados pelo Estado. Não vamos discutir agora o Movimento dos Sem-Terra, porque é muito mais complicado, mas digamos que todo mundo acha que os sem-terra abusam. É o que dizem as pessoas da sociedade "decente", e não há uma vasta opinião pública favorável aos sem-terra, como não há em relação aos índios. O sem-terra foi contaminado pela situação do índio. O nosso agir é o agir de casta e o sem-terra é em parte vítima desse agir. Ele é contaminado pela continuidade da vida que ele passou a ter, de marginalidade, que é a mesma do índio, só que não com o projeto de extermínio sobre a cabeça, mas em semelhante marginalidade. Enfim, ele adquiriu uma certa contaminação.

Essas questões precisam estar presentes quando se discute o Brasil, senão ficamos numa discussão com base falsa. A base é falsa. E como é que vamos esclarecer as coisas? Vamos ficar fazendo epiciclos, como faziam os astrônomos que resolveram explicar como o Sol girava em torno da Terra, e as coisas se complicavam na simples observação do céu, e para resolver a questão criaram a Teoria do Epiciclo.[17] Teoria social dos epiciclos, para explicar porque é que a coisa acontece de uma forma e não de outra. É a teoria do marginal, onde se substitui o proletariado e se inventam novidades, ainda que a história seja uma coisa una, não é algo que se pode fatiar, colocar cada fatia uma após a outra, certinhas, e depois juntar todas e obter a história certa. Não dá para fazer assim e, como já dizia Stéphane Just,[18] a história não se amarra em barbantes e se divide igual ao salsichão. Afinal de contas, uma salsicha não começa sen-

---

17 A Teoria do Epiciclo consistia no modelo geométrico idealizado pelos astrônomos no século 3 a.C. para explicar as variações de velocidade e direção do movimento aparente dos planetas. Baseava-se nos conceitos do astrônomo Cláudio Ptolomeu, na sua explicação da teoria geocêntrica, e, com a melhoria das observações celestes, exigia a criação de mais e mais círculos para se adequar à simples observação física. Tornou-se uma teoria obsoleta a partir dos estudos de Copérnico e Kepler.

18 Stéphane Just (1921-1997), militante trotskista francês, autor, entre outras obras, de *A Revolução Proletária e os Estados Burocráticos* (Editora Palavra, 1980).

do uma linguiça gigantesca de vários quilômetros, que depois se amarra em barbantes, e ao fatiar obtemos as salsichinhas. Na história não há como fazer salsichinhas, pois temos que primeiro contar a história do todo, e se você não sabe contar a história da linguiça, a salsicha sai errada. Temos que saber contar a história da linguiça toda. E a linguiça ninguém quer enxergar, pois é uma coisa feia por natureza.

Agora, voltando à questão original, aqui na América a Revolução Francesa não colou porque lá nos Estados Unidos ninguém queria ser índio, eles eram ainda anglo-saxões. Aliás, ninguém nem queria ser americano nos Estados Unidos. A Revolução Francesa na América significou a revolução no Haiti, porque os revolucionários franceses revolucionaram o Haiti contra os colonos franceses e contra os mestiços franceses. No Haiti havia três castas nativas. Preciso lembrar vocês de lerem Blackburn, que menciona a existência de três castas. Havia os colonos, que eram racistas, assim, no último grau, não reconheciam os mestiços como cidadãos, mas os usavam como força militar. Tinham, então, uma tropa militar de mestiços, que ocupava um papel repressivo, auxiliar, e era um fator de estabilidade da sociedade escravista. Esses mestiços se consideravam uma casta superior aos escravos, que eram tratados com a maior brutalidade do escravismo latino-americano inteiro, como conta o historiador C.L.R. James, autor do livro *Os Jacobinos Negros*. E eles tinham orgulho de pertencer a uma casta superior aos negros, e não se incomodavam de não ser a casta superior a todos. Eles achavam que ser a casta intermediária já estava bastante bom, e eles tinham uma vidinha boa como repressores de negros.

Quando ocorreu a revolução no Haiti, em que os revolucionários franceses resolveram estabelecer a república francesa no Haiti, houve nos Estados Unidos um movimento de reação preventiva contra a possibilidade de os negros americanos imitarem o Haiti. Fizeram um tremendo movimento reacionário, repressivo, de julgamentos de falsos conspiradores, de enforcamentos, de prisões, de perseguição à população negra. Essa foi a repercussão da Revolução Francesa nos Estados Unidos. E aqui no Brasil, como lá, a repercussão da Revolução Francesa foi igualmente descobrir conspirações. Tivemos Tiradentes, que não tinha nada a ver com a Revolução Francesa, era o problema da derrama. Tivemos os inconfidentes baianos, que também nada tinham a ver com a Revolução Francesa.

Nesse último caso, o da Bahia, os negros livres tinham montado uma escola. Eles eram de origem hauçás,[19] falavam uma língua culta da África, que era uma língua escrita. E resolveram, para preservar sua cultura, criar a escola, para ensinar seus jovens a escrever nessa língua. Foram descobertos e considerados inconfidentes. Foram exterminados. Inconfidentes por criarem uma escola de alfabetização. Essa foi a verdadeira história.

A história do Brasil não pode ser contada direito. Mas se pode contar a história da França, por isso a França tem bons historiadores. Eles fizeram uma revolução e conhecem sua história. Os ingleses podem contar sua história, eles fizeram uma revolução e podem contar sua história. Os alemães e os italianos, mal ou bem, participaram da Revolução Francesa, então também podem contar sua história. Os suecos nunca foram escravizados e nunca se submeteram a um monarca absolutista, então podem contar sua história. O rei Gustavo XIII foi posto por uma revolução no poder, o povo o colocou no poder.

Aqui, no Brasil, nós precisamos dizer que certas coisas não aconteceram para salvar a face como gênero humano, como brasileiros decentes que são humanos e respeitam o próximo. Enfim, para salvar a face precisamos esconder a verdade. Os franceses, por exemplo, não precisam, podem dizer que Luís XIV foi cruel, que exterminou um monte de gente para manter seu poder absoluto. E

---

19 Ao longo de toda a primeira metade do século 19 a Bahia foi sacudida por rebeliões organizadas por negros africanos islâmicos, libertos e escravos, que culminaram com a Revolta dos Malês, em Salvador, entre 25 e 27 de janeiro de 1835. Sob a liderança dos malês (palavra que vem de imale, que na língua iorubá significa muçulmano), a revolta envolveu outros grupos, incluindo não muçulmanos – o número varia de 600 a 1.500, segundo diferentes historiadores. O objetivo dos líderes era implantar uma república islâmica, libertar os escravos e confiscar os bens dos brancos e mulatos. No violento confronto com as tropas oficiais morreram 7 soldados e 70 revoltosos. Mais de duzentos foram presos e levados a julgamento. Os líderes foram condenados à pena de morte. Quanto aos demais, seguindo o Código Criminal da época, a tendência foi preservar o patrimônio: os libertos foram deportados e os escravos, punidos com açoites. Depois do levante, o governo proibiu a circulação de negros no período da noite e a prática de suas cerimônias religiosas e reprimiu duramente as escolas de alfabetização que os islâmicos mantinham.

depois podem contar quão brilhante foi seu reinado, durante o qual Corneille[20] produziu todo aquele desenvolvimento do teatro, da língua francesa. Os franceses podem contar a verdade, mas isso não é gratuito. Pelas mesmas razões, os chineses não conseguem contar a verdade, só conseguem mentir quando falam de sua história. Afinal, falar de si mesmos, sem salvar a face, não é fácil.

---

20 Pierre Corneille (1606-1684), dramaturgo francês, considerado o fundador da tragédia francesa e renovador do idioma ao criar um novo estilo teatral, em que os sentimentos trágicos são postos em cena pela primeira vez no contexto da sociedade de sua época. De sua vasta obra há poucas traduções no Brasil. Destacam-se *O Cid, Horácio, Polieucto* (WMF Martins Fontes, 2005) e *Três Discursos sobre o Poema Dramático* (Editora 7 Letras, 2013).

ANEXO II
A Revolução Francesa
Uma linha do tempo

A administração do rei Luís XVI (1774-1792) se caracterizou por um deficit fiscal crescente, apesar da carga tributária extremamente pesada em vigor. O sistema tributário consistia em tributos diretos e indiretos. Os diretos eram a talha, uma espécie de imposto de renda variável, arbitrariamente quantificado pelo rei para cada província, e a capitação, cobrada de todos os indivíduos. Ambos eram pagos exclusivamente pelo Terceiro Estado, isto é, a burguesia e os homens livres em geral. Os tributos indiretos eram, basicamente, o vigésimo sobre todas as transações comerciais, a gabela, sobre o sal, as *aides*, sobre as bebidas, e os impostos alfandegários de fronteira e internos. Havia ainda o dízimo obrigatório, pago à Igreja Católica só pelo Terceiro Estado, e, para os servos, as prestações em dinheiro ou em gêneros aos senhores da terra, além das corveias reais, que se sobrepunham às corveias devidas ao senhor local.

Um montante substancial dos gastos reais decorria da presença obrigatória da alta nobreza em Versalhes, determinada por Luís XIV (1643-1715), pois essa era a forma feudal que a monarquia absolutista tinha de centralizar o poder, já que o rei não podia confiar na alta nobreza. Mas a tributação real a partir de Luís XIII (1610-1643) fora se tornando tão pesada que os camponeses frequentemente ficavam incapacitados de pagar os direitos feudais aos senhores, o que deu origem a numerosos conflitos, nos quais os senhores se aliavam aos camponeses contra o fisco real (em troca do pagamento pontual dos direitos feudais).

Os movimentos populares de bloqueio da circulação dos coletores de impostos do rei, sob a vista grossa e até a proteção da nobreza provincial, culminaram na Fronda (rebelião) da nobreza (1648-1653), durante a regência de Ana de Áustria, mãe de Luís XIV. Este pretendeu resolver o problema obrigando a alta nobreza a residir na corte e substituindo as hostes da nobreza pela *maréchaussée* (milícia criada nas províncias e comandada por intendentes de nomeação real), o que aumentou seus gastos extraordinariamente. Subproduto desse deslocamento de famílias nobres foi o desenvolvimento do capitalismo no campo, onde grandes extensões passaram a ser exploradas em arrendamento por agricultores capitalistas.

Se isso resolvia o problema do conflito entre o rei e a nobreza, não resolvia o problema dos que de fato pagavam os impostos. Diante da falta de recursos e da inconveniência do aumento de tributos indiretos, que já entravavam fortemente a economia do reino, a tendência natural da corte era aumentar os impostos diretos sobre os contribuintes, já que não tinha poder suficiente para ampliar o pagamento de impostos para a nobreza e o clero. No entanto, chegara o momento em que persistir nesse caminho não era mais viável, por causa da fraqueza crescente do poder monárquico ante a burguesia, que vinha se fortalecendo com a expansão da economia capitalista. Numa tentativa de resolver o impasse, Luís XVI convocou uma Assembleia de Notáveis, instituição que não se reunia desde o século 16, a pedido do próprio controlador-geral das finanças do reino, Charles Alexandre de Calonne.[1]

O impasse, porém, era insanável sem mudanças drásticas. A monarquia estava desmoralizada aos olhos da burguesia e do povo, que viam a dispendiosa corte de Versalhes (a maior da Europa) como uma aberração e não se conformavam com a manutenção de uma enorme força militar que tinha resultados medíocres na competição com as demais nações europeias, e com o fato de que a França chegava a ficar atrás da pequena Holanda no volume de

---

1 Charles Alexandre de Calonne (1734-1802), advogado, procurador-geral no Parlamento da cidade de Douai, intendente na cidade de Metz (1766) e posteriormente em Lille (1778). Foi nomeado inspetor-geral das finanças (ministro) em 1783, com forte oposição dos privilegiados, que eram contra suas propostas de reforma dos impostos e de redução do deficit público. Sem apoio da Assembleia de Notáveis, caiu em desgraça e se retirou em 1787 para a Inglaterra, de onde retornaria no período do Consulado napoleônico.

empreendimentos mercantis na América e no Oriente. Com isso a base de apoio do rei foi ficando cada vez mais restrita à nobreza, o que lhe tirava poder para reduzir privilégios que custavam cada vez mais caro. Ao mesmo tempo, a burguesia – que dominava toda a atividade produtiva e comercial, mas via a maior parte da riqueza do país ir para as mãos da nobreza – já adquirira força política suficiente para bloquear qualquer tentativa de aumento de seus encargos fiscais. É nesse contexto que se desenrola o processo que levou à Revolução Francesa. Esta foi a sequência do processo:

1787

22 de fevereiro – A Assembleia de Notáveis é instalada, com 144 membros escolhidos pelo rei entre "príncipes de sangue" (nobres aparentados com a família real), prelados, nobreza da corte e das províncias e prefeitos das grandes cidades (burgueses). A situação é suficientemente crítica para que o próprio Calonne inclua em seu projeto de reforma fiscal o lançamento de um tributo direto sobre a nobreza e o clero, incidindo sobre a terra agrícola. O projeto é rejeitado.

31 de março – Calonne apela à opinião pública contra a rejeição, fazendo imprimir e divulgar seu projeto.

8 de abril – Luís XVI demite Calonne. Em seu lugar, nomeia Loménie de Brienne,[2] arcebispo de Toulouse, principal adversário do projeto rejeitado.

1º de maio – A divulgação do projeto de Calonne, que se ajustava ao pensamento fisiocrático, apoiado dentro e fora da corte, bloqueia de vez qualquer pretensão de obter uma arrecadação maior baseada unicamente no aumento dos tributos sobre o Terceiro Estado. Razão pela qual o próprio Brienne, cujo prestígio na corte não se traduzia em crédito entre os banqueiros, se vê forçado a retomar a proposta de um imposto territorial estendido a todos.

---

2 Étienne Charles Loménie de Brienne (1727-1794), bispo de Toulouse a partir de 1763, presidiu a Assembleia de Notáveis em 1787, e substituiu Calonne como inspetor-geral das Finanças. Após várias discussões com os Parlamentos, foi forçado a convocar os Estados Gerais para 1789. Nomeado cardeal em 1788, prestou juramento à constituição civil do clero (1790). Apesar disso, foi preso em novembro de 1793, morrendo na prisão no ano seguinte.

25 de maio – A Assembleia de Notáveis decide que novos impostos só podem ser votados pelos Estados Gerais, a reunião dos três estamentos sociais – nobreza, clero e Terceiro Estado –, que não acontecia desde 1614. Como a convocação dos Estados Gerais era prerrogativa do rei, Brienne consegue de Luís XVI a dissolução da Assembleia.

22 de junho – Édito real, sugerido por Calonne, cria assembleias provinciais e municipais (nas províncias que não as tivessem). Pelo édito, nas assembleias provinciais os representantes do Terceiro Estado devem igualar em número os representantes do clero e da nobreza e a votação passa a ser por "cabeça" (um homem, um voto) e não mais "por ordem" (a decisão de cada estamento valendo um voto), como era até então.

16 de julho – O Parlamento de Paris (a corte superior de Justiça) se recusa a acatar novo édito real que cria uma subvenção territorial para o erário – que corresponderia a uma talha extraordinária sobre as províncias – e indica que apenas a nação reunida nos Estados Gerais pode autorizar um imposto perpétuo. Nesta data se inicia uma rebelião dos Parlamentos que fica conhecida como "Revolução dos Notáveis". Os Parlamentos exercem o poder de Justiça no reino e neles predominava a nobreza de toga, ou seja, burgueses abastados que tinham adquirido caríssimos títulos de nobreza. Pela sua origem social, os membros dos Parlamentos mantinham fortes laços com a burguesia e, por seus interesses, estavam organicamente ligados à monarquia, mas não especialmente à nobreza e menos ainda à alta nobreza, que os considerava falsos nobres.

6 de agosto – O Parlamento de Paris é convocado em *Lit de justice*, ou seja, com a presença do rei, condição na qual não pode negar o registro de um decreto. Com isso, finalmente, é registrado o édito real rejeitado em 16 de julho.

7 de agosto – O Parlamento de Paris declara inválido o registro da véspera e é aclamado pelo povo, reunido em frente à sua sede, aos gritos de "Não aos impostos! Viva os pais do povo!". A rebelião toma ares de revolução. O Parlamento abre um inquérito contra Calonne, que se refugia na Inglaterra.

14 de agosto – O Parlamento de Paris é exilado, por determinação de Brienne, para a cidade de Troyes, onde é acolhido em triunfo. As cortes de Justiça menores e os Parlamentos provinciais passam a declarar solidariedade ao Parlamento de Paris.

15 a 17 de agosto – Manifestações contra Luís XVI enchem as ruas de Paris. A rainha Maria Antonieta é chamada de "madame deficit" e de "austríaca".

4 de setembro – Luís XVI retira a exigência da subvenção territorial e o Parlamento retorna a Paris. É marcada a convocação dos Estados Gerais para 1792.

19 de novembro – Em sessão real com o Parlamento, o rei faz registrar um empréstimo de 420 milhões de libras ao Tesouro, a uma elevadíssima taxa de juros. O duque de Orléans exclama: "Isso não é legal!" E Luís XVI responde: "Sim, é legal porque eu o quero!" Mas, no mesmo dia, assim que o rei se retira, o Parlamento anula o registro, "por vício de procedimento". Luís XVI é informado de que os tempos do "*L'état c'est moi!*" haviam terminado, ainda que, depois da discussão, ele tenha mandado prender as lideranças da oposição e exilado o duque de Orléans em suas terras.

1788

3 de maio – O Parlamento de Paris aprova declaração em que propõe "leis fundamentais do reino": abolição das *lettres de cachet* (ordens de prisão arbitrárias do rei), Judiciário independente e reuniões regulares dos Estados Gerais para decidir sobre política fiscal e finanças. As mudanças propostas pelo Parlamento são as já alcançadas pela burguesia na Inglaterra: o direito de decidir sobre os impostos a pagar (conquista da Revolução Inglesa de 1640-1649) e o direito de *habeas corpus* (1679).

8 de maio – Em nova convocação do Parlamento em *lit de justice*, Luís XVI força o registro de seis éditos de reforma do Judiciário e de cassação dos poderes dos Parlamentos, que são postos "em férias". Não é a primeira vez que o Parlamento é suspenso pelo rei, mas é a primeira vez que a suspensão é recebida com enorme agitação em todo o reino e não funciona.

7 de junho – Em Grenoble, a multidão reintegra os parlamentares à força, enfrentando as tropas reais com telhas lançadas de cima dos telhados, o que valeu ao episódio o nome de "Jornada das Telhas".

8 de agosto – O Alto Conselho Real antecipa a convocação dos Estados Gerais para 1º de maio de 1789.

16 de agosto – Por falta de dinheiro, o Tesouro real suspende seus pagamentos.

25 de agosto – Luís XVI destitui Brienne e chama Jacques Necker,[3] banqueiro protestante com prestígio entre os notáveis, para assumir a Inspeção-Geral das Finanças. Necker já estivera nesse cargo entre 1776 e 1781, e fora demitido ao tentar reduzir os gastos da corte. Nesta segunda convocação, o que mais interessa ao rei é o aval do prestigioso banqueiro a novos empréstimos, o que ele consegue.

21 de setembro – O Parlamento de Paris decide que a composição dos Estados Gerais seguirá a forma observada em 1614, o que significa que o número de deputados do Terceiro Estado não aumentará, contrariando a burguesia, que pedia modificações que lhe dessem maior representação, e o voto será por ordem (um voto apenas por estamento).

23 de setembro – Buscando apaziguar a agitação social, o rei declara nulos os éditos de 8 de maio e restabelece o Parlamento com suas antigas prerrogativas.

6 de novembro – Necker faz reunir pela segunda vez a Assembleia de Notáveis, que confirma a decisão do Parlamento de convocar os Estados Gerais na forma adotada em 1614. Esta decisão, que deixa o Parlamento de Paris igualado aos notáveis do rei frente ao Terceiro Estado, coloca o conjunto do Estado monárquico contra a burguesia, que, naquele momento, está fundida com o movimento popular. Este se encontra em processo acelerado de organização em clubes, e seu ponto de encontro é o bairro do Palais Royal, onde se

---

[3] Jacques Necker (1732-1804), economista e banqueiro protestante suíço de origem francesa, encarregado da economia da França por três vezes – 1776, 1788 e 1789 –, em distintas circunstâncias, mas sempre concentrado na resolução da dívida pública. Antecipou a convocação dos Estados Gerais para 1789 e interveio em torno de questões financeiras, sendo mal recebido pelos demais deputados, concentrados na questão política do voto (por cabeça ou por ordem). Demitido pela terceira vez por Luís XVI, retirou-se para sua propriedade na Suíça.

concentram os cafés, que se torna um centro de agitação. Os clubes exigem a duplicação da representação do Terceiro Estado e o voto por cabeça, o que daria o poder de decisão ao Terceiro Estado sempre que votasse unido.

5 de dezembro – O Parlamento de Paris aceita que a representação do Terceiro Estado seja duplicada, mas não se pronuncia sobre a forma de voto. É uma tentativa de acomodação à pressão das ruas e de conciliação com a burguesia, mas insuficiente para restabelecer os laços criados com o movimento popular de 7 de agosto de 1787, quando fora aclamado.

27 de dezembro – O Conselho do Rei, em Versalhes, confirma a decisão do Parlamento de Paris sobre a convocação dos Estados Gerais e também não se pronuncia sobre a forma de voto.

1789

Janeiro a abril – É divulgado o regulamento real para as eleições aos Estados Gerais: são votantes os homens com 25 anos de idade ou mais e, no caso do Terceiro Estado, que pagam impostos diretos; as eleições se dão nos quadros das *bailliages* e *sénéchaussées* (distritos com formas de administração particulares); a nobreza e o clero elegem diretamente seus representantes locais; o Terceiro Estado tem eleições em dois graus no campo, em assembleias de paróquia e depois de *bailliage* ou de *sénéchaussée*, e em três graus nas cidades, um deles sendo a assembleia da corporação, para os artesãos e comerciantes. Cada assembleia deve redigir um "caderno" de reivindicações a serem defendidas pelos eleitos – durante o processo eleitoral são redigidos mais de 50 mil "cadernos". O período pré-eleitoral é marcado por grande agitação social: o príncipe de Condé, figura eminente da nobreza conservadora, se vê obrigado a abandonar seu palácio de Chantilly, onde dois guardas são mortos. Em Marselha, três fortins são tomados de assalto pelo povo, sendo morto o comandante de um deles. No bairro fabril de Saint-Antoine, em Paris, duas fábricas são cercadas por trabalhadores, em protesto contra seus donos, que propunham rebaixamento dos salários. Uma das fábricas é invadida e saqueada, mas a Guarda Francesa, a milícia real de Paris, que fora chamada, ergue uma barricada nas proximidades da outra, para protegê-la; a duquesa de Orléans, passando casualmente pelo local, manda abrir a barricada e segue-se o saque e incêndio da segunda fábrica. A Guarda Suíça e a cavalaria de guerra são enviadas para sufocar o tumulto e o fazem com grande rigor, deixando mais de 300 mortos – é o episódio mais sangrento do período pré-revolucionário. Esse massacre é atribuído pelo povo exclusivamente ao Estado monárquico. As contradições entre a burguesia e os assalariados ainda não estão em primeiro plano.

5 de maio – Sessão de abertura dos Estados Gerais, com cerca de 1.150 representantes ao todo.

6 de maio – O Terceiro Estado não aceita se constituir em assembleia particular e propõe a fusão das três ordens numa assembleia única. A nobreza se recusa; no clero, abre-se um conflito sobre a questão.

17 de junho – O Terceiro Estado se constitui em Assembleia Nacional e seus membros se denominam "comuns", numa alusão à Câmara dos Comuns do Parlamento inglês.

19 de junho – Necker apresenta ao Conselho Real um plano de reformas que inclui o voto por cabeça nos Estados Gerais, a igualdade de todos em termos de tributação, o acesso de todos aos empregos públicos e a restrição do poder do rei à função executiva, com direito de veto. Necker, que se sabe momentaneamente indispensável na corte, não tem medo de declarar claramente sua adesão ao programa da maioria da burguesia revolucionária: a monarquia constitucional. No mesmo dia, o clero decide, por 149 votos a favor e 137 contra, sua fusão com o Terceiro Estado. A nobreza endurece sua posição e, a seu pedido, Luís XVI manda fechar as portas da grande sala da Assembleia dos Estados Gerais.

20 de junho – O Terceiro Estado, ao encontrar fechadas as portas da grande sala, dirige-se a uma sala de esportes (*jeu de paume*) próxima, desprovida de mobília. É proposto um juramento solene, de que sua Assembleia não se dissolva antes de votar uma nova Constituição. Todos juram, menos um deputado.

22 de junho – Cento e cinquenta deputados do clero e dois nobres se unem à Assembleia Nacional. Um dos dois nobres é o duque de Orléans.

23 de junho – Os Estados Gerais têm uma sessão real na grande sala. Luís XVI aceita a instituição de liberdades individuais e de imprensa e que toda tributação passe a ser submetida à aprovação dos representantes do povo, mas condena a igualdade dos direitos e o sistema de votação por cabeça, intima as ordens a se reunir em separado e declara cassada a decisão do Terceiro Estado de 17 de junho, de constituição em Assembleia Nacional. Após a partida do rei, os representantes do Terceiro Estado rejeitam sua intimação: "A nação reunida não pode receber ordens."

24 de junho – A maioria dos deputados do clero e 47 nobres se juntam à Assembleia Nacional.

26 e 27 de junho – Luís XVI envia ordens a regimentos de mercenários estrangeiros e a regimentos da guarda do exército francês para se deslocarem a Versalhes e Paris. Ao mesmo tempo, o rei se curva à nova relação de forças estabelecida em 24 de junho e propõe a "seu fiel clero e à sua fiel nobreza" que passem a se reunir conjuntamente com o Terceiro Estado.

28 de junho – Os granadeiros de um regimento da guarda se recusam a obedecer às ordens de seus comandantes e são encarcerados na abadia de Saint-Germain des Prés.

30 de junho – Uma multidão cerca a abadia de Saint-Germain des Prés. A tropa que a protege se recusa a atirar e confraterniza com os manifestantes; os granadeiros são libertados.

9 de julho – A Assembleia Nacional proclama-se Assembleia Constituinte.

11 de julho – Luís XVI demite Necker e constitui um ministério de combate à agitação, sob a direção do barão de Breteuil,[4] e com o duque de Broglie[5] no Ministério da Guerra.

---

4   Louis Auguste Le Tonnelier (1730-1807), barão de Breteuil, diplomata de carreira no período de 1758 a 1783, quando foi nomeado ministro da casa real, tendo sob sua responsabilidade a cidade de Paris. Enérgico defensor do absolutismo monárquico, sucedeu Necker na Inspeção-Geral das Finanças em 11 de julho de 1789. Com a reconvocação de Necker em 16 de julho, emigrou para a Suíça, retornando à França apenas em 1802.

5   Victor François (1718-1804), duque de Broglie, militar, chegou ao posto de marechal em 1759, durante a Guerra dos Sete Anos. Foi nomeado ministro da Guerra em 11 de julho de

12 de julho – A notícia da demissão de Necker chega a Paris e, no Palais Royal, os clubes manifestam preocupações com a movimentação militar. A cidade está cercada de tropas de linha (33 regimentos), trazidas das guarnições de fronteira, e o povo é tomado pelo temor de um golpe de Estado. O povo e um esquadrão de cavalaria, o Royal-Allemand, entram em choque. Em seguida, as alfândegas internas que cercam a cidade são atacadas e várias são incendiadas, sem que as tropas próximas intervenham. À noite, as lojas de armas são pilhadas pelo povo.

13 de julho – Os eleitores do Terceiro Estado de Paris afluem ao palácio municipal (Hôtel de Ville), onde é hasteada a bandeira vermelha, sinal de alarme para casos de incêndio; reunidos em assembleia, nomeiam um comitê permanente da Comuna de Paris. É também formada uma milícia parisiense de 48 mil homens; suas cores são as de Paris, o vermelho e o azul. Os guardas franceses aderem à Comuna e passam a se denominar "soldados da pátria".

14 de julho – O povo invade o quartel de Les Invalides (o comandante decide não resistir) e se apossa de 32 mil fuzis e 20 canhões. Em seguida, uma delegação da Comuna vai à Bastilha pedir a seu governador que retire os canhões da fortaleza, vistos pelo povo como uma ameaça, e que forneça pólvora à milícia parisiense. A delegação é convidada a almoçar na fortaleza e os canhões são retirados das amuradas. Às 13h30 ocorre uma forte altercação entre a delegação municipal e o estado-maior da fortaleza. O povo ouve e grita que há traição. O governador manda baixar uma ponte levadiça e entram cerca de 200 pessoas na fortaleza (talvez mais do que o aceitável pela guarda). A ponte levadiça é reerguida e os populares no pátio interno são alvejados com fogo de metralha. Começa um tiroteio geral, que se prolonga, enquanto membros da Comuna saem em busca de canhões, que chegam às 16 horas e passam a atirar contra as portas da Bastilha. A fortaleza se rende às 17h30. No fim da jornada, são libertados sete prisioneiros dos calabouços e contados cerca de cem mortos. O governador é morto e decapitado – em seu bolso é encontrada uma carta de apoio do

---

1789. Emigrou quando Necker foi reconvocado e comandou um corpo de emigrados em 1792, morrendo exilado na Alemanha.

preboste dos mercadores, que preside o Comitê Permanente da Comuna de Paris, o qual é imediatamente morto com um tiro de pistola. As cabeças de ambos são levadas em desfile pelas ruas de Paris na ponta de piques.

15 de julho – Luís XVI anuncia a retirada das tropas de linha da área de Paris.

16 de julho – Jean-Sylvain Bailly,[6] deputado do Terceiro Estado, é confirmado pelo rei no cargo de prefeito, para o qual fora eleito pela Comuna de Paris, e o marquês de La Fayette,[7] tido como herói da Guerra de Independência americana, é nomeado para o comando da milícia da municipalidade, que passa a se chamar Guarda Nacional.

17 de julho – Luís XVI é recebido por La Fayette e Bailly no Hôtel de Ville, onde aceita as novas cores da nação: ao vermelho e ao azul da cidade de Paris é acrescentado o branco, cor distintiva da casa real. Começa a fuga de nobres para a Áustria.

Meados de julho a início de agosto – O acúmulo de pequenos incidentes de rebelião servil espalhados por todo o território da França detona o *grande peur*, espécie de pânico coletivo na zona rural. Provavelmente um reflexo do vago temor da burguesia, que se aproveitava das relações servis em suas explorações agrícolas capitalistas e, por isso, hesitava em abolir plenamente as relações

---

[6] Jean-Sylvain Bailly (1736-1793), astrônomo, eleito pelo Terceiro Estado de Paris aos Estados Gerais em 1789, foi promotor do *jeu de paume* em 20 de junho de 1789 e eleito prefeito de Paris em 15 de julho. Decretou em 17 de julho de 1791 a lei marcial que levaria ao massacre do Campo de Marte, com o que se demitiu das funções de prefeito. Responsabilizado pela violenta repressão ao movimento de julho de 1791, foi preso em julho de 1793 e guilhotinado em 12 de novembro.

[7] Marie-Joseph Paul Yves Roch Gilbert du Motier (1757-1834), marquês de La Fayette, militar, participou da Guerra de Independência dos Estados Unidos e foi líder da Guarda Nacional durante a Revolução Francesa. Membro da Assembleia de Notáveis em 1787, defendeu a convocação dos Estados Gerais e fez um esboço da Declaração dos Direitos do Homem. Não obstante, comandou as tropas responsáveis pelo massacre no Campo de Marte em julho de 1791. Em agosto de 1792, na frente de guerra em Sedan, tentou levar suas tropas a voltar-se contra Paris. Sem sucesso, entregou-se aos austríacos, que o mantiveram na prisão por cinco anos. Foi liberado em 1797 por Napoleão Bonaparte. Durante a revolução de 1830, apoiou Luís Filipe como monarca constitucional.

feudais, já visivelmente insustentáveis. Ainda em agosto começam os movimentos de pilhagem, agora reais, de castelos pelos camponeses.

22 de julho – O intendente real da região de Paris, Louis Bénigne François Bertier de Savigny, e o controlador-geral de finanças, Joseph François Foullon, acusados de querer privar o povo de víveres, fogem da cidade. Mas são capturados, trazidos de volta e enforcados na praça de Grève.

Fim de julho a meados de dezembro – Ocorre a revolução municipal. Na maioria das cidades são criados comitês permanentes de cidadãos e milícias urbanas, que passam a atuar ao lado e independentemente das instituições tradicionais da monarquia. A lei de 14 de dezembro da Assembleia Constituinte, sobre a organização dos governos municipais, encerrará esse movimento, exceto em algumas cidades mais conservadoras, como Lyon.

3 de agosto – A insurreição quase geral no campo provoca uma longa e conflituosa discussão na Assembleia Constituinte. O debate se prolonga noite adentro em torno de um plano de repressão, mas não há acordo e os constituintes passam a buscar um modo de fortalecer o governo mediante um remanejamento do ministério que o torne mais homogêneo.

Madrugada de 4 de agosto – E, para apaziguar o povo, a Assembleia vota o "fim do feudalismo": a igualdade fiscal de todos, a abolição de toda servidão pessoal e o resgate dos direitos feudais (mas não sua extinção). Também é acrescentada a renúncia do clero ao dízimo obrigatório, proposta que Luís XVI recusará.

18 de agosto – A Revolução Francesa se expande para o exterior: o arcebispo de Liège (na região de Flandres, na Bélgica) é deposto pelo povo insurgido.

26 de agosto – A Assembleia Constituinte aprova a Declaração dos Direitos do Homem e do Cidadão. Luís XVI recusa-se a sancioná-la.

23 de setembro – O regimento de Flandres, um dos mais leais ao rei, é chamado a Versalhes.

1º de outubro – O regimento de Flandres chega a Versalhes. No banquete de recepção, as cores da revolução são pisoteadas e substituídas pela cor preta, da rainha.

3 de outubro – A notícia do banquete de Versalhes chega a Paris e provoca grande agitação no bairro de Palais Royal.

5 de outubro – Entre 6 mil e 7 mil mulheres do mercado central de Paris (Les Halles) afluem em massa ao Hôtel de Ville e conseguem forçar a Guarda Nacional, com La Fayette à frente, a acompanhá-las até Versalhes. Lá chegando, exigem a ida de Luís XVI para Paris, onde falta pão, bem como a assinatura da Declaração dos Direitos do Homem e do Cidadão.

6 de outubro – Durante a madrugada, enquanto La Fayette dorme (o que lhe valerá o apelido de "Morfeu"), o palácio de Versalhes é invadido pelas mulheres, seguidas de uma parte da Guarda Nacional. A família real é forçada a ir para Paris, onde chega à noite e se instala no palácio das Tulherias.

19 de outubro – A Assembleia Constituinte se reúne em Paris.

21 de outubro – A Assembleia Constituinte vota a aplicação da lei marcial contra tumultos. É a resposta da burguesia à invasão do palácio de Versalhes pelas mulheres. Pela primeira vez há acordo na Assembleia sobre uma medida repressiva. É o início do afastamento da burguesia constitucionalista em relação à base popular da revolução.

31 de outubro – A revolução chega à Córsega, onde tem a adesão do tenente de artilharia Napoleão Bonaparte.

2 de novembro – Por proposição de Talleyrand,[8] bispo de Autun, a Assembleia Constituinte vota o confisco dos bens do clero, que passará a ser sustentado pelo Estado.

---

8 Charles-Maurice de Talleyrand-Périgord (1757-1838), diplomata e político, bispo de Autun a partir de 1788, foi defensor dos privilégios do clero, mas acabou por apoiar a nacionalização dos bens da Igreja e a adoção da constituição civil do clero. Excomungado pelo papa, exilou-se nos Estados Unidos após a execução de Luís XVI. Com a queda de Robespierre, voltou à França e tornou-se ministro de Relações Exteriores em 1797. Foi demitido em 1799, sob acusação de corrupção, mas Bonaparte o recolocou no cargo, do qual se demitiria

3 de novembro – Os Parlamentos entram em férias definitivas, agora decretadas pela Assembleia Constituinte, que passa a estabelecer um novo Poder Judiciário, no quadro de uma monarquia constitucional.

9 a 22 de dezembro – As municipalidades são reorganizadas pela Assembleia Constituinte: as cidades são divididas em seções e cada uma elege, em assembleia, representantes que formam o conselho geral da comuna. Este nomeia o comandante da milícia municipal, formada por cidadãos voluntários.

1790

11 e 12 de janeiro – Os revolucionários de Bruxelas proclamam os "Estados Belgas Unidos" (Países Baixos austríacos).

7 de fevereiro – Ocorrem violentos motins em Lyon, onde é finalmente imposta a nova ordem municipal.

8 de março – A Assembleia Constituinte rejeita a abolição da escravatura nas colônias. O escravismo colonial sustenta um terço do comércio exterior francês e tem apoio de toda a burguesia. Somente profissionais liberais humanitários e o chamado povo miúdo das cidades (companheiros das corporações e prestadores de serviços diversos, sem corporação), assim como assalariados e servos do campo, são a favor da abolição da escravatura nas colônias.

15 de março – É instituído o regime de propriedade burguês e extinto o direito de primogenitura.

18 de março – Na Bélgica, os revolucionários são derrotados.

17 de abril – O *assignat*, nome do título emitido sobre bens confiscados ao clero, passa a ter curso legal como moeda. O papel, que começara sua carreira como moeda lastreada em bens reais, passa a ser moeda fiduciária.

21 de maio – A municipalidade de Paris é reorganizada e seus 60 distritos são transformados em 48 seções.

---

em 1807 por discordar da política expansionista do chefe de Estado. Participou ativamente na Revolução de 1830 e na ascensão de Luís Filipe ao trono.

12 de junho – É feita a centralização das guardas nacionais criadas nas cidades durante o processo revolucionário. A Guarda Nacional centralizada passa a ter um comandante nomeado pelo governo. Só "cidadãos ativos" (pagantes de imposto direto) podem integrá-la. Mas os "cidadãos passivos" já integrados nas unidades municipais são mantidos.

19 de junho – A Assembleia abole a nobreza hereditária e seus títulos e brasões. Em 28 de fevereiro a nobreza já havia perdido o monopólio dos postos de oficial no exército e na marinha.

12 de julho – É promulgada a constituição civil do clero: os bispos e curas, pagos pelo Estado, devem ser eleitos por assembleias de departamento e de distrito, respectivamente. E devem jurar fidelidade à nação, à lei e ao rei. Inicialmente, o clero aceita bem a medida, percebendo que a eleição dos prelados pode fortalecer a Igreja Católica. As dificuldades vêm com a oposição do papa Pio VI (1775-1799).

1º de agosto – Começa o Motim dos Granadeiros do Rei na cidade de Nancy. Os soldados querem o direito de participar dos clubes revolucionários.

6 de agosto – A Assembleia Constituinte declara que os amotinados de Nancy são "traidores", mas ressalva que está pronta a ouvir suas queixas.

9 de agosto – A guarnição de Nancy recebe muito mal a declaração da Assembleia Constituinte e se amotina contra os oficiais (normalmente de origem nobre), tomando o controle da caixa do regimento, para garantir o pagamento de seu soldo.

16 de agosto – A Assembleia Constituinte decreta que os rebeldes de Nancy cometeram "crime de lesa-nação" e que seja aplicado "um terror salutar" na cidade. A decisão é o primeiro choque direto da burguesia constitucionalista com a base popular da revolução.

31 de agosto – Tropas de linha comandadas pelo marquês de Bouillé[9] entram em Nancy após duros combates que fazem mais de 300 mortos. Os

---

9   François Claude Amour (1739-1800), marquês de Bouillé, general com ativa participação na Guerra de Independência estadunidense nas Antilhas. Foi membro da Assembleia de

líderes do movimento são presos; alguns são enforcados, outros condenados às galés.

2 de setembro – A chegada das notícias sobre a repressão em Nancy provoca tumultos em Paris. Jean-Paul Marat[10] escreve, no jornal *L'Ami du Peuple*, o artigo "O Terrível Despertar".

3 de setembro – O marquês de Bouillé é felicitado pela Assembleia Constituinte e por Luís XVI pela sua atuação na repressão aos granadeiros de Nancy.

4 de setembro – Necker é demitido. Mas desta vez o povo reage com indiferença. A burguesia revolucionária, que agora vive da emissão de *assignats*, não mais precisa dos serviços do banqueiro.

14 de setembro – A Assembleia aprova a reforma da disciplina militar. Impõe penas duras, mas que não são mais decididas pelos oficiais, cuja arrogância vinha se tornando fonte de conflitos. Cada corpo de tropa deve constituir um conselho disciplinar, que decidirá sobre as punições cabíveis.

26 de dezembro – Finalmente o rei sanciona a constituição civil do clero, decidida em 12 de julho. E começa a resistência no alto clero, que a corte apoia.

1791

4 de janeiro – A Assembleia Constituinte edita um decreto que distingue os padres juramentados (que juram fidelidade à nova constituição civil do clero) dos padres refratários, que estão sujeitos a punições. A medida divide o baixo clero, em grande parte aderente ao movimento do Terceiro Estado, e

---

Notáveis em 1787, defendendo os interesses dos privilegiados. Comandante da Alsácia e Lorena e do Franco-Condado desde 1789, reprimiu violentamente os amotinados de Nancy em agosto de 1790. Organizou a fuga da família real em junho de 1791 e, com a detenção do rei, emigrou para a Inglaterra.

10 Jean-Paul Marat (1743-1793), médico, teórico e jornalista revolucionário. Com seu jornal *L'Ami du Peuple* (*O Amigo do Povo*) defendia os interesses do denominado povo miúdo, sendo uma das principais ligações entre este e os jacobinos, que tomaram o poder em junho de 1793. Assassinado em 13 de julho de 1793 por Charlotte Corday, simpatizante dos girondinos, popularizou a expressão "inimigo do povo", que utilizava em seu jornal para apontar aqueles que deveriam ser executados.

favorece a contrarrevolução nas províncias mais apegadas à Igreja tradicional. Mas a Assembleia quer parecer "radical" contra o clero, para encobrir sua busca de uma acomodação com a corte.

18 de janeiro – É criada uma nova tropa de linha: a Gendarmeria Nacional, com 28 divisões, em substituição à *maréchaussée*. Os gendarmes, que devem saber ler e escrever, são recrutados pelos diretórios dos novos departamentos em que se divide a França.

18 de fevereiro – Abolição da maioria dos impostos indiretos. Esta medida é um grande alívio para o povo e dá novo fôlego à Assembleia Constituinte.

24 de fevereiro – Talleyrand, que se demitira do bispado de Autun, sagra em Paris os primeiros bispos constitucionais.

2 de março – As corporações e a instituição das patentes de invenção são suprimidas. Os privilégios das corporações, usufruídos só pelos mestres e garantidos pelo rei, constituíam a sólida base "plebeia" da monarquia.

3 de março – É editado decreto que determina a fundição da prataria das igrejas para cunhar moeda.

10 de março – O papa Pio VI promulga a bula *Quod aliquantum*, condenando a constituição civil do clero e a Declaração dos Direitos do Homem. A partir daí, os padres refratários punidos podem ser considerados mártires pela Igreja.

22 de maio – A primeira Lei Le Chapelier é editada. Ela retira de toda sociedade ou clube de cidadãos o direito de representá-los e de fazer petições. A medida é voltada, naquele momento, principalmente contra a agitação dos clubes. Depois, será usada contra os sindicatos operários.

17 de maio – É instaurado um imposto territorial. Nessa data, o *assignat* é cotado na Bolsa de Valores de acordo com a moeda metálica, o que acelera sua desvalorização e leva os comerciantes a fixarem seus preços nas duas moedas.

26 de maio – A Assembleia decide que o Louvre abrigará "todos os objetos de arte e ciência"; é o nascimento do museu.

14 de junho – A segunda Lei Le Chapelier, que proíbe greves, é promulgada.

20 de junho – A família real foge durante a noite, enquanto dorme a guarda de La Fayette. No dia seguinte, é presa em Varennes, no norte da França.

22 de junho – A notícia da tentativa de fuga do rei provoca grande agitação nos clubes de Paris.

23 de junho – A Assembleia Constituinte "decide" que o rei foi sequestrado. O objetivo é conter o povo, que depreda bustos de Luís XVI e exige a instauração da república.

25 de junho – Luís XVI chega a Paris, em meio a cerrado cortejo de tropas, com a proibição de que seja quer insultado quer aplaudido.

15 de julho – A Assembleia Constituinte declara que o rei é inviolável, isto é, não pode ser julgado, e somente o marquês de Bouillé é responsável por seu "sequestro".

16 de julho – O Clube dos Jacobinos se divide em torno da questão da fuga do rei e da república. La Fayette e seus amigos, em posição minoritária de defesa da monarquia constitucional, se retiram do clube.

17 de julho – O Clube dos Cordeliers e sociedades "fraternais" revolucionárias convocam o povo a uma manifestação no Campo de Marte contra a recondução de Luís XVI à chefia do Estado e afluem cerca de 5 mil pessoas. A Assembleia Constituinte ordena a dissolução da manifestação e Bailly manda La Fayette cumprir a ordem; a Guarda Nacional atira e faz cerca de 50 mortos. O massacre do Campo de Marte marca uma virada no processo revolucionário. Uma parte da burguesia constitucional começa a retroceder para o apoio à reação monárquica, aterrorizada com a perda de controle sobre o movimento popular.

3 de setembro – A nova Constituição é proclamada, tendo como preâmbulo a Declaração dos Direitos do Homem e do Cidadão, com ligeiras modificações. A Carta institui a monarquia constitucional, com um Parlamento unicameral. O sufrágio é masculino e censitário: só podem votar os homens classificados como cidadãos ativos, pagantes de imposto direto anual correspondente a três dias de trabalho ou mais, com exceção dos empregados domésticos (incluídos na categoria de clientela da nobreza); para ser elegível é necessário ser pagante de um marco de prata de imposto anual; todos os cidadãos ativos podem participar da eleição das autoridades municipais, mas para ter direito a eleger os representantes à Assembleia Nacional Legislativa é necessário pagar imposto correspondente a dez dias de trabalho. As eleições à Assembleia ocorrem a cada dois anos. O rei é considerado inamovível e inviolável, com direito de veto suspensivo por duas legislaturas. Após a proclamação, a Constituinte se dissolve e nenhum de seus membros pode candidatar-se a deputado do futuro Poder Legislativo. A obsessão da maioria da Constituinte em manter o rei com um papel proeminente na política é a origem da cláusula que lhe dá poder de veto suspensivo por duas legislaturas, o que paralisará o futuro governo e acelerará sua ruína.

13 de setembro – Luís XVI aceita a Constituição. No dia seguinte, presta juramento e é reintegrado em seus poderes.

25 de setembro – O novo Código Penal é promulgado.

1º de outubro – Sessão inaugural da Assembleia Legislativa eleita segundo a nova Constituição, com 745 deputados.

8 de outubro – Ante a crescente reprovação popular ao massacre do Campo de Marte, La Fayette se demite do comando da Guarda Nacional e se retira para suas terras.

31 de dezembro – Os condenados pela revolta de Nancy são anistiados.

1792

16 de março – Gustavo III da Suécia, feroz opositor da Revolução Francesa, é assassinado. O fato arrefece temporariamente as articulações contrarrevolucionárias das monarquias europeias.

20 de abril – O rei declara guerra à Prússia, aliada da Áustria, a pretexto de sua proteção aos nobres emigrados. É a última cartada da corte e da ala mais conservadora da Assembleia Legislativa, que contam com uma invasão austríaca para "libertar" Luís XVI e esmagar a revolução. La Fayette é chamado de seu retiro para comandar a defesa no norte da França.

Primeira quinzena de maio – Numerosos regimentos das tropas de linha recrutadas segundo o sistema do Antigo Regime, de soldados profissionais, passam para o inimigo.

16 de maio – La Fayette envia carta à Assembleia Legislativa denunciando o Clube dos Jacobinos, que acusa de gerar "tensões" em Paris e de ser responsável por seus insucessos na frente de guerra. Chamado a Paris para se explicar, é mal recebido pela maioria dos deputados e pela corte, que não perdoa o "Morfeu" do outubro de Versalhes, e apenas consegue ser reenviado à frente de guerra.

11 de julho – A Áustria inicia a invasão. A Assembleia Legislativa proclama "a pátria em perigo" e estabelece uma conscrição militar por sorteio.

15 a 17 de julho – Os Clubes dos Jacobinos e dos Cordeliers exigem a suspensão de Luís XVI.

27 e 28 de julho – 47 das 48 seções de Paris exigem a suspensão do rei.

30 de julho – A Assembleia Legislativa decide que cidadãos passivos podem integrar a Guarda Nacional. O batalhão dos federados de Marselha chega a Paris ao som de seu "canto de guerra do exército do Reno", que se tornará o hino nacional da França.

4 de agosto – A seção dos *Quinze-Vingt* (que inclui o bairro operário de Saint-Antoine) lança um ultimato à Assembleia Legislativa, para que, até 10 de agosto, decida a suspensão do rei. Espalhada a notícia do ultimato, nobres armados e um corpo de guardas suíços se instalam no palácio das Tulherias.

9 de agosto – As seções de Paris se reúnem para designar comissários, a serem enviados ao Conselho Geral da Comuna, com a missão de persuadir seus membros hesitantes ou nomear substitutos aos que forem julgados excessivamente conservadores. Os comissários estabelecem um poder insurrecional. O presidente do conselho, Jérôme Pétion,[11] moderado, aceita retirar-se. Abre-se um período de cisões entre as forças revolucionárias. Uma parte minoritária da burguesia retrocede politicamente e se colocará do lado da contrarrevolução quando estourar a guerra civil; a parte majoritária renuncia ao programa monárquico constitucional, mas não ao programa de um Estado governado por proprietários, apoiado exclusivamente nos que pagam impostos.

10 de agosto – Ataque ao palácio das Tulherias, cujos acessos haviam sido desertados pela Guarda Nacional. Enquanto Luís XVI e sua família fogem para a Assembleia Legislativa, violenta batalha é travada no palácio, que resulta em cerca de mil mortos, entre populares, guardas do rei e membros da nobreza. À tarde, o presidente da Comuna Insurrecional se apresenta na Assembleia Legislativa, de onde já fugira a ala mais conservadora, para ditar as exigências do povo de Paris: suspensão do rei e convocação de uma convenção nacional. Os membros presentes da Assembleia Legislativa se curvam ante a força da revolta popular e suspendem Luís XVI.

11 de agosto – O que resta da Assembleia Legislativa após a deserção de parte dos deputados nomeia um Conselho Executivo, composto por cinco ministros não-deputados, e define o processo eleitoral à convenção nacional proposta pela Comuna: sufrágio universal masculino a partir de 21 anos, sendo mantida a exclusão dos empregados domésticos; elegibilidade a partir dos 25 anos; eleição em dois graus (as assembleias primárias elegendo assembleias de eleitores). A Comuna Insurrecional suprime os jornais favoráveis ao rei.

14 de agosto – A Assembleia Legislativa, agora reduzida aos deputados definitivamente rompidos com o Antigo Regime, decide a partilha gratuita das terras comunais, divididas em pequenos lotes, e passa a encaminhar

---

11 Jérôme Pétion de Villeneuve (1756-1794), advogado, deputado nos Estados Gerais, alinhou-se com a "esquerda", o que o tornou bastante popular. Por ocasião da fuga da família real, foi encarregado de reconduzi-la a Paris. Eleito prefeito de Paris em novembro de 1791, facilitou as manifestações contra o rei em 1792 e se alinhou aos que pediam sua destituição. Membro e presidente da Convenção, aliou-se aos girondinos, sendo proscrito em julho de 1793. Fugitivo, suicidou-se na região de Bordeaux.

efetivamente a venda das terras dos nobres emigrados. Em Sedan, na frente de guerra, La Fayette tenta fazer o exército voltar-se contra Paris, mas não é seguido. Em 19 de agosto ele se entrega aos austríacos, que o colocarão na prisão.

25 de agosto – A Assembleia determina a abolição dos direitos feudais, sem resgate.

Primeira quinzena de setembro – Incitados pelas correntes mais radicais dos clubes revolucionários, populares invadem as prisões de numerosas cidades da França e executam sumariamente os presos políticos monarquistas e, na confusão, muitos presos comuns. O episódio, que faz mais de mil mortos, fica conhecido como os "massacres de setembro".

14 de setembro – O ex-duque de Orléans, o primeiro nobre importante a aderir à Revolução Francesa e que a corte tivera como inimigo número um, muda seu nome para Filipe Égalité.

20 de setembro – As tropas francesas garantem a vitória na Batalha de Valmy, o que marca uma virada na guerra contra a Prússia e a Áustria.

21 de setembro – A Convenção faz sua reunião inaugural, com 749 deputados divididos em 200 "girondinos", cerca de 100 "montanheses" e o restante formando o "pântano". Se decide abolir a monarquia e proclamar a república. É o início do período mais radical da Revolução Francesa, mas também marca o conflito aberto entre os girondinos e os jacobinos, que tratam de propor uma série de medidas radicais, como o fim da escravidão nas colônias, a abolição de todos os privilégios, a divisão das grandes propriedades, o tabelamento de preços de produtos essenciais, a ajuda aos indigentes e a educação básica obrigatória e gratuita. Essas iniciativas despertam violenta reação nos girondinos, com perseguições, prisões e mesmo assassinatos de jacobinos em todo o país.

22 de setembro – Esta data é proclamada como primeiro dia do ano 1 da República, inaugurando um novo calendário. Mas a mudança de datas só entrará oficialmente em vigor em 6 de outubro de 1793.

6 de novembro – Os franceses derrotam as forças austríacas na batalha de Jemmapes, e passam a ocupar toda a Bélgica.

1793

21 de janeiro – Luís XVI é executado, depois de ser condenado por pequena margem de votos – 387 votos a favor da pena de morte e 334 votos contra – nas discussões mantidas pela Convenção entre 7 e 17 de janeiro.

24 de fevereiro – A Convenção decide instituir o recrutamento em massa para a guerra, na qual passa a adotar uma política de expansão territorial. As primeiras vitórias impulsionam a tendência anexionista da Convenção, fato que criará obstáculos à adesão dos povos da Europa à Revolução Francesa.

11 de março – Início da revolta na Vendeia contra o recrutamento em massa. A revolta evoluirá posteriormente para uma guerra civil na região, que se prolongará, com grandes massacres, até o início de 1794.

18 de março – A Convenção vota a pena de morte contra os *partageux* (partidários da partilha igualitária das terras) e contra os responsáveis por todo e qualquer ataque à propriedade.

3 de abril – Filipe Égalité, membro do Clube dos Jacobinos e deputado da Convenção, é preso, marcando a cisão entre o movimento revolucionário e o setor da nobreza que a este se integrara.

6 de abril – A Convenção cria um Comitê da Salvação Pública, com nove membros. A concentração de poder nas mãos desse comitê extraordinário é o primeiro passo do processo que levará à ditadura.

4 de maio – Sob pressão dos moradores de Paris, a Convenção decreta a primeira lei que define um preço máximo para os cereais. É chamada de primeiro *maximum*, para distingui-la dos tabelamentos de preços que se seguirão.

31 de maio – A Comuna de Paris cria um Comitê Insurrecional contra os girondinos, cuja liderança a atacava reclamando o fechamento do Clube dos Jacobinos. No dia seguinte, faz cercar a Convenção, mas não há luta.

2 de junho – A Montanha dá um golpe na Convenção; 32 deputados girondinos são proscritos e 29 são presos. É o começo da ditadura da facção jacobina de Maximilien Robespierre.[12] Os jacobinos concluem que para defender a revolução é necessária a eliminação de todos os seus opositores e iniciam uma ação violenta que em 1793 leva à execução de milhares de pessoas, entre monarquistas, girondinos, membros da alta burguesia e setores do próprio movimento revolucionário não alinhados com a corrente de Robespierre.

6 de junho – Começam revoltas contra a Convenção nas principais cidades da França, à exceção de Paris. Combinadas com a pressão externa sobre a França, essas revoltas desembocam em conflitos civis generalizados opondo os interesses da restauração monárquica ao processo revolucionário.

24 de junho – A Convenção vota a nova Constituição, que deve ser ratificada por plebiscito. Ainda que jamais tenha sido aplicada, proclamaria o direito ao trabalho e à instrução e a extensão do direito de voto para todos os homens a partir dos 21 anos, incluídos os empregados domésticos. Também

---

12 Maximilien François Marie Isidore de Robespierre (1758-1794), advogado, político e revolucionário francês cuja vida e memória estão profundamente associadas à Revolução Francesa. Estudante na Universidade de Paris, teve D'Alembert como professor e sob sua influência tornou-se defensor das teses iluministas, encarnadas por Rousseau. Já advogando, Robespierre foi eleito deputado pelo Terceiro Estado em abril de 1789, tornou-se membro do Clube dos Jacobinos e, a partir do ano seguinte, seu principal orador na Assembleia Constituinte, onde um de seus êxitos foi o decreto que proibiu aos membros da Constituinte serem eleitos para a legislatura seguinte. Líder popular na manifestação do Campo de Marte, em julho de 1791, lançou em maio de 1792 o jornal *Le Défenseur de la Constitution* (O Defensor da Constituição), onde se opunha à república – que acabou proclamada no mesmo ano. Eleito deputado por Paris para a Convenção Nacional em 1792, passou a lutar pela proscrição política dos girondinos, num embate que se estendeu até junho de 1793 e o alçou à chefia do Comitê de Salvação Pública em julho, e à situação de líder inequívoco da ditadura jacobina. Nos meses que se seguiram ocorreram milhares de execuções, incluindo de membros do próprio movimento revolucionário não alinhados com a corrente de Robespierre. Em 27 de julho de 1794, um golpe de seus adversários na Convenção o fez prisioneiro, malgrado as tentativas da Comuna de Paris de defendê-lo. Ele acabou por ser guilhotinado em 28 de julho [10 termidor] com mais 17 companheiros. A obra teórica de Robespierre – defensor do sufrágio universal, da igualdade de direitos, da abolição da escravidão e da crença no "Ser Supremo" – está disponível em *Oeuvres Complètes de Maximilien Robespierre*, 11 volumes, Société des Études Robespierristes (SER), Nabu Press, 2011.

reconheceria a propriedade, mas secundariamente em relação à liberdade e à segurança.

31 de julho – Os *assignats* antigos, "de cara real" (com a efígie de Luís XVI), são desmonetizados e só podem ser usados para pagar impostos. No câmbio paralelo, porém, os *assignats* "de cara real" valem cerca de cinco vezes mais que os novos.

4 de agosto – A nova Constituição é ratificada com 1,8 milhão de "sims", 17 mil "nãos" e 4 milhões de abstenções. Os números não incluem algumas assembleias primárias que só votaram mais tarde, mas foram considerados suficientes para dá-la por ratificada. Apesar disso, o Comitê de Salvação Pública, já ditatorial desde 2 de junho de 1793, adia sua entrada em vigor até o fim da revolução. Nenhuma fração da burguesia jamais apoiou esta Constituição, que proclama o direito de rebelião como uma liberdade fundamental. Na realidade, sua aplicação era e continua sendo incompatível com qualquer sociedade dividida em classes. Só o povo miúdo de então a desejava.

23 de agosto – Robespierre, presidente da Convenção desde a véspera, decreta a conscrição militar universal obrigatória.

17 de setembro – A Convenção vota a "lei dos suspeitos". Prevê que todos os suspeitos devem ser presos, e inclui entre eles os partidários da tirania ou do federalismo, aqueles que não têm certificado de civismo, os funcionários públicos suspensos ou destituídos pela Convenção, os antigos nobres, os parentes de emigrados e os padres refratários. O Terror institucionalizado entra em vigor, sendo os comitês revolucionários encarregados de organizar as listas de suspeitos e realizar as prisões.

29 de agosto – A escravatura é abolida no Haiti pelo enviado da Convenção, que, acuado pelos colonos reacionários, se posiciona do lado dos escravos revoltados.

29 de setembro – É promulgada a lei do preço máximo para artigos de primeira necessidade, com 40 itens listados, e fixado um teto para os salários.

6 de outubro [15 vendemiário, ano II] – Entrada em vigor do novo calendário. Os meses passam a ter semanas (chamadas "décadas") de dez dias, o que desagradará a muitos assalariados.

1794

4 de fevereiro [16 pluvioso, ano II] – Com a queda dos girondinos, a Convenção consegue aprovar a abolição da escravatura nas colônias, estendendo a conquista dos escravos do Haiti.

13 de março [18 ventoso, ano II] – Prisão de Jacques-René Hébert,[13] redator do jornal *Le Père Duchesne* e líder dos chamados *enragés* ou ultrarrevolucionários. Ele se opunha a Robespierre e pregava a substituição do cristianismo por um "culto da razão".

21 de março [1 germinal, ano II] – Abertura do processo contra os hebertistas, que são executados três dias depois.

30 de março [10 germinal, ano II] – Prisão de Danton[14] e abertura de processo contra seus seguidores, a facção dita "indulgente" da Montanha. Danton

---

13 Jacques-René Hébert (1757-1794), filho de um joalheiro, estudou em colégio de jesuítas. Em 1790 começou a publicar em Paris o jornal *Le Père Duchesne*. Defensor da república, integrou a Comuna Insurrecional de agosto de 1792, opondo-se aos girondinos com extrema violência. Ao contrário dos *enragés*, não apresentou nenhum programa social, limitando-se a pregar a descristianização. Na oposição a Robespierre, foi preso em março de 1794 e executado.

14 Georges Jacques Danton (1759-1794), advogado, político e revolucionário francês, líder a partir de 1789 do Clube do Cordeliers, nome do distrito de Paris onde se reuniam os *sans-culottte*, artesãos, proletários e membros do povo simples da cidade. Apoiou os jacobinos em julho de 1791, depois do massacre do Campo de Marte, exigindo a substituição de Luís XVI por Filipe Égalité, em oposição aos cordeliers, que cobravam a abdicação do rei. A partir de novembro, ocupou a posição de procurador da Comuna de Paris. Em agosto de 1792, depois do ataque ao Palácio das Tulherias, Danton foi nomeado ministro da Justiça, cargo que abandonou para se eleger deputado à Convenção Nacional. Participou da criação do Tribunal Revolucionário em setembro de 1792 e foi membro do Comitê de Salvação Pública a partir de abril de 1793. Licenciou-se de suas funções em outubro e, após uma curta ausência, retornou a Paris e criou o movimento dos indulgentes, que se opunha à violência antirreligiosa e à execução de Maria Antonieta. Rompeu com os jacobinos e foi acusado de traição pela Convenção. Levado a julgamento, foi condenado como inimigo da república e guilhotinado.

se opunha ao movimento de "descristianização" da França, impulsionado pelos robespierristas para instaurar um culto estatal do "Ser Supremo". Ele e seus seguidores são executados em 5 de abril [16 germinal].

8 de junho [20 prairial, ano II] – É realizada a grande cerimônia oficial do Ser Supremo, presidida por Robespierre, gerando descontentamento dos convencionais partidários do racionalismo e do ateísmo, bem como dos cristãos.

11 de junho [22 prairial, ano II] – São suprimidas as garantias individuais dos presos políticos. É o início do Grande Terror.

27 de julho [9 termidor, ano II] – Queda de Robespierre. É guilhotinado no dia seguinte, com mais 21 membros do governo.

Abre-se a fase de declínio da Revolução. Em 17 de agosto de 1794 [29 messidor, ano III], a Convenção aprova nova Constituição e cria o Diretório, forma de governo mais uma vez baseada no voto censitário. O Diretório dura até o golpe de Estado de Napoleão Bonaparte, em 9 de novembro de 1799 [18 brumário, ano VIII].

ANEXO III
Cronologia da social-democracia europeia

1814/1815 – As potências europeias vitoriosas nas guerras contra Napoleão Bonaparte decidem no Congresso de Viena pela restauração dos Bourbons no trono francês, impondo como monarca Luís XVIII, irmão de Luís XVI, guilhotinado durante a Revolução Francesa.

1824 – Luís XVIII morre e sobe ao trono Carlos X, que busca restaurar os antigos poderes da nobreza francesa em detrimento dos interesses da burguesia.

26, 27 e 28 de julho de 1830 – O povo de Paris se subleva e organiza barricadas. Os combates contra a Guarda Nacional se generalizam durante esse período, que fica conhecido como "Os Três Dias Gloriosos" e dá início à Revolução de 1830.

2 de agosto de 1830 – A Guarda Nacional se recusa a prosseguir com a repressão, derrotando militarmente Carlos X, que se exila.

9 de agosto de 1830 – A burguesia impõe Luís Filipe de Orléans, filho de Filipe Égalité, como monarca constitucional, com o nome de Luís Filipe I. Com isso, busca conter as tentativas de restauração por parte da nobreza e ao mesmo tempo atender às massas sublevadas.

1834 – D. Pedro IV de Portugal (d. Pedro I do Brasil) promove uma Constituinte de cunho liberal, com inspiração na revolução francesa de 1830. O mesmo ocorre na Suíça, na Espanha e nas regiões não unificadas da Itália.

22 de fevereiro de 1848 – Realização de um banquete público na cidade de Paris em oposição ao governo de Luís Filipe I, imediatamente reprimido.

23 e 24 de fevereiro de 1848 – Manifestantes organizam barricadas nas ruas de Paris, reclamando a república e a derrubada do rei. A Guarda Nacional ataca as barricadas, provocando a morte de cerca de 500 manifestantes. Os combates se alastram pelas ruas da cidade, mas no fim a Guarda Nacional adere aos insurretos. É o início da Revolução de Fevereiro de 1848.

25 de fevereiro de 1848 – Luís Filipe I abdica e a 2ª República francesa é proclamada.

Fevereiro de 1848 – O *Manifesto do Partido Comunista*, de Karl Marx e Friedrich Engels, é publicado em Londres.

23 e 24 de abril de 1848 – Na França ocorrem eleições para uma nova Assembleia Constituinte. A burguesia elege 700 representantes e os trabalhadores e suas agrupações, cerca de 100.

Junho de 1848 – O novo governo empossado pela Constituinte adota medidas contra os movimentos de trabalhadores e socialistas, entre as quais o fechamento das oficinas nacionais, que empregavam cerca de 110 mil pessoas. Os operários se sublevam e voltam a erguer barricadas, defendendo a bandeira de uma república democrática e social. Os combates se estendem por quatro dias, mas a revolução é esmagada, com a morte de 1,5 mil insurretos. A repressão que se segue é feroz: 12 mil insurretos vão parar na prisão e 4 mil são deportados para a Argélia. A publicação de jornais é suspensa, reuniões públicas são proibidas e as associações políticas são postas sob o controle da polícia.

12 de novembro de 1848 – A nova Constituição francesa é promulgada. Estabelece o sistema presidencialista e um Poder Legislativo unicameral, eleito com base no sufrágio universal masculino.

Dezembro de 1848 – Carlos Luís Napoleão Bonaparte, sobrinho de Napoleão Bonaparte, é eleito presidente por maioria significativa: recebe 5,5 milhões de votos e seu oponente, 1,5 milhão. Seu mandato iria até 1852.

Março a dezembro de 1848 – O processo revolucionário francês se expande para outros países da Europa, no que fica conhecido como A Primavera dos Povos. Na Alemanha, revoltas populares eclodem em março, inicialmente em Colonia, e depois em Berlim, reivindicando uma nova Constituição e a unificação do país. Na Áustria, os movimentos populares impõem uma nova Constituição, que abole os direitos feudais e reconhece as diversas nacionalidades do império. Em Praga, os tchecos estabelecem uma Constituinte liberal que reivindica autonomia numa Áustria federativa.

1849 – Revolução na Hungria, que proclama sua independência da Áustria e se torna uma república. A Áustria reage com uma intervenção militar em agosto e a Hungria volta a fazer parte do império, denominado a partir de então de Império Austro-Húngaro. Movimentos revolucionários nos Estados italianos levantam a questão da independência e da unificação nacional, mas também são fortemente reprimidos pelo exército austríaco. Na Alemanha, a campanha pela Constituição do Reich tem ativa participação de Engels, Wagner e Bakunin, entre os milhares de insurgentes nas lutas nas barricadas.

Dezembro de 1851 – Carlos Luís Napoleão Bonaparte dá um golpe de Estado na França. Revoltada contra o golpe, a população se manifesta e é violentamente reprimida pelo exército.

1852 – Bonaparte promulga nova Constituição e reinstala o império francês. Ele assume o trono com o nome de Napoleão III, contando com o respaldo da burguesia e de um plebiscito popular que lhe concede 95% de apoio.

1861 – Giuseppe Garibaldi ocupa a Sicília e a integra, junto com Nápoles, ao Reino da Itália, ainda em formação, numa derrota do Império Austro-Húngaro e da Igreja Católica.

23 de maio de 1863 – Ferdinand de Lassalle funda a Associação Geral dos Trabalhadores Alemães (Allgemeiner Deutscher Arbeiterverein), em Leipzig.

28 de setembro de 1864 – A Associação Internacional dos Trabalhadores (AIT) tem seu congresso de fundação em Londres, com a participação de 2 mil trabalhadores e delegados de organizações operárias inglesas, francesas, italianas, alemãs, suíças e polonesas. A proposta de criação de uma associação internacional, feita pela delegação francesa, é aclamada por unanimidade. O encontro institui um Conselho Geral, integrado por George Odger (presidente), George Wheeler (tesoureiro), Karl Marx (secretário pela Alemanha), G. Fontana (secretário pela Itália), J. Holtorp (secretário pela Polônia), Herman Jung (secretário pela Suíça) e P. Lebez (secretário pela França), com a tarefa, entre outras, de convocar um congresso para 1865, que de fato se realizou em 1866.

3 a 8 de setembro de 1866 – A AIT faz seu primeiro congresso, em Genebra (Suíça), com a participação de 60 delegados provenientes de Inglaterra, França, Alemanha e Suíça. Os participantes se dividem basicamente em dois blocos: o que adere às diretivas do Conselho Geral, redigidas por Marx, e os seguidores de Proudhon, Lassalle e Robert Owen. O congresso aprova resoluções em torno da luta pela redução da jornada de trabalho para oito horas e afirma a função primordial dos sindicatos como centros de organização e luta dos trabalhadores, seguindo as orientações do Conselho Geral.

2 a 8 de setembro de 1867 – O 2º Congresso da AIT é realizado em Lausanne (Suíça), com 64 delegados provenientes de Inglaterra, França, Suíça, Alemanha, Bélgica e Itália. Na discussão sobre a questão da guerra e do militarismo, o encontro tira uma resolução que indica que "enquanto houver os princípios de nacionalidade e patriotismo continuará a haver guerra; enquanto houver distinção de classes continuará a haver guerra. A guerra não é apenas produto da ambição de um monarca; (...) a verdadeira causa da guerra são os interesses de alguns capitalistas; a guerra é o resultado da falta de equilíbrio no mundo econômico e no mundo político". O Congresso também discute o tema da emancipação feminina e finalmente adota uma resolução coletivista sobre os meios de transporte, contrariando os mutualistas.

6 a 13 de setembro de 1868 – O 3º Congresso da AIT, realizado em Bruxelas (Bélgica), conta com a participação de 99 delegados de França, Inglaterra, Suíça, Alemanha, Espanha e Bélgica e consolida o enfraquecimento dos setores mutualistas na Internacional frente ao Conselho Geral, com a aprovação de resoluções sobre a socialização dos meios de produção, o direito à greve como método de luta e a necessidade da organização sindical, opondo-se diretamente às teses do grupo de Proudhon. Também trata da questão ambiental, cuja resolução informa que "o abandono das florestas a indivíduos privados causa a destruição das matas necessárias à conservação das fontes e das boas qualidades do solo, assim como da saúde e da vida da população". Sobre a guerra e o militarismo, aprova uma resolução em que diz que "os trabalhadores são os únicos que tem um interesse evidente e lógico na abolição definitiva de qualquer guerra, tanto econômica quanto política, tanto individual como nacional, porque são eles, no fim das contas, que devem sempre pagar com seu sangue e seu trabalho o acerto de contas entre os beligerantes, não importando se estão do lado dos vencedores ou no dos vencidos", e que os operários, portanto, devem considerar toda guerra "como uma guerra civil", sendo a greve geral entendida como um instrumento contra a guerra.

Setembro de 1868 – É fundada em Genebra a Aliança da Democracia Socialista, sob liderança de Bakunin, que em dezembro apresenta um pedido de adesão à 1ª Internacional. O pedido é rejeitado, sob o argumento de que a Aliança da Democracia Socialista também é uma organização internacional e a 1ª Internacional só aceita organizações nacionais como membros. A aliança é dissolvida e os vários grupos que a formavam se unem à Internacional separadamente.

Agosto de 1869 – O Partido Social Democrático Operário Alemão (Sozialdemokratische Arbeiterpartei) é fundado, sob liderança de August Bebel e Wilhelm Liebknecht, com o objetivo de abolir a sociedade de classes e implantar um "Estado livre popular".

5 a 12 de setembro de 1869 – O 4º Congresso da AIT é realizado em Basileia (Suíça), com a participação de 78 delegados de Alemanha, Inglaterra, França, Espanha, Itália, Suíça e Bélgica e um representante do sindicato nacional do trabalho dos Estados Unidos. Fica claro o notável enfraquecimento das ideias mutualistas na Internacional, mesmo entre a delegação francesa, que tradicionalmente se vinculava a essas posições. São confirmadas em nova votação as resoluções sobre propriedade fundiária aprovadas em Bruxelas, que dizem que "a sociedade tem o direito de abolir a propriedade individual do solo e de dá-lo à comunidade", com o voto favorável, entre outros, de Louis Eugéne Varlin, futuro dirigente da Comuna de Paris. Participa do congresso o delegado Mikhail Bakunin, que viria a exercer grande influência na Internacional, em especial junto às seções suíças, espanholas, francesas e, depois da Comuna de Paris, às italianas. Neste congresso, Bakunin convence os delegados a rejeitarem pela primeira vez uma proposta do Conselho Geral, a que tratava sobre o direito de herança.

Julho de 1870 – Início da Guerra Franco-Prussiana, motivada pela rejeição francesa à candidatura de um príncipe da dinastia Hohenzollern ao trono espanhol.

Julho de 1870 – A AIT publica 30 mil exemplares – em francês e alemão – da *Primeira Mensagem do Conselho Geral sobre a Guerra Franco-Prussiana*, em que apela aos operários franceses para derrubarem Napoleão III, ao mesmo tempo em que pede aos trabalhadores alemães que impeçam que a derrota de Bonaparte se converta num ataque ao povo francês. Foi a primeira grande declaração de política exterior da Internacional, causando tal impacto que John Stuart Mill deu apoio público ao documento e os líderes do Partido Social Democrático Operário Alemão, Wilhelm Liebknecht e Bebel, foram os únicos membros do Parlamento na Confederação Alemã a votarem contra o orçamento de guerra. Além disso, várias seções da Internacional na França difundiram mensagens de amizade e solidariedade aos trabalhadores alemães.

Setembro de 1870 – A Batalha de Sedan termina com a derrota completa das tropas francesas e a rendição de Napoleão III, mas a guerra não acaba. Quando as notícias da batalha chegam a Paris, há um levantamento popular que dá lugar à proclamação da 3ª República e à nomeação de um governo de defesa nacional; as tropas prussianas iniciam o cerco a Paris.

18 de janeiro de 1871 – Guilherme I é proclamado kaiser (imperador) na Galeria dos Espelhos do Palácio de Versalhes, e com isso se completa o processo de unificação alemã. Na mesma data, o governo de defesa nacional francês, presidido por Louis Adolphe Thiers (1797-1877), firma um armistício que encerra os combates.

Março de 1871 – Defendendo a resistência ao exército prussiano e contrários ao armistício, membros da Guarda Nacional, formada por operários e integrantes da pequena burguesia, assaltam a prefeitura de Paris e expulsam os representantes do governo de Thiers para Versalhes.

26 a 28 de março de 1871 – Em Paris cria-se um comitê revolucionário a partir da federação de representantes de bairros, que proclama a abolição do sistema de assalariamento. O comitê, constituído por 90 representantes, aglutina todas as correntes políticas dos trabalhadores. É o início da Comuna de Paris, que governa por dois meses e promulga uma série de decretos revolucionários. Entre suas decisões estão a extinção da polícia, que substitui pela Guarda Nacional, a instituição da previdência social, a abolição do trabalho noturno, a redução da jornada de trabalho, a legalização dos sindicatos, a ocupação de propriedades fechadas, a abolição do monopólio legal por advogados e do direito de herança, o fim da pena de morte, a instituição da educação pública, laica, compulsória e gratuita, com a duplicação dos salários dos professores, a abolição do serviço militar obrigatório e a supremacia do poder popular sobre os representantes eleitos, que poderiam ser depostos a qualquer momento.

22 a 28 de maio de 1871 – A resistência popular não consegue deter a superioridade militar das tropas francesas e alemãs e nesta semana, conhecida como "Semana Sangrenta", mais de 20 mil comunardos são mortos em batalhas ou execuções; milhares são deportados e 15 mil são presos. Encerra-se o "assalto aos céus", como Marx definira a primeira experiência prática de poder dos trabalhadores em luta por uma nova sociedade.

13 a 23 de setembro de 1871 – Em Londres, a AIT realiza uma conferência, com a presença de 19 delegados de Inglaterra, Bélgica, Suíça e Espanha, além de exilados franceses. Trata-se de fato de uma reunião ampliada do Conselho Geral, dadas as circunstâncias de repressão reinantes na Europa após a derrota da Comuna de Paris. A prioridade da conferência é reorganizar a AIT e enfrentar a crescente influência de Bakunin, e sua decisão mais relevante é transformar a AIT num partido internacional centralizado e disciplinado, sob liderança do Conselho Geral. Essa resolução causa sérios conflitos em diversas seções nacionais na Europa e nos Estados Unidos, onde a AIT já estava enfraquecida pela existência de seções cuja unificação fracassara.

2 a 7 de setembro de 1872 – Depois de três anos sem realizar um congresso por causa da Guerra Franco-Prussiana e da repressão posterior à derrota da Comuna de Paris, a AIT faz seu 5º Congresso em Haia (Holanda). Participam 65 delegados de 14 países e é o único congresso que tem a direção de Marx e Engels. Há um irredutível antagonismo entre o Conselho Geral e os autonomistas, com debates empobrecidos a tal ponto que os três primeiros dias do encontro servem apenas para resolver problemas de credenciais. A mais relevante e controversa resolução do Congresso de Haia é a inclusão do artigo 7 nos Estatutos Gerais da Internacional, que coloca a conquista do poder político como uma meta a ser alcançada pelos membros da associação, acrescida da indicação de que o partido operário é um instrumento essencial para alcançá-la. Outra decisão polêmica é a de conferir poderes mais amplos ao Conselho Geral, que fica com a tarefa de garantir em cada país a "rígida observação dos princípios, estatutos e regras da Internacional", com "o direito de suspender ramos, seções, conselhos ou comitês federais e federações" até o congresso seguinte. Pela primeira vez na história da AIT, por 47 votos a favor e 9 abstenções, é aprovada a decisão do Conselho Geral de expulsar uma organização, a seção do Spring Street Council de Nova York, motivada pelo princípio de que a Internacional se baseia "na abolição das classes e não pode admitir nenhuma seção burguesa". Em seguida também são aprovadas as expulsões de Bakunin (25 votos a favor, 6 contra e 7 abstenções) e James Guillaume (25 votos a favor, 9 contra e 8 abstenções), líderes da Aliança da Democracia Socialista, caracterizada como "uma organização secreta, com estatutos completamente opostos aos da Internacional". O último ato do Congresso cabe a Engels, que propõe que a sede do Conselho Geral seja transferida para Nova York em 1873 e que ele seja formado por membros do Conselho Federal Americano, com o argumento de que "em Londres os conflitos entre os grupos atingiram um tal nível que o Conselho Geral tem de ser transferido para outro lugar" e Nova York é a melhor escolha em tempos de repressão. Os blanquistas se opõem violentamente à proposta, argumentando que "a Internacional deve ser a organização insurrecional do proletariado" e "quando um partido se une para a luta, sua ação é maior na medida em que seu comitê de liderança é ativo, bem armado e poderoso", além de que se sentem traídos ao ver o Conselho Geral ser transferido "para o outro lado do Atlântico enquanto o corpo armado está lutando na Europa". Assim, consideram que não é mais possível exercer influência sobre o Conselho Geral, e abandonam o congresso – e, pouco tempo depois, a Internacional. Além dos blanquistas, muitos membros, mesmo alinhados ao Conselho Geral, votam contra a mudança para Nova York, por entender que isso equivale ao fim da Internacional como estrutura operacional. A decisão é aprovada por apenas três votos de diferença (26 a favor e 23 contra), dando início à cisão definitiva da Internacional em duas organizações: uma centralista, composta pelos membros favoráveis a uma organização dirigida politicamente pelo Conselho Geral, e outra autonomista, que reconhece às seções a absoluta autonomia de decisão.

15 e 16 de setembro de 1872 – As correntes autonomistas expulsas da AIT realizam uma conferência em Saint-Imier (Suíça) em que consideram nulas todas as resoluções do 5º Congresso, não reconhecem a autoridade do Conselho Geral e se propõem a dar continuidade à luta da Internacional, marcando um 6º Congresso para o ano seguinte. Contraditoriamente, os participantes se constituem em congresso e criam uma organização internacional própria, que se torna conhecida como a Internacional de Saint-Imier, ou Internacional Autonomista, marcando o nascimento do movimento anarquista organizado.

1º a 6 de setembro de 1873 – É realizado o 2º Congresso Autonomista (definido pelos participantes como 6º Congresso da Internacional), em Genebra, com a participação de 32 delegados provenientes de Bélgica, Espanha, França, Itália, Inglaterra, Holanda e Suíça. Os principais pontos de debate são a proposta da greve geral como ferramenta para a revolução social e a futura sociedade anarquista.

7 a 13 de setembro de 1874 – Ocorre o 3º Congresso Autonomista, em Bruxelas, com a participação de 16 delegados de Bélgica, Espanha e Inglaterra. Os debates concentram-se na diferença entre anarquia e Estado popular e não é tomado nenhum posicionamento coletivo, apenas uma declaração segundo a qual "cabe a cada federação e partido democrático socialista de cada país determinar a linha de conduta política que pensa ser mais adequada".

22 a 27 de maio de 1875 – É fundado em Gotha (Alemanha) o Partido Socialista dos Trabalhadores Alemães, que depois daria origem ao Partido Social-Democrata. O partido unifica as diversas correntes do movimento dos trabalhadores, em especial a Associação Geral dos Trabalhadores Alemães, de Lassalle, e o marxista Partido Social Democrático Operário Alemão.

15 de julho de 1876 – Dissolução da 1ª Internacional. Reunião na cidade de Filadélfia, com a participação de 10 delegados representando 635 membros, decide encerrar as atividades do Conselho Geral.

26 a 30 de outubro de 1876 – O 4º Congresso da Internacional Autonomista é realizado em Berna (Suíça), com a participação de 28 delegados de seis países. As discussões dão continuidade aos temas tratados no congresso anterior, com a proposta de organizar no ano seguinte um congresso de todas as frações e partidos socialistas da Europa.

6 a 8 de setembro de 1877 – A Internacional Autonomista faz seu 5º e último Congresso, em Verviers (Suíça), com a participação de 22 delegados de cinco países, aos quais se juntam, com funções meramente consultivas, o russo Piotr Kropotkin e o italiano Andrea Costa. O Congresso é considerado um fracasso, por não ter conseguido amplo apoio dos trabalhadores, e marca o final das relações entre anarquistas e socialistas, que, a partir daí, veem seus caminhos definitivamente separados.

9 a 16 de setembro de 1877 – É realizado o Congresso Socialista Universal, em Gent (Bélgica). A maioria dos presentes subscreve um pacto que declara que "a emancipação social é inseparável da emancipação política, devendo o proletariado utilizar todos os meios políticos voltados à emancipação social" e preconiza "a necessidade da ação política como um poderoso meio de agitação, propaganda, educação popular e associação".

1878 – Bismarck, chanceler da Alemanha, impõe leis antissocialistas, levando o Partido Socialista dos Trabalhadores Alemães à clandestinidade.

1883 – O governo alemão edita as primeiras leis de seguridade social.

Julho de 1889 – Por iniciativa de Engels, o Congresso Internacional dos Trabalhadores realizado em Paris, em homenagem ao centenário da queda da Bastilha, decide pela fundação da 2ª Internacional, também chamada de Nova Internacional ou Internacional Socialista. O Congresso, do qual participam delegações de 20 países, discute uma proposta de legislação internacional baseada na luta pela jornada de trabalho de oito horas e pela abolição dos exércitos nacionais e define a comemoração do Dia do Trabalho e a organização de uma manifestação internacional para o 1º de maio do ano seguinte em defesa das reivindicações. É acertada a realização de reuniões periódicas entre as diversas correntes socialistas para decidir resoluções a serem cumpridas por todos os partidos nacionais, mas respeitando a autonomia de cada um.

1890 – O Partido Socialista dos Trabalhadores Alemães passa a se denominar Partido Social-Democrata da Alemanha (SPD), e tem apoio de 19% do eleitorado.

16 a 22 de agosto de 1891 – O 2º Congresso da Internacional Socialista, realizado em Bruxelas com a presidência honorária de Engels, aprofunda os debates sobre as reivindicações dos assalariados e a luta contra a escalada bélica na Europa. Neste congresso são expulsos os militantes anarquistas.

6 a 12 de agosto de 1893 – O 3º Congresso da Internacional Socialista ocorre em Zurique (Suíça), com a participação de mais de 400 delegados de 20 países, incluindo 3 não europeus: Austrália, Brasil e Estados Unidos. O encontro debate a criação de órgãos administrativos permanentes nos âmbitos nacional e internacional, decidindo apenas "atribuir um mesmo nome geral a todas as facções do Partido Socialista que se façam representar nos congressos operários socialistas" e restringir a participação nos debates e atividades da Internacional a "todos os sindicatos profissionais operários, como os partidos e associações socialistas que reconhecem a necessidade da organização operária e de sua participação na política". Quanto à questão da representação parlamentar, aprova uma declaração segundo a qual "a ação incessante para a conquista do poder político pelo Partido Socialista e a classe operária é o primeiro dos deveres, pois é unicamente quando seja dona do poder político que a classe operária, esmagando privilégios de classes, expropriando a classe governante e possuidora, poderá se amparar inteiramente e fundar o regime de igualdade e de solidariedade da república social". Sobre o tema da greve geral, delibera que se trata de uma "arma muito eficaz não só na luta econômica, mas, também, na luta política, mas é uma arma que, para ser manejada eficazmente, supõe uma poderosa organização sindical e política da classe operária".

26 de julho a 2 de agosto de 1896 – É realizado em Londres o 4º Congresso da Internacional Socialista, com a participação de 718 representantes de mais de 20 países e a presença, entre outros, de Plekhanov e Vera Zasulitch, do partido russo, Eduard Bernstein e Wilhelm Liebknecht, do partido alemão, e Jules Guesde, do partido francês. A eleição dos delegados ocorre com a prévia exclusão dos anarquistas. Entre as declarações aprovadas destaca-se a que diz: "A conquista do poder político é, para os trabalhadores, o meio por excelência pelo qual podem atingir a sua emancipação, a libertação do homem e do cidadão, pelo qual eles podem estabelecer a república socialista internacional. O Congresso faz apelo aos trabalhadores de todos os países e os convida a se unirem em um partido distinto de todos os partidos políticos burgueses, e a reivindicarem: o sufrágio universal, o direito de voto para cada adulto (...)." O Congresso também indica que "a emancipação da mulher é inseparável da do trabalhador"; se posiciona "a favor da autonomia de todas as nacionalidades (...)"; e assevera que "qualquer que seja o pretexto, religioso ou dito civilizador, da política colonial, ela não é senão a extensão do campo de exploração capitalista, no interesse exclusivo da classe capitalista". Finalmente, sobre a questão da guerra, declara: "Para lutar contra a opressão militar, o operariado deve conquistar o poder político, para abolir o modo de produção capitalista, e recusar, simultaneamente em todos os países, aos governos, instrumentos da classe capitalista, os meios de manter a ordem das coisas atual. Os exércitos permanentes, cujo custeio esgota as nações em tempo de paz e cujas despesas são suportadas pela classe operária, aumentam o perigo de guerra entre as nações e favorecem, sobretudo, a opressão mais brutal da classe operária de cada país."

23 a 27 de setembro de 1900 – O 5º Congresso da Internacional Socialista, em Paris, cria um Secretariado Internacional, com sede em Bruxelas, um Escritório Socialista Internacional e uma Comissão Interparlamentar. Além das discussões sobre as ameaças de guerra e sobre a questão nacional, o tema da participação dos socialistas nos governos é colocado na ordem do dia. O partido alemão tem grande número de deputados no Reichstag (o Parlamento da Alemanha), vereadores em algumas unidades da federação e alguns prefeitos, enquanto o partido francês conta com bancada significativa no Parlamento e vereadores e prefeitos em alguns departamentos da França. Nesse contexto de avançada representação parlamentar se discute a "conquista dos poderes e as alianças com os partidos burgueses" e o caso Alexandre Millerand – militante e deputado do Partido Socialista Francês que aceitara, por decisão pessoal, fazer parte do ministério de Waldeck-Rousseau em 13 de junho de 1899. Duas posições predominantes se manifestam no Congresso: de um lado, Enrico Ferri e Jules Guesde, contrários à participação em governos burgueses, e de outro, Kautsky, favorável à participação, segundo circunstâncias concretas.

14 a 20 de agosto de 1904 – A Internacional Socialista faz seu 6º Congresso, em Amsterdã (Holanda), com a participação de 444 delegados, entre os quais representantes da Argentina e do Japão. O encontro aprofunda a discussão sobre a questão nacional e se definem duas tendências: a que condena o colonialismo e a que o admite como fato histórico inevitável, sustentada por Bernstein. A resolução final estabelece: "Para combater o imperialismo, deve-se opor às medidas imperialistas ou protecionistas, às expedições coloniais, impedir a exploração de recursos coloniais, melhorar as condições de vida e profissional dos habitantes das colônias, conforme o estado de seu desenvolvimento, e tornar mais efetiva a ação parlamentar na questão colonial." A participação em governos burgueses é tratada na resolução final e prevalecem as posições da ala esquerda, que se opõe aos revisionismos "que querem mudar nossa tática gloriosa, baseada na luta de classes, e trocar a luta contra a burguesia por uma política de concessão à ordem estabelecida" e determina que a "democracia socialista não pode aceitar nenhuma participação no governo da sociedade burguesa. E que cabe aos parlamentares socialistas preservar a ação e a propaganda a favor do socialismo, das liberdades políticas, etc".

18 a 24 de agosto de 1907 – O 7º Congresso da Internacional Socialista, em Stuttgart (Alemanha), com a participação de 886 delegados, aprova resolução formulada por Lenin, Martov e Rosa Luxemburgo, pela qual as classes trabalhadoras e seus representantes parlamentares se obrigam a impedir a eclosão de guerras. Segundo a mesma resolução, se ainda assim irrompesse uma guerra, caberia àqueles trabalhadores e seus representantes, aproveitando-se da crise econômica, acelerar a eliminação do capitalismo. A questão nacional e colonial volta a ser discutida por causa da dimensão alcançada pelas lutas anti-imperialistas na Ásia e na África. Como extensão do congresso acontece a 1ª Conferência Internacional das Mulheres Socialistas, liderada por Clara Zetkin, e a 1ª Conferência Internacional da Juventude Socialista.

12 de janeiro de 1912 – o Partido Social-Democrata da Alemanha obtém 34,8% dos votos nas eleições ao Reichstag, elegendo mais de 110 deputados e se convertendo na maior bancada parlamentar.

24 e 25 de novembro de 1912 – A Internacional Socialista realiza um congresso extraordinário em Basileia, com 555 delegados. Convocado por causa da gravidade da situação internacional e da ameaça de eclosão de uma guerra na Europa, o congresso aprova o *Manifesto de Basileia*, que alerta os povos para o perigo iminente de uma guerra, denuncia seus propósitos espoliativos e conclama os operários de todos os países a conduzir uma luta decidida contra a guerra – embora ela já fosse inevitável naquela altura, diante dos acontecimentos nos Bálcãs. O manifesto inclui o ponto da resolução do Congresso de Stuttgart, de que caso fosse desencadeada uma guerra imperialista, os socialistas deveriam aproveitar-se da crise econômica e política provocada para conduzirem a luta pela revolução socialista.

28 de junho de 1914 – Em Sarajevo, capital da província austríaca da Bósnia-Herzegovina, o jovem sérvio Gavrilo Princip assassina o herdeiro do trono do Império Austro-Húngaro, o arquiduque Francisco Ferdinando, e sua esposa, Sofia Chotek.

28 de julho de 1914 – Começa a 1ª Guerra Mundial, em que se confrontam a Tríplice Entente (Inglaterra, França e Rússia) e a Tríplice Aliança (Alemanha, Império Austro-Húngaro e Império Otomano).

4 de agosto de 1914 – O Reichstag aprova a concessão de fundos de guerra ao governo alemão. A maioria da bancada de deputados social-democratas vota a favor.

5 a 8 de setembro de 1915 – As alas esquerda e de centro da 2ª Internacional organizam a Conferência Socialista de Zimmerwald (Suíça), com a participação de 38 delegados de 11 países europeus. O encontro se opõe à guerra e aprova o manifesto *Aos Proletários da Europa*, uma declaração conjunta das delegações alemã e francesa e uma resolução de simpatia com as vítimas da guerra e os combatentes perseguidos por causa da sua atividade política. É eleita uma Comissão Socialista Internacional.

21 de dezembro de 1915 – No Reichstag, um grupo minoritário do Partido Social-Democrata vota contra nova autorização de fundos de guerra para o governo. Esses deputados são expulsos do partido em março do ano seguinte e formam o Grupo Social-Democrata de Trabalho (Sozialdemokratische Arbeitsgemeinschaft).

1915-1916 – É realizado um congresso da ala esquerda da Social-Democracia Alemã, organizada na tendência denominada Internacional, com posição contrária à guerra e à política da direção social-democrata. O congresso decide a publicação de um diário, *Spartakus*, nome adotado pela organização liderada por Karl Liebknecht, Rosa Luxemburgo, Vera Zetkin e Franz Mehring, a Liga Espartaquista.

24 a 30 de abril de 1916 – A Conferência Socialista de Kienthal (Suíça) dá continuidade à Conferência de Zimmerwald. Com a presença de 43 delegados de 10 países, delibera sobre a luta pelo fim da guerra imperialista, a luta parlamentar e a luta de massas.

1º de maio de 1916 – Em Berlim, uma manifestação contra a guerra organizada pelo grupo espartaquista é fortemente reprimida. As principais lideranças do grupo são presas.

1916 – Dissolução da 2ª Internacional.

Fevereiro de 1917 – Na Rússia eclode a Revolução de Fevereiro. O czar Nicolau II é deposto e é formado um governo provisório com a participação da ala direita da social-democracia russa, os mencheviques.

6 de abril de 1917 – Congresso do Grupo Social-Democrata de Trabalho em Gotha funda o Partido Social-Democrata Independente da Alemanha (Unabhängige Sozialdemokratische Partei Deutschlands – USPD), dirigido por Hugo Haase, que reúne os parlamentares que se opõem à política da direção do Partido Social-Democrata. A Liga Espartaquista adere ao USPD, mantendo sua autonomia política.

Junho de 1917 – Revolta dos marinheiros alemães é sufocada pelo governo, com apoio da ala direita da social-democracia. Desde a prisão, os líderes espartaquistas declaram: "Não há senão um meio de deter a carnificina dos povos e alcançar a paz: é desencadear uma luta de massas que paralise toda a economia e a indústria bélica, é instaurar através da revolução, liderada pela classe operária, uma república popular na Alemanha."

25 de outubro de 1917 – Eclode a Revolução Russa, com a instauração de um governo revolucionário liderado pela ala esquerda da social-democracia, os bolcheviques.

9 de novembro de 1918 – Sob o impacto da revolução na Rússia, desenvolve-se uma rebelião popular em Berlim, com adesão de toda a social-democracia, levando à renúncia do imperador Guilherme III e à proclamação da República Alemã. É constituído um governo presidido por Friedrich

Ebert, representante da ala direita da social-democracia. Os espartaquistas, recém-libertados das prisões, decidem não participar desse governo e seguem os planos de preparação da insurreição revolucionária.

11 de novembro de 1918 – A Alemanha assina o armistício, encerrando a 1ª Guerra Mundial.

16 de dezembro de 1918 – O Conselho Nacional, que congrega todos os conselhos operários alemães, dominados pela social-democracia, decide entregar o poder à Assembleia Nacional Constituinte, a ser eleita em janeiro de 1919. Os espartaquistas decidem não participar das eleições e lutar pela fundação de um partido comunista.

30 de dezembro de 1918 – Fundação do Partido Comunista da Alemanha, a partir da iniciativa dos espartaquistas.

9 de janeiro de 1919 – Num ato inesperado, operários comunistas tomam o Reichstag, mas são rapidamente desalojados pelo exército. Depois de cinco dias de violentos combates de rua, a insurreição é derrotada.

15 de janeiro de 1919 – Rosa Luxemburgo e Karl Liebknecht são sequestrados e assassinados por militares, a soldo do governo social-democrata. Em seu último artigo, Rosa escreveria: "'A ordem reina em Berlim', Esbirros estúpidos! Vossa 'ordem' é um castelo de areia. Amanhã a revolução se levantará de novo clamorosamente e para espanto vosso proclamará: 'Era, sou e serei'."

6 a 10 de março de 1919 – Em Moscou, é realizado o congresso de fundação da 3ª Internacional ou Internacional Comunista, sob a liderança política dos bolcheviques.

28 de junho de 1919 – A assinatura do Tratado de Versalhes encerra as negociações posteriores ao armistício alemão.

Esta obra foi impressa em São Paulo pela
Gráfica Graphium na primavera de 2015.
No texto foi utilizada a fonte Crimson Text
em corpo 11,3 e entrelinha de 16 pontos.

Impresso por :

gráfica e editora
Tel.:11 2769-9056